Piero Ferrucci, Nur die Freundlichen überleben

Piero Ferrucci

Nur die Freundlichen überleben

Warum wir lernen müssen, mit dem Herzen zu denken, wenn wir eine Zukunft haben wollen

Aus dem Englischen von Gabriel Stein

Titel des englischsprachigen Originalmanuskriptes
SURVIVAL OF THE KINDEST

Allegria ist ein Verlag der Ullstein Buchverlage GmbH
Herausgeber: Michael Görden

2. Auflage 2005

Published by arrangement with Linda Michaels Agency Ltd., New York
Übersetzung: Gabriel Stein
Umschlaggestaltung: FranklDesign, München
Titelabbildung: Shivananda Ackermann
Gesetzt aus der 10,5 / 12,5 p Sabon
Satz: LVD GmbH, Berlin
Druck und Bindearbeiten: Clausen & Bosse, Leck
Printed in Germany
ISBN-13: 978-3-7934-2001-9
ISBN-10: 3-7934-2001-9

INHALT

VORWORT

Von Seiner Heiligkeit dem Dalai-Lama

Dieses Buch ist ganz nach meinem Herzen. Piero Ferruccci hat sich sowohl auf seine große Erfahrung als Psychotherapeut gestützt als auch auf menschliche Werte, die mir wesentlich erscheinen, um über die Bedeutung der Freundlichkeit zu schreiben. An seiner Darstellung schätze ich besonders, dass er die Freundlichkeit zum Ausgangspunkt macht, zur Quelle, der so viele andere positive Eigenschaften wie Aufrichtigkeit, Versöhnlichkeit, Geduld und Großzügigkeit entspringen. Das ist ein überzeugender und ermutigender Ansatz.

Ich glaube, jedem ist ohne weiteres Nachdenken einsichtig, dass unser bloßes Überleben auch heute noch von den Handlungen und der Freundlichkeit zahlreicher Menschen abhängt. Vom Augenblick unserer Geburt an sind wir in der liebevollen Obhut unserer Eltern; später, konfrontiert mit den Leiden der Krankheit und des Alters, sind wir erneut auf die Freundlichkeit anderer Menschen angewiesen. Wenn wir also zu Beginn und am Ende unseres Lebens deren Freundlichkeit dringend benötigen – warum sollten wir dann in der Mitte nicht freundlich sein gegenüber anderen, sobald sich uns die Gelegenheit dazu bietet?

Freundlichkeit und Mitgefühl gehören zu den wichtigsten Qualitäten, die unserem Leben einen Sinn geben. Sie sind eine Quelle tief empfundener Freude und dauerhaften Glücks. Sie bilden das Fundament eines guten Herzens – des Herzens von jemandem, der aus dem Wunsch handelt, anderen zu helfen. Durch Freundlichkeit – also durch Zuneigung, Aufrichtigkeit, Wahrheit und Gerechtigkeit – gegenüber jedem Menschen tun wir auch uns selbst etwas Gutes. Das sagt uns schon der gesunde Menschenverstand. Rücksicht lohnt sich durchaus, weil unser Glück mit dem der anderen unauflöslich verknüpft ist. Umgekehrt leiden wir selbst, wenn die Gesellschaft leidet. Und je mehr ein böser Wille unser Herz und unseren Geist quält, desto unglücklicher werden wir. Daher können wir auf Freundlichkeit und Mitgefühl niemals verzichten.

Auf der alltäglichen, praktischen Ebene erzeugt Freundlichkeit ein Gefühl von Wärme und Offenheit, das uns erlaubt, mit anderen Menschen viel leichter zu kommunizieren. Wir entdecken, dass alle Menschen so sind wie wir, weshalb wir dann müheloser mit ihnen in Verbindung treten können. Dadurch entsteht ein Geist der Freundschaft, durch den das Bedürfnis, die eigenen Gefühle und Handlungsweisen zu verbergen, nachlässt. Das wiederum hat zur Folge, dass Angst, Selbstzweifel und Unsicherheit automatisch schwinden, während es zugleich anderen Menschen leichter fällt, uns zu vertrauen. Überdies stellt sich immer deutlicher heraus, dass die Entwicklung positiver Gesinnungen wie Freundlichkeit und Mitgefühl zu seelischer Gesundheit und Glück führt.

Es ist ungeheuer wichtig, dass wir unser Leben konstruktiv zu gestalten versuchen. Wir wurden nicht geboren, um Probleme zu verursachen und anderen zu schaden. Damit unser Leben einen Wert hat, müssen wir – wie Piero Ferrucci hier ausgiebig demonstriert, und ich bin ihm dankbar, es selbst so klar zum Ausdruck bringen zu können – jene grundlegenden und vorteilhaften Eigenschaften wie Warmherzigkeit, Freundlichkeit, Mitgefühl fördern und pflegen. Wenn uns das gelingt, wird unser Leben sinnvoll, ja auch glücklicher und friedlicher sein; dann werden wir für die Welt ringsum einen wertvollen Beitrag leisten.

18. Mai 2004

EINLEITUNG

Die kleine alte Dame hatte keine Lust mehr, zu essen. Allein in der Welt, fühlte sie sich von allen vergessen. Sie war derart deprimiert, dass sie nicht einmal mehr schlucken konnte. Die bloße Vorstellung, Nahrung zu sich zu nehmen, war ihr unerträglich. Eingeschlossen in ihre stille Trauer, wartete sie nur noch auf den Tod.

An dieser Stelle betrat Millina die Szene. Millina war meine Tante. Jeden Nachmittag machte sie Hausbesuche, kümmerte sich um Obdachlose, um die in Pflegeheimen schlecht behandelten Alten, um vernachlässigte Kinder, um die Außenseiter, Verhaltensgestörten und Sterbenden. Sie versuchte, ihnen das Leben ein wenig zu erleichtern.

Millina besuchte also die Dame, die nicht mehr aß. Sie sprach mit ihr und brachte sie dazu, ebenfalls ein bisschen zu sprechen. Mit schwacher Stimme erzählte die alte Dame über ihre Söhne und Töchter, dass sie zu beschäftigt seien, um nach ihr zu schauen. Niemand kommt mehr zu Besuch.

Sie ist nicht krank, sondern schlicht entkräftet, weil sie es nicht schafft, zu essen, und sie schafft es nicht, zu essen, weil sie zu entkräftet ist. Millina schlägt vor: »Wie wäre es mit etwas Eis, würden Sie das mögen?« Eine seltsame Idee, einem sterbenden Menschen Eis anzubieten. Aber es funktioniert. Mit jedem Löffel Eis kehren, wie langsam auch immer, Farbe, Stimme und Leben zu der alten Dame zurück.

Es ist ebenso einfach wie einfallsreich: Man verabreiche einem Menschen, der Mühe hat, zu essen, ein schmackhaftes, leicht zu verzehrendes Nahrungsmittel, und es wird ihm schnell Auftrieb geben. Aber diese Erklärung ist lediglich ein Teil der Wahrheit. Millina kam auf die »Eiscreme-Lösung« nur, weil sie die Frau ins Herz geschlossen und darüber hinaus erkannt hatte, dass diese nicht bloß Nahrung benötigte, sondern vor allem Fürsorge und Aufmerksamkeit – eben das, was wir alle genauso nötig haben wie Sauerstoff. Bevor die alte Dame Eiscreme bekam, wurden ihr Warmherzigkeit und Wir-Gefühl zuteil, und es war weniger die Nahrung, die ihrem Gesicht wieder Farbe verlieh, sondern in erster Linie eine einfache Geste der Freundlichkeit.

Freundlichkeit? Es mag uns absurd erscheinen, dieses Thema überhaupt anzuschneiden: Unsere Welt ist voller Gewalt, Krieg, Terrorismus, Verwüstung. Trotzdem geht das Leben gerade deshalb weiter, weil wir zueinander freundlich sind. Wir machen nur nicht viel Aufhebens davon. Keine Zeitung wird morgen über eine Mutter berichten, die ihrem Kind eine Gutenachtgeschichte vorlas, oder über einen Vater, der ihm das Frühstück zubereitete, oder über jemanden, der aufmerksam zuhörte, über einen Freund, der uns aufheiterte, einen Fremden, der uns den Koffer tragen half. Doch wenn wir einmal genauer nachdenken, können wir auf all unseren täglichen Wegen Freundlichkeit entdecken. Viele von uns sind freundlich, ohne sich dessen im Geringsten bewusst zu sein. Wir tun, was wir tun, weil es einfach richtig ist.

Mein Nachbar Nicola ist immerzu beschäftigt, und doch lässt er keine Gelegenheit aus, Beistand zu leisten. Wann immer meine Frau, meine Kinder und ich von unserem Haus auf dem Land zum Flughafen müssen, schlägt er spontan vor, uns dort hinzubringen. Anschließend fährt er unseren Wagen zurück, stellt ihn in der Garage ab und baut, falls wir lange Zeit fort sind, die Batterie aus. Wenn wir dann zurückkehren, kommt er zum Flughafen, um uns abzuholen; ob es eiskalt oder drückend heiß ist – er wird da sein.

Warum macht er das? Was bringt ihn dazu, zu jeder beliebigen Stunde einen halben Tag zu erübrigen und uns einen Gefallen zu tun, wo er doch drängendere oder angenehmere Aufgaben vorziehen könnte? Er könnte uns auch an der nächsten Bahnstation einfach absetzen. Aber nein: für ihn ist es ein Dienst von Tür zu Tür. Wann immer er kann, findet er eine Möglichkeit, seine Unterstützung anzubieten.

Das ist reine, unvoreingenommene Freundlichkeit. So seltsam es auch klingen mag – sie ist keineswegs außergewöhnlich, ja umfasst, im Gegenteil, zahlreiche menschliche Interaktionen. Zwar hören wir ständig von Raubüberfällen und Morden, aber die Welt nimmt weiter ihren Lauf gerade dank solcher Leute wie Nicola. Das Gewebe unseres Lebens besteht aus Fürsorglichkeit, Solidarität, gegenseitigen Hilfeleistungen. Diese Qualitäten sind so tief in unserem Alltag verwurzelt, dass wir sie vielleicht gar nicht wahrnehmen.

Es tut uns gut, Freundlichkeit zu erfahren. Erinnern Sie sich nur einmal daran, als jemand in einer kleineren oder größeren Angelegenheit freundlich zu ihnen war: Ein Passant zeigte ihnen den Weg zum Bahnhof, oder eine fremde Frau stürzte sich in den Fluss, um Sie vor dem Ertrinken zu retten. Wie wirkte sich das auf Sie aus? Wahrscheinlich positiv, eben weil wir uns erleichtert fühlen, wenn jemand uns in der Not beisteht. Und jeder möchte gehört, warmherzig und freundlich behandelt, verstanden, umsorgt werden. Die Freundlichkeit rettet uns das Leben.

Etwas Ähnliches ereignet sich auf der anderen Seite der Beziehung: Die Freundlichkeit, die wir einem Gegenüber bezeigen, tut uns genauso gut wie jene, die wir von ihm empfangen. Wenn Sie die weit gefasste Definition der Freundlichkeit, die ich in diesem Buch umreiße, akzeptieren, können Sie mit Sicherheit davon ausgehen – und wissenschaftliche Forschungen bestätigen es –, dass freundliche Menschen gesünder und länger leben, beliebter und produktiver sind, größeren geschäftlichen Erfolg haben und glücklicher sind als andere. Mit anderen Worten: Sie sind stärker und dazu bestimmt, ein wesentlich interessanteres und erfüllenderes Leben zu führen als jene, die dieser Eigenschaft ermangeln. Sie sind viel besser darauf vorbereitet, sich dem Leben in all seiner brutalen Unberechenbarkeit und beängstigenden Unsicherheit zu stellen.

Doch ich kann schon einen Einwand hören: Wenn wir nur freundlich sind, um uns besser zu fühlen und länger zu leben, verfälschen wir dann nicht das eigentliche Wesen der Freundlichkeit? Auf diese Weise würden wir sie dem Kalkül und dem Eigennutz unterordnen, so dass sie als solche gar nicht mehr vorhanden wäre. Wie wahr: Die Freundlichkeit hat ihren Zweck in sich selbst, nicht in anderen Motiven. Der eigentliche Gewinn der Freundlichkeit besteht darin, freundlich zu sein. Sie verleiht – vielleicht in höherem Maße als jedes andere Verhalten – unserem Leben Bedeutung und Wert, erhebt uns über unsere Probleme und Kämpfe, vermittelt uns ein gutes Gefühl in Bezug auf uns selbst.

In gewisser Hinsicht sind alle wissenschaftlichen Studien, welche die Vorteile einer freundlichen Gesinnung belegen, zwecklos, falls man sich von ihnen eine Art Antrieb erhofft – denn der einzige Antrieb zur Freundlichkeit resultiert aus dem innigen Wunsch, zu helfen, aus der Freude, großzügig zu sein und das Leben der Menschen ringsum zu achten. Trotzdem haben diese Studien, aus einem anderen Blickwinkel betrachtet, ein großes Gewicht: Sie helfen uns zu begreifen, wer wir sind. Wenn wir durch Fürsorglichkeit, Einfühlungsvermögen und Offenheit gegenüber den Mitmenschen tatsächlich gesünder sind, so heißt das, dass wir geboren sind, um freundlich zu sein. Wenn wir uns dagegen ohne jede Rücksicht den Weg bahnen, feindseligen Gedanken nachhängen oder ein Leben lang Groll hegen, sind wir nicht gerade in Hochform. Und wenn wir unsere positiven Eigenschaften ignorieren oder unterdrücken, schaden wir dadurch wohl uns selbst und anderen. Wie der Psychiater Alberto Alberti erklärt, verwandelt sich die nicht zum Ausdruck gebrachte Liebe in Hass, die nicht genossene Freude in Depression. Ja, wir sind dazu *bestimmt,* freundlich zu sein.

Die wissenschaftliche Forschung ist zwar ein nützliches Hilfsmittel zum Verständnis unserer selbst, jedoch weder das einzige noch das maßgebliche. An dieser Stelle können uns die Weisheiten der Zeitalter, die große Kunst sowie die eigene Intuition zustatten kommen. Wie wir sehen werden, kann die Freundlichkeit in all ihren unterschiedlichen Erscheinungsformen sich als ein außergewöhnliches inneres Abenteuer gestalten, das unsere Denk- und Lebensweise radikal verändert und uns in unserer persönlichen und geistigen Entwicklung schnell voranbringt. Mehrere spirituelle Traditionen betrachten die Freundlichkeit und die Selbstlosigkeit als den Schlüssel zum Heil oder zur inneren Befreiung. Buddha zum Beispiel, den Sharon Salzberg in ihrem wunderbaren Buch *Loving Kindness* zitiert, nennt die folgenden elf positiven Wirkungen der Freundlichkeit. Wer freundlich ist,

- schläft gut;
- erwacht unbeschwert;
- hat angenehme Träume;
- wird von den Menschen geliebt;
- wird von Devas (himmlische Wesen) und Tieren geliebt;
- wird von Devas beschützt;
- bleibt von äußeren Gefahren (Gifte, Waffen und Feuer) verschont;
- hat ein strahlendes Gesicht;
- ist im Geiste heiter und gelassen;
- stirbt ohne Verwirrung;
- wird in beglückenden Sphären wiedergeboren.

Auch die großen Dichter der Vergangenheit sahen in der Liebe und in dem Gefühl, mit allen Geschöpfen eins zu sein, die Essenz unseres Lebens und unseren größten Sieg. Nachdem Dante in der *Göttlichen Komödie* die Hölle durchwandert, den Läuterungsberg erstiegen und alle Formen menschlicher Verirrung und Unglückseligkeit gesehen hat, steigt er zum Paradies auf – um dann gegen Ende seiner Jenseitsreise, inmitten der mystischen Himmelsrose, eine »lächelnde Schönheit« zu erblicken: Maria nämlich, den Archetyp der Weiblichkeit. Nach Auffassung mancher Interpreten ist das gesamte dantesche Werk eine Entdeckungsreise zum eigenen Selbst – und zugleich eine Allegorie der Vereinigung des Mannes mit seinem weiblichen Teil, seiner verlorenen Seele, wobei die Seele das Herz meint, die Fähigkeit, zu fühlen und zu lieben.

Goethe wiederum gelangt – in *Faust I* und *II,* seinem Meisterwerk, an dem er sein ganzes Leben lang arbeitete – auf anderem Wege zur gleichen Überzeugung. Aufgrund des Pakts mit Mephisto muss Faust einen Augenblick entdecken, der seinem Leben einen tiefen Sinn verleiht – sonst wird er für alle Zeit ein Gefangener des Teufels sein. Also sucht er nach dem Glück im rauschhaften Vergnügen, in der durch Macht und Reichtum bewirkten Euphorie, und im hochfliegenden Traum der Wissenschaft. Doch nicht dort findet er es. Als schließlich alles verloren scheint und der Teufel in arroganter Manier sich anschickt, seinen Triumph zu verkünden, findet Faust Erfüllung im Ewigweiblichen – in Liebe und Zärtlichkeit und Wärme.

Kehren wir wieder zur Erde zurück. Mittlerweile sollte deutlich geworden sein, dass ich von wahrer Freundlichkeit spreche. Möge der Himmel uns behüten vor Täuschung und Schwindel – vor eigennütziger Höflichkeit, berechnender Großzügigkeit, oberflächlicher Etikette. Und auch vor der Freundlichkeit wider den eigenen Willen. Was wäre peinlicher als ein Gefallen, den jemand uns aus Schuldgefühl erweist? Psychoanalytiker thematisieren darüber hinaus noch eine weitere Art von Freundlichkeit, welche die eigene Wut verschleiert und als »Reaktionsmuster« bezeichnet wird. Die Vorstellung, von Zorn erfüllt zu sein, bringt uns völlig durcheinander, und so unterdrücken wir mehr oder weniger unbewusst diese dunkle Seite unserer selbst und geben uns freundlich. Aber das ist unaufrichtig und gekünstelt und hat nichts mit dem zu tun, was wir wirklich wollen. Schließlich gibt es noch die als Freundlichkeit getarnte Schwäche: Wir sagen »Ja«, obwohl wir »Nein« meinen, stimmen zu, weil wir nett sein möchten, fügen uns, weil wir Angst haben. Ein Mensch, der zu gut und zu unterwürfig ist, steht am Ende als Verlierer da.

All das möge uns erspart bleiben. Meine These lautet, dass wahre Freundlichkeit eine selbstbewusste, unverfälschte und sanftmütige Lebensweise kennzeichnet. Sie ist die Folge des Wechselspiels zwischen verschiedenen Eigenschaften wie Warmherzigkeit, Vertrauen, Geduld, Treue, Dankbarkeit und vielen anderen mehr. Jedes Kapitel des vorliegenden Buches behandelt die Freundlichkeit aus der Perspektive einer dieser Eigenschaften und stellt so gleichsam eine Variation desselben Themas dar.

Fehlt eine dieser Qualitäten, ist die Freundlichkeit weniger überzeugend und nicht ganz echt. Zwar reicht jede von ihnen, wenn wir sie in uns wachrufen und weiterentwickeln, an sich schon aus, um unsere Psyche zu revolutionieren und unser Leben grundlegend zu ändern; doch zusammengenommen haben sie eine noch tiefgreifendere und nachhaltigere Wirkung. Aus diesem Blickwinkel betrachtet, ist Freundlichkeit gleichbedeutend mit geistiger und seelischer Gesundheit.

Die Geschenke der Freundlichkeit und der damit verbundenen Eigenschaften sind vielfältig. Warum sind dankbare Menschen leistungsfähiger als andere? Warum sind jene, die ein Zusammengehörigkeitsgefühl empfinden, weniger deprimiert? Warum erfreuen sich Altruisten einer robusteren Gesundheit, warum leben vertrauensvolle Menschen länger? Warum finden einen die anderen attraktiver, wenn man lächelt? Warum ist es von Vorteil, sich um ein Haustier zu kümmern? Warum erkranken jene Älteren, die mehr Gesprächspartner haben, weniger häufig an Alzheimer? Und warum sind Kinder, die mehr Liebe und Aufmerksamkeit bekommen, gesünder und intelligenter? Weil all diese Einstellungen und Verhaltensweisen, die letztlich aus der Freundlichkeit resultieren, uns dem näher bringen, was wir tun und sein sollen. Es ist im Grunde ganz simpel: Wenn wir zu anderen Menschen bessere Beziehungen haben, fühlen wir uns auch besser.

Die Freundlichkeit hat, wie wir sehen werden, zahlreiche Facetten – aber in ihrem Kern ist sie denkbar einfach. Wir werden feststellen, dass sie eine Möglichkeit darstellt, *weniger* Mühe aufzuwenden. Sie ist die »ökonomischste« Einstellung überhaupt, weil wir durch sie viel Kraft sparen, die wir sonst vielleicht im Misstrauen, in der Sorge, dem Ressentiment, der Manipulation oder in unnötiger Abwehrhaltung vergeuden würden. Folglich bringt sie uns gerade dadurch, dass sie das Unwesentliche ausschließt, wieder in Kontakt mit der Einfachheit des Seins.

Die Freundlichkeit hat mit den empfindsamsten und vertrautesten Seiten unserer selbst zu tun. Sie ist ein Aspekt unseres Wesens, den wir oft nicht genügend zum Ausdruck bringen – zumal die Männer in unserer Kultur, aber auch die Frauen –, da wir befürchten, zu leiden, gekränkt, verspottet oder ausgenutzt zu werden, wenn diese Verletzlichkeit zum Vorschein kommt. Doch wird uns bewusst, dass wir gerade deshalb leiden, weil wir sie *nicht* zum Ausdruck bringen – und dass wir, indem wir jenen zarten Kern berühren, unsere gesamte Gefühlswelt beleben und für unzählige Möglichkeiten zur Veränderung offen werden.

Diese Aufgabe ist nicht immer leicht. Die Kultur, in der wir leben, wird sie uns oft erschweren. Das liegt daran, dass wir alle uns inmitten einer Phase *globaler Abkühlung* befinden. Die zwischenmenschlichen Beziehungen werden kälter, die Kommunikation wird immer hastiger und unpersönlicher. Werte wie Profit und Effizienz gewinnen zunehmend an Bedeutung – auf Kosten der menschlichen Wärme und der echten Präsenz. Darunter leiden familiäre Gefühle ebenso wie Freundschaften, mit der Folge, dass sie weniger dauerhaft sind. Anzeichen dafür lassen sich überall erkennen, in den kleinen Katastrophen des täglichen Lebens – und besonders dann, wenn wir selbst betroffen sind.

Sie rufen an, um mit einer bestimmten Person zu sprechen, und hören eine digitale Stimme, die eine Reihe von Optionen anbietet. Sie parken Ihr Auto und stellen fest, dass der Parkwächter durch eine Parkuhr ersetzt wurde. Sie erwarten den Brief eines Freundes und erhalten eine E-Mail. Der Bauernhof, den sie sehr mochten, ist verschwunden – an seiner Stelle befindet sich nun ein Betongebäude. Sie bemerken, dass ältere Menschen nicht so umsorgt und geachtet werden wie früher. Ihr Arzt konzentriert sich auf die Untersuchungsergebnisse, anstatt Ihnen zuzuhören und Sie anzuschauen. Und die Kinder spielen nicht mehr mit dem Ball im Hinterhof, sondern bewegen sich in der virtuellen Welt der Videospiele. Gleichzeitig wird menschliche Wärme, losgelöst vom täglichen Leben, nun als ein Produkt *verkauft:* »hausgemachte Eiscreme«, »nach alter Tradition gebackenes Brot«, »Nudeln, wie Großmutter sie gemacht hat«, »das Auto, das Ihnen das Gefühl gibt, wieder im Mutterschoß zu sein«, »das Telefon, das Ihnen ermöglicht, mit der Welt in Verbindung zu treten« …

Menschliche Gefühle bleiben nicht immer gleich. Im Laufe der Jahrhunderte ändern sich ihre Betonungen, ihre Nuancen. Daher können wir von einer Geschichte der Gefühle sprechen. Ich bin überzeugt, dass wir heute eine Eiszeit des Herzens durchleben, die mehr oder weniger mit der industriellen Revolution begonnen hat und in unserer postindustriellen Ära fortdauert. Diese Eiszeit hat viele Ursachen: neue Lebens- und Arbeitsbedingungen, der Einsatz umwälzender Technologien, der Niedergang der Großfamilie, die Auswanderungen, infolge deren Menschen ihrer Heimat entfremdet werden, die Abschwächung verbindlicher Werte, die Zersplitterung und Oberflächlichkeit der modernen Welt, die Beschleunigung des Lebensrhythmus.

Verstehen Sie mich nicht falsch – ich sehne mich nicht zurück in die gute alte Zeit. Im Gegenteil, ich denke, wir leben in einer außergewöhnlichen Epoche. Wenn wir Solidarität, Freundlichkeit und Fürsorglichkeit pflegen möchten, so verfügen wir dafür über mehr Kenntnisse, Instrumente und Möglichkeiten als je zuvor. Nichtsdestotrotz ist die gegenwärtige Eiszeit besorgniserregend, und es überrascht mich nicht, dass sie einhergeht mit heftig um sich greifenden Depressionen und Panikattacken – also mit jenen beiden psychischen Störungen, die wohl am direktesten auf einen Mangel an Wärme, an schützender und beruhigender Gemeinschaft sowie auf ein nachlassendes Zusammengehörigkeitsgefühl zurückzuführen sind.

Die Freundlichkeit an sich mag fast unbedeutend erscheinen und doch ist sie ein zentraler Faktor in unserem Leben. Sie besitzt – vielleicht sogar in höherem Maße als jede andere Einstellung oder Vorgehensweise – die verblüffende Macht, uns grundlegend zu verändern. Der große englische Schriftsteller Aldous Huxley war ein Pionier in der Erforschung jener Grundanschauungen und Methoden, die auf die Entwicklung der menschlichen Fähigkeiten abzielen – etwa durch Versenkung in die hinduistischen Texte der Upanishaden, durch bewusstseinsverändernde Drogen, körperliche Übungen, Meditation, hypnotische Trance und Zen. Gegen Ende seines Lebens erklärte er in einem Vortrag: »Die Leute fragen mich oft, was die wirksamste Methode sei, mit der sie ihr Leben verändern können. Es ist ein wenig peinlich, dass ich nach all den Jahren des Forschens und Experimentierens sagen muss, dass die beste Lösung die folgende ist: Seien Sie einfach ein bisschen freundlicher.«

Das ist auch die Philosophie des Dalai-Lama. Sein Wahlspruch »Meine Religion ist Freundlichkeit« ist eine der einfachsten und wirkungsvollsten Aussagen, die ich je gehört habe. Sie ähnelt einem $E=mc^2$ des Geistes – einem universalen Prinzip, das ein ungeheures Potenzial für das Gute birgt und jedes Dogma übersteigt, das uns auffordert, das Wesentliche im Auge zu behalten, und uns den direktesten Weg zur inneren Befreiung zeigt.

Doch langsam! Obwohl wir gewiss oft selbstlos handeln, sind wir zugleich die grausamste Spezies auf dem Planeten. Die Menschheitsgeschichte ist voller Missetaten und Schrecknisse. Trotzdem wäre eine einseitige und starre Sicht auf die menschliche Natur ebenso verkehrt wie gefährlich. Die Vorstellung von primitiven Menschen, die mittels Zwang und Gewalt ums Überleben kämpfen, ist irreführend. Wenn unsere lange Evolution bislang erfolgreich verlaufen ist, dann auch deshalb, weil wir freundlich waren. Wir pflegen und beschützen die eigenen »Jungen« länger, als jedes andere Säugetier es tut. Unser Gemeinsinn hat die Kommunikation und die Kooperation erleichtert. Auf diese Weise haben wir den Widrigkeiten getrotzt, unsere Intelligenz und unsere vielfältigen Begabungen weiterentwickelt. Gerade dank der Herzlichkeit und der Fürsorge, die wir anderen zuteil werden ließen und von ihnen empfangen haben, konnten wir die Oberhand behalten – denn wir haben einander geholfen. Heute, zu Beginn des 21. Jahrhunderts, ist ein freundliches Individuum kein bizarrer Mutant in einer gewalttätigen Welt, sondern ein Mensch, der jene Fähigkeiten, die uns im Laufe der Evolution zustatten kamen, am besten zu nutzen weiß.

Es besteht kein Zweifel daran, dass wir alle in einer freundlicheren Welt viel besser gestellt wären. Im weitesten Sinn des Wortes ist Freundlichkeit das universale Heilmittel – zunächst für das Individuum, denn es kann uns nur gut gehen, wenn wir imstande sind, für uns selbst zu sorgen, uns selbst zu lieben; und dann für uns alle, weil wir uns besser fühlen und unsere Sache besser machen, wenn wir gesündere Beziehungen zu anderen haben.

Die Freundlichkeit spielt auf allen Ebenen der Erziehung eine entscheidende Rolle, weil wir in einer von Sanftmut und Aufmerksamkeit geprägten Atmosphäre mehr lernen als in jener, die von Gleichgültigkeit und Unterdrückung zeugt. Ein Kind, das liebevoll behandelt wird, wächst gesünder auf, ein Student, dem man Respekt und Interesse entgegenbringt, kann auf seinem Gebiet große Fortschritte machen. Auch im Hinblick auf die Gesundheit leistet die Freundlichkeit einen unverzichtbaren Beitrag: Patienten, die einfühlsam und fürsorglich gepflegt werden, leiden weniger und genesen schneller.

Und wie verhält es sich mit den geschäftlichen und kommerziellen Angelegenheiten? Selbst in diesem Bereich gelangen wir zu der gleichen Schlussfolgerung. Unternehmen, die ihre Arbeiter oder Angestellten ausbeuten, die Umwelt verschmutzen, den Verbraucher täuschen und eine Art Wegwerfmentalität erzeugen, werden kurzfristig vielleicht Gewinn erzielen, langfristig aber weniger konkurrenzfähig sein als solche, die – in ihrem eigenen Interesse – die Umwelt achten, die Beschäftigten nicht übervorteilen und sich in den Dienst der Kunden stellen.

Auf politischem Gebiet bedeutet Freundlichkeit den Verzicht auf Zwietracht und Herrschaft, die Anerkennung des Standpunkts, der Bedürfnisse und der Geschichte der anderen Menschen. Gewalt und Krieg erweisen sich zunehmend als allzu grobe und unwirksame Mittel, die Probleme der Welt zu lösen, insofern sie auf der Gegenseite wütende Reaktionen provozieren und so nur weitere Gewalttätigkeiten, Chaos, Ressourcenverschwendung, Leid und Armut heraufbeschwören.

Schließlich ist Freundlichkeit dringend geboten in unserer Beziehung zur lebendigen Umwelt. Wenn wir die Natur nicht achten und lieben, ihr nicht mit jener Liebenswürdigkeit und Ehrfurcht begegnen, die sie verdient, werden wir am Ende von unseren eigenen Giften umgebracht.

Allerdings wissen wir Menschen immer noch nicht, wer wir eigentlich sind. Wir haben nach wie vor kein definitives Bild von uns selbst. Wir sind sowohl zu den schrecklichsten Verbrechen als auch zu den ehrenwertesten Handlungen fähig. Keine dieser beiden Anlagen ist so stark ausgeprägt, dass wir sie als vorherrschendes Merkmal der menschlichen Natur bezeichnen könnten.

Wir haben es in der Hand. Jede(r) von uns steht vor der Wahl – entweder den Weg in Richtung Selbstsucht und Rohheit oder den in Richtung Gemeinsinn und Freundlichkeit zu gehen. In diesem ebenso aufregenden wie bedrohlichen Augenblick der Menschheitsgeschichte ist die Freundlichkeit kein Luxus, sondern eine Notwendigkeit. Wenn wir unsere Mitmenschen und den Planeten ein wenig besser behandeln, können wir vielleicht überleben, ja in unserem Entwicklungsprozess weiter fortschreiten. Und indem wir freundlicher werden, stellen wir am Ende möglicherweise fest, dass wir uns selbst das beste, das auf intelligente Weise eigennützigste Geschenk gemacht haben.

AUFRICHTIGKEIT

Alles wird einfacher

Die Aufrichtigkeit bringt einen oft in Verlegenheit. Es kann nämlich sein, dass die Wahrheit »knallhart« und unangenehm ist, dass derjenige, der sie ausspricht, sich taktlos verhält und damit den Empfänger der Botschaft zutiefst beunruhigt. »Ich mag deinen neuen Haarschnitt nicht«; »Dein Abendessen ist einfach fad«; »Ich hab keine Lust, den heutigen Abend mit dir zu verbringen«; »Du brauchst unbedingt ein Deodorant«; »Mama, ich bin homosexuell«. Wie passen all diese Aussprüche mit der Freundlichkeit zusammen, die definitionsgemäß angenehm, herzlich und weich wie Daunenfedern sein soll? Können Aufrichtigkeit und Freundlichkeit harmonisch nebeneinander bestehen? Oder müssen wir uns für eine der beiden entscheiden?

Lassen Sie uns einmal überlegen. Vor einiger Zeit bestiegen meine Familie und ich einen Zug, ohne die Fahrkarten besorgt zu haben. Wir wollten sie später beim Schaffner kaufen. Als er schließlich vor uns stand, teilte ich ihm mit: »Wir kamen im letzten Moment am Bahnhof an und würden gerne jetzt bezahlen.« – »Nein, das war nicht so«, schaltete sich meine Frau überraschend ein, »wir hatten noch viel Zeit.« Der Schaffner schien perplex. Vivien wollte mich nicht in Schwierigkeiten bringen – es ist nur so, dass sie einfach nicht lügen kann. Doch auch ich sagte die Wahrheit. Wir waren zehn Minuten vor Abfahrt des Zuges am

Bahnhof eingetroffen – für mich kaum genügend Zeit, mit dem unfreundlichen Fahrkartenautomat vertraut zu werden. Der Schaffner akzeptierte meine Erklärung und warf mir einen Blick zu, mit dem er seine heimliche Solidarität bekundete. Ich dachte mir: Vielleicht ist er ebenfalls verheiratet.

Diese Abneigung gegen das Lügen, wie peinlich sie manchmal auch sein mag, ist ein Teil der menschlichen Natur – eine spontane Reaktion unseres Organismus. Einige Zeit vor jener Episode war meine Frau mit unserem sechsjährigen Sohn Jonathan einkaufen gegangen. In einem Supermarkt wollte sie ein nicht passendes T-Shirt gegen ein anderes umtauschen, als Jonathan in bester Absicht ausrief: »Aber Mammi, das T-Shirt haben wir doch gar nicht hier mitgenommen! Das hast du in einem andern Geschäft gekauft!« Nach einem peinlichen Augenblick klärte das Rätsel sich auf: Dieses andere Geschäft gehörte zu der gleichen Ladenkette, innerhalb deren der Umtausch durchaus gestattet war, auch wenn das nicht ganz der sonst üblichen Praxis entsprach. Die kindliche Offenheit ist ja schön und gut, aber gelegentlich kollidiert sie eben mit unseren täglichen Kompromissen.

Zunächst erscheint es unangenehmer und schwieriger, die Wahrheit zu sagen, als zu lügen. Und gerade diese Überzeugung verleitet uns zur Lüge, mit der wir unsere Schwächen verbergen und Erklärungen ebenso wie Probleme vermeiden wollen – aus Faulheit oder vielleicht auch aus Angst. Auf längere Sicht aber erweist sich die Lüge als schwieriger, verkompliziert sie nur unser Leben.

Genau nach diesem Prinzip arbeitet der Lügendetektor. Sobald wir die Unwahrheit sagen, setzen wir unseren Körper einem Stress aus, der messbar ist: verstärkte Schweißabsonderung, beschleunigter Herzschlag, erhöhter Blutdruck und größere Muskelanspannung. Diese Symptome mögen uns gar nicht bewusst sein, werden aber durch Messgeräte ohne Weiteres angezeigt. Wenn wir unaufrichtig sind, klammern wir uns an einen Strohhalm; es kostet uns viel Mühe, eine Lüge erfinden und mit der Angst leben zu müssen, dass man uns auf die Schliche kommt. Wir unternehmen alles Mögliche, um nicht entlarvt zu werden, und machen so die Angst zu unserem ständigen Begleiter.

Welch eine Tortur! Sie lässt sich deutlich ablesen an den neuesten Untersuchungen der physiologischen Vorgänge während des Lügens. Computerisiertes Scanning der Tätigkeiten unseres Gehirns zeigt, dass es in diesem Fall eine Reihe komplizierter Operationen durchführen muss, die nicht stattfinden, wenn wir die Wahrheit sagen. Der Wissenschaftler, der diese Methode entwickelte, vertritt die Auffassung, dass das Gehirn gerade »durch fehlende Aktivität« die Wahrheit anzeigt; mit anderen Worten: Wir sind darauf programmiert, ehrlich zu sein.

Gleichsam durchsichtig zu sein, ist eine Erleichterung. In trübem Wasser verbergen sich zahlreiche unliebsame Überraschungen. In klarem Meerwasser hingegen können wir bis zum Grund sehen, gegebenenfalls die Überreste und Abfälle erkennen, aber auch die vielfarbigen Fische, Muscheln, Seesterne. Die Aufrichtigkeit erlaubt uns, jemand anderem in die Augen und durch sie hindurch bis ins Herz zu schauen, weil wir auf keine Schleier, keine Erfindungen stoßen. Zugleich gibt sie uns die Möglichkeit, vom Anderen gesehen zu werden und seinen Blick zu erwidern, ohne die Augen abzuwenden.

Wir sind in beiden Richtungen ehrlich – uns selbst und den anderen gegenüber. Die Selbsterkenntnis, schreibt der Psychologe Sydney Jourard in seinem Buch *The Transparent Self,* ist die *Conditio sine qua non* der geistigen und seelischen Gesundheit. Doch in der Isolation, fährt er fort, können wir uns selbst kaum erkennen; wir müssen uns zunächst einmal von jemand anderem erkennen lassen, ohne uns zu verstellen oder zu verstecken. Für Jourard sind alle neurotischen Symptome – zum Beispiel die Angst, aus dem Haus zu gehen, oder die Depression – nichts weiter als Schutzwälle, die wir errichten, um uns von anderen fern zu halten. Erst wenn wir »transparenter« werden, geht es uns allmählich besser. Allerdings würde ich hinzufügen, dass wir – parallel dazu – auch lernen können, uns selbst gegenüber ehrlich zu sein, einen unerschrockenen Blick in die eigene Innenwelt zu werfen und uns nicht abzuwenden. Übrigens: Menschen, die Tagebuch führen, sind gesünder als jene, die es nicht tun. Indem wir über uns schreiben, kommen wir in Kontakt mit unseren Gefühlen, gehen uns plötzlich die Augen auf, so dass wir dann auch mit anderen Menschen besser in Kontakt kommen können. Wie Polonius in Shakespeares *Hamlet* sagt: »Das vor allem – bleib dir selbst stets treu, / Und so sicher, wie die Nacht dem Tage / Folgt, kannst du dann keinen mehr belügen.«

Betrachten wir einen Extremfall: die Exzentriker. Das sind Menschen, die ehrlich sind gegen sich selbst, die nicht die geringste Absicht haben, sich zu verstellen, die ihre Verhaltensweisen und Gefühle vollkommen respektieren. Eine vor mehreren Jahren durchgeführte Studie kam zu dem Ergebnis, dass Exzentriker länger leben und glücklicher sind als Durchschnittsbürger. Der Verfasser dieser Studie schrieb dann ein interessantes Buch über seinen Forschungsgegenstand. Darin findet man die Beschreibung eines Mannes, der immer rückwärts ging (und so von Kalifornien nach Istanbul reiste); einer Frau, die das aufsammelte, was andere Leute weggeworfen hatten, und ein leer stehendes Theater kaufte, um all die angehäuften Gegenstände dort unterzubringen; eines Mannes, der auf einem seltsamen Vehikel – halb Schaukelpferd, halb Fahrrad – herumfuhr; einer Frau, die jeden Abend eine Gruppe von Ratten zum Essen einlud ... Da Exzentriker nicht unter dem Stress stehen, sich anderen Menschen anpassen zu müssen, sind sie widerstandsfähiger, gesünder und glücklicher.

Sicherlich handelt es sich hier um Extremfälle, aber das Thema ist das gleiche: Aufrichtigkeit. Wir alle können von Exzentrikern lernen. Wenn man nichts vortäuschen muss, wird das Leben einfacher. Dagegen bedarf es enormer Anstrengungen, tagtäglich so zu tun, als wäre man jemand anders. In der *Göttlichen Komödie* verbannt Dante die Heuchler in die Hölle. Sie müssen in einem schweren Umhang herumgehen, der außen golden, innen aber aus Blei ist. Es ist eine unendlich mühselige Plackerei, dieses glänzende, zugleich jedoch unechte und lästige Gewand zu tragen, das bildlich darstellt, was sie nicht sind und niemals sein werden.

Kehren wir nun zu unserer anfänglichen Frage zurück: Sind Aufrichtigkeit und Freundlichkeit unvereinbar? Aufrichtigkeit hat gerade auch in schwierigen Situationen viel mit Freundlichkeit gemein, obwohl beide einander zu widersprechen scheinen. Denn wenn die Freundlichkeit auf Unehrlichkeit beruht, ist sie keine Freundlichkeit mehr, sondern bestenfalls gezwungene Höflichkeit. Sie kommt nicht von Herzen, sondern aus der Angst, etwas zu riskieren, heftige Reaktionen hervorzurufen oder sich mit Argumenten und Vorwürfen auseinander setzen zu müssen. Was also ziehen Sie vor: echte Freundlichkeit, gepaart mit der Bereitschaft, die unangenehme Wahrheit auszusprechen – oder die Höflichkeit von jemandem, der Konfrontation ausweicht, sich selbst weismacht, Spaß zu haben, wenn er gelangweilt ist, »Ja« sagt, wenn er »Nein« meint, und selbst unter Höllenqualen lächelt?

Im Rahmen meiner psychotherapeutischen Arbeit bin ich einer stattlichen Zahl von Menschen begegnet, die »Ja« sagten, obwohl sie eigentlich »Nein« sagen wollten. Sie haben sogar eingewilligt, große Verpflichtungen auf sich zu nehmen – eine Ehe, einen Hauskauf, einen Arbeitsvertrag. Und sie haben zugelassen, dass andere frei über ihre Zeit und ihren Raum verfügten. (»Warum gehst du heute Abend nicht mit uns aus?«; »Kannst du für mich diese Aufgabe erledigen?«; »Wirst du während meiner Abwesenheit nach meinen beiden Katzen schauen?«; »Kann ich für ein paar Wochen bei dir wohnen?«) Die Unfähigkeit, jenes magische Wort auszusprechen, hatte manchmal katastrophale Folgen. Sie führte nämlich dazu, dass Menschen mit jemandem lebten, den sie nicht liebten, in einem Haus, das sie nicht mochten; dass sie einer beruflichen Tätigkeit nachgingen, die sie verabscheuten; dass sie ihres Seelenfriedens beraubt wurden. Sie sahen sich gezwungen, ein Leben zu führen, das nicht ihres war, eben weil sie nicht den Mut und die Aufrichtigkeit besaßen, ein einfaches, ehrliches, verbindliches Wort zu sagen, das ihr Leben und das der anderen gerettet hätte: »NEIN.«

In dem bekannten Kinderbuch *George und Martha* sind diese beiden Nilpferde unbestimmten Alters die besten Freunde und sie machen die üblichen Höhen und Tiefen der Freundschaft durch. Meine Lieblingsgeschichte ist die, in der George Martha einen Besuch abstattet, die stolz ihre Spezialität fürs Abendessen zubereitet: Erbsenpüreesuppe. George hasst dieses Gericht, hat aber nicht das Herz, es Martha mitzuteilen. Während also Martha in der Küche ist, gießt er die Suppe heimlich in seine Schuhe, um so zu tun, als hätte er sie genussvoll verspeist. Doch Martha kommt ihm auf die Schliche. Nach einigen peinlichen Augenblicken verständigen sich die beiden darauf, dass sie einander gerade aufgrund ihrer Freundschaft die Wahrheit sagen können. Die Weigerung, etwas zu essen, was man nicht mag, ist in diesem Zusammenhang ein charakteristisches Beispiel. Wenn wir die Speise hinunterwürgen müssten, bliebe sie unverdaut – wie alles, was wir gegen unseren Willen tun, weil wir nicht die Kraft haben, es abzulehnen. Um freundlich zu sein, müssen wir manchmal zuerst einmal lernen, für das eigene Wohl zu sorgen.

In genau dieser Lage befand sich auch ein berühmter Mann. Nachdem Albert Schweitzer den Friedensnobelpreis erhalten hatte, veranstaltete das schwedische Königshaus zu seinen Ehren ein Bankett. Dabei wurde ihm ein Gericht mit Hering serviert – jenem Nahrungsmittel, das er nicht vertrug. Seine alte Gewohnheit – keine Essensreste auf dem Teller zurückzulassen – muss sehr ausgeprägt gewesen sein. Außerdem wollte er nicht unhöflich erscheinen, indem er die Speise ablehnte. Und so geschah es, dass er, als die Königin sich für einen Augenblick von ihm abwandte, den Hering schnell in seine Jackentasche steckte. »Zweifellos haben Sie den Hering rasch aufgegessen«, bemerkte die Königin mit einem seltsamen Lächeln. »Möchten Sie noch etwas davon?«

Schweitzer wollte niemanden kränken und löste das Problem dadurch, dass er den Fisch in seiner Tasche verschwinden ließ. Auch er war unfähig, nein zu sagen – zumindest bei diesem Anlass. Ungeachtet seines harmlosen Tricks hat er die Mahlzeit offenbar nicht ganz verdaut, denn Jahre später sah er sich genötigt, die obige Geschichte zu erzählen. Dabei stellt sich mir die Frage, wie viele von uns wohl mit einem Hering in der Tasche herumlaufen.

Sich ehrlich zu verhalten – selbst auf die Gefahr hin, dass man die unangenehme Wahrheit zur Sprache bringt oder nein sagt und damit dem Gegenüber Kummer bereitet – ist, wenn es mit Intelligenz und Takt geschieht, auf Dauer die freundlichste Art überhaupt, weil wir dadurch die eigene Integrität bewahren und den anderen Menschen Sachverstand und Reife zugestehen. Ein Musiklehrer, den ich kenne, erklärte mir: »Ich habe das Gefühl, dass es von meiner Seite aus freundlicher ist, einem Schüler mitzuteilen, dass er kein Talent hat, und ihm zu raten, das Studium abzubrechen und eine Tätigkeit zu finden, für die er besser geeignet ist, anstatt ihn zum Weitermachen zu ermutigen. Wenn ich, um ihn nicht zu verletzen, etwas sage, von dem ich nicht überzeugt bin, treibe ich ein falsches Spiel mit ihm und verlängere so vielleicht sein Leiden und sein Fiasko um einige Jahre. Wenn ich dagegen das Kind beim Namen nenne, ist er wohl zuerst unglücklich, aber wenigstens weiß er dann, wo er steht, und kann seinen nächsten Schritt klarer ins Auge fassen. Das ist für mich wahre Freundlichkeit.«

Erinnern Sie sich nur einmal daran, was in Ihnen vorging, als Sie feststellen mussten, dass jemand Sie zu schützen versuchte: etwa indem er (oder sie) Ihnen die Schwere einer Krankheit verheimlichte oder eine unangenehme Sache verschwieg, über die alle anderen Bescheid wussten, oder Ihnen einfach nicht zu verstehen gab, dass Ihr Make-up in Unordnung oder Ihr Hosenschlitz offen war. All das geschah aus Höflichkeit und zu Ihrem Schutz. Die Folge war, dass Sie sich unterschätzt oder gar betrogen fühlten und sich fragten: Warum hat mir das niemand gesagt?

Doch die Aufrichtigkeit ist ein schwieriges Unterfangen. Wir müssen sie langsam erlernen, um auf diese Weise stärker und reifer zu werden. Die alten Azteken zum Beispiel glaubten, dass wir Menschen ohne Gesicht geboren werden und es dann im Laufe unserer Entwicklung Stück um Stück »erwerben« müssen – und dass uns das nur gelingt, indem wir die Wahrheit anerkennen. Wenn wir dagegen lügen oder uns unklar sind, was wir eigentlich sagen möchten, bleibt das eigene Gesicht formlos. Allein mit einem authentischen Gesicht sind wir imstande, Tlalticpac, die Welt der Träume, hinter uns zu lassen.

Aufrichtigkeit kommt auch darin zum Ausdruck, dass wir uns ein Problem bewusst machen, anstatt so zu tun, als existierte es gar nicht. Vor einiger Zeit musste mein Sohn Emilio nach den Ferien wieder zur Schule zurück. Der Gedanke daran behagte ihm überhaupt nicht, ja erfüllte ihn mit Angst. Die näher rückenden Schultage erschienen ihm wie ein Monster, das ihn bedrohte und zerquetschen wollte. Was soll ein Vater da tun? Ich versuchte, ihn heiter zu stimmen, ihn auf andere Gedanken zu bringen, ihn davon zu überzeugen, dass das alles doch gar nicht so schlimm sei, wie er es sich vorstellte, aber es half nichts. Dann kam mir die Idee, ihm etwas anzubieten, was meiner Meinung nach Wunder wirken würde. Ich lud ihn ein zu einer Mahlzeit, die in unserer Familie nahezu tabu ist: zu einer großen Portion Pommes frites in einem Fastfood-Restaurant. Gewöhnlich reizt Emilio alles, was verboten ist, speziell Junkfood. Ich dachte, ich hätte einen Trumpf in der Hand, aber dem war nicht so. Emilios Antwort sollte in Stein gemeißelt werden: »Papa, du kannst Probleme nicht mit Pommes frites lösen.«

Volltreffer! Man kann reale Probleme weder verdrängen noch sie durch kurze Ablenkungen beseitigen. Vielmehr muss man ihnen offenen Auges und mit Aufrichtigkeit begegnen. Meinem Sohn Pommes frites anzubieten, um ihn zu trösten und von seiner Angst abzulenken, war keineswegs ein freundlicher Akt. Ich entschied mich nur für die einfachere – die viel zu einfache – Möglichkeit. Dadurch hatte ich einen bequemen Ausweg gefunden. Seine Antwort war eine Lektion in Aufrichtigkeit.

Aber die Aufrichtigkeit betrifft nicht nur die schwierigen und unangenehmen Seiten des Lebens, sondern mehr noch die kreativen und schönen. So seltsam es auch scheinen mag – oft verheimlichen wir gerade diese Aspekte: unsere Zärtlichkeit, unseren guten Willen, originelle Gedanken oder unsere Fähigkeit, ergriffen zu werden. Wir tun das zum Teil aus einer gewissen Zurückhaltung, denn wir möchten die Leute mit unseren überschäumenden Gefühlen nicht erdrücken; vor allem jedoch, um uns selbst zu schützen. Wir wollen nicht, dass andere uns in diesem entrückten Zustand sehen. Dann würden wir uns nämlich schwach, ausgesetzt, vielleicht sogar lächerlich vorkommen. Besser, wir geben uns ein wenig zynisch, ja unerbittlich – oder wenigstens nicht so gefährlich offen. Doch auf diese Weise koppeln wir uns ab von dem geistigsten und wunderbarsten Teil unserer selbst – und hindern zugleich die anderen daran, ihn wahrzunehmen.

Und das ist noch nicht alles. Durch Aufrichtigkeit beschreiten wir den mit Abstand einfachsten Weg. Die Lüge hat tausend Gesichter, die Wahrheit nur eines. Wir können viele Gefühle vortäuschen, die wir nicht haben, viele Rollen spielen, mit denen wir nicht identisch sind. Doch wenn wir damit aufhören, verschwinden sämtliche Tricks und Mühen, die unser Leben zusammenhalten sollen. Was für eine Erleichterung!

Ich erinnere mich an meinen Militärdienst, in dem es einen Soldaten gab, der gerne den Angeber spielte. Oft brüstete er sich damit, die Weltmeisterschaft im Fluchen gewonnen zu haben. (Später fand ich heraus, dass es sich nur um einen Wettbewerb in seinem Dorf gehandelt hatte.) Er war so ein Typ, der einen immer übertrumpfte, egal was man sagte. Eines Abends redeten wir beide über dieses und jenes, als seine Miene sich plötzlich veränderte. Er begann, über seine Angst vor dem Tod zu sprechen, über die Leere, über Liebe. Er wurde zu einem völlig anderen, weitaus tiefsinnigeren und aufrichtigeren Menschen. Dadurch war es viel lohnenswerter, Zeit mit ihm zu verbringen. Ich brachte das ihm gegenüber auch zum Ausdruck und fragte ihn dann, warum er sich entschlossen hatte, an diesem Abend seine Maske abzunehmen. Er erwiderte: »Manchmal muss man loslassen und einfach die Wahrheit sagen.«

Wie wir alle habe ich »emotionale Falschmeldungen« in Umlauf gebracht. Ich kann Menschen verstehen, die ihre wahren

Gefühle nicht zeigen wollen. Manchmal ist eine reservierte Haltung vollkommen angemessen – dann wieder nicht. In meiner Arbeit als Psychotherapeut höre ich oft sowohl schreckliche wie wunderbare Geschichten und immer wieder bin ich tief bewegt. Ist es richtig, dass meine Patienten das merken und sehen, wie sehr ich involviert bin, oder sollte ich mich lieber hinter einer teilnahmslosen Maske verstecken? In dieser Frage gibt es zahlreiche Meinungen; ich persönlich glaube nicht, dass ein Psychotherapeut ständig seine Gefühle offenbaren sollte, denn damit könnte er Schaden anrichten und Missverständnisse bewirken. Dennoch funktioniert die Psychotherapie nur in einer guten Beziehung, und eine Beziehung ist nur dann gut, wenn sie aufrichtig ist.

Als ich einmal der Geschichte einer Patientin lauschte, war ich bewegt. Sie bemerkte es und sprach auch darüber. Ich versuchte, meine Ergriffenheit zu verbergen, aber das nahm sie mir keine Sekunde ab. In diesem Augenblick wurde mir bewusst, wie schwach und unbeholfen wir sind, wenn wir unsere Gefühle verheimlichen wollen, und wie wichtig es ist, innerhalb der Grenzen des Takts und des guten Geschmacks aufrichtig zu sein und vorbehaltlos zu zeigen, was wir empfinden und wer wir sind. Wann also sind wir freundlicher – wenn wir unsere Herzlichkeit, unsere Träume, unser Erstaunen, unseren Humor verbergen oder wenn wir sie offenbaren?

Demnach ist Aufrichtigkeit mit echter Freundlichkeit nicht nur vereinbar – sie bildet vielmehr deren Grundlage. Falsche Freundlichkeit vergiftet die Atmosphäre und erschwert wahre Freundlichkeit umso mehr. Solange man nicht in der Wahrheit lebt, kann man mit anderen nicht wirklich kommunizieren, kein Vertrauen haben, keine Beziehung eingehen. Solange man die unumstößlichen Tatsachen nicht beim Namen nennt, befindet man sich im Land der Träume. Dort gibt es keinen Platz für dich und mich, sondern nur schädliche Illusionen. In dem Maße, wie wir lügen, führen wir ein der Realität entfremdetes Leben. Und die Freundlichkeit kann nicht bestehen in einer Welt der Masken und der Phantome.

WARMHERZIGKEIT

Die Temperatur des Glücks

An einem Winterabend vor vielen Jahren reiste ich aus beruflichen Gründen in eine amerikanische Stadt. Die Ankunft der Maschine hatte sich um Stunden verzögert. Ich war ohne Bargeld, hatte nichts gegessen und draußen herrschte bittere Kälte. Außerdem war in dem Stadtteil, wo ich wohnen sollte, der Strom ausgefallen, also saß ich im Dunkeln. Ohne jeden Schutz, den die moderne Zivilisation gewöhnlich bietet, hatte ich das Gefühl, dem Irrationalen ausgeliefert zu sein. Obwohl mir mein Verstand sagte, dass ich nicht wirklich in Gefahr war, schalteten sich all meine ursprünglichen Alarmsysteme ein: Hunger, Kälte, kein Bezugspunkt, keine freundliche Gegenwart. Fast hatte ich den Punkt erreicht, an dem ich nicht mehr wusste, was ich tun sollte. Ich war drauf und dran, in Panik zu geraten.

Plötzlich hörte ich den Klang meines Namens in der Dunkelheit. Nie war ich glücklicher gewesen, ihn zu vernehmen – und nie so tief ergriffen von einer Stimme. Es war der Freund, den ich treffen sollte und dem es gelungen war – fragen Sie mich nicht, wie –, mich in der Dunkelheit zu finden. Die rettende Stimme war die Warmherzigkeit selbst.

In diesem Moment – oder ein bisschen später, nachdem ich gegessen hatte und wieder normal funktionieren konnte – wurde mir deutlich, wie unsicher die menschliche Situation ist, wie hilflos und verletzlich wir in einer unpersönlichen und aus den Fugen geratenen Welt sind. Ich erkannte, dass der Zustand der Säuglinge, die so sehr der Pflege, der Zuneigung und der Wärme bedürfen, im Grunde der von uns allen ist. Jeden Tag sterben unzählige Menschen – oder sterben ein wenig an mangelnder Wärme: allein gelassene Kinder, unterbezahlte und ausgebeutete Arbeiter, alte Leute, einsam und von jedermann vergessen in der Anonymität der Großstädte. Und jeden Tag kompensieren Tausende von Menschen ihren chronischen Zustand, in dem es keine Liebe gibt, durch irgendwelche Ersatzbefriedigungen: indem sie sich mit Essen voll stopfen, gefühllosen Sex praktizieren, ihr illusorisches Glück in den Wunderländern des Konsums suchen oder gewalttätig werden.

Gewöhnlich assoziieren wir vor allem den Tastsinn mit Warmherzigkeit. Doch auch Laute, Klänge, Stimmen, die eine Art Berührung aus der Ferne sind, können uns das Herz erwärmen, wenn wir außer Reichweite sind. Gerade haben wir gesehen, wie ich durch eine Stimme gerettet wurde, als ich an einem fremden Ort fast verloren war. In diesem Zusammenhang erzählte mir eine Bekannte – nennen wir sie Dorothea – eine weitere Geschichte. Jeden Abend hört sie das neugeborene Mädchen ihrer Nachbarn in der Wohnung nebenan schreien. Die Eltern haben es zum Schlafen allein in ein dunkles Zimmer gelegt. Das Baby schreit immerfort, während die Eltern fernsehen. Sein verzweifeltes Schreien bringt seine qualvolle Angst, seine völlige Einsamkeit zum Ausdruck. Was soll Dorothea tun? Sie ist sich unsicher. Wenn sie mit den Eltern spräche, würde alles vielleicht nur noch schlimmer werden. Also beschließt sie zu singen. So wie sie das Baby hört, kann auch das Baby sie hören. Jeden Abend, nachdem die Eltern das kleine Kind ins Bett gebracht haben, singt Dorothea ihre sanften Wiegenlieder, spricht durch die dünnen Wände mit ihm, beruhigt und tröstet es. Das Baby vernimmt die freundliche Stimme von nebenan, hört auf zu schreien und sinkt in friedlichen Schlaf. Die Warmherzigkeit in der Stimme einer Fremden hat es vor der eisigen Kälte der Einsamkeit gerettet.

Da wir von menschlicher Wärme sprechen – wie stellen Sie sich eigentlich die Hölle vor? Feuer, Rauch, glühende Heugabeln, der Geruch von schmorendem Fleisch? Man hat uns immer gesagt, dass es dort extrem heiß sei. Selbst ein Rationalist wie Voltaire rief auf dem Totenbett, als er sah, wie ein Vorhang in den Kamin fiel und Feuer fing, mit einer Mischung aus Ironie und Entsetzen: »*Déjà les flammes!*« (Schon lodern die Flammen!)

Aber sind wir uns da ganz sicher? In der *Göttlichen Komödie* erfindet Dante für die Hölle das eindrucksvollste poetische Bild überhaupt: Deren tiefster, schrecklichster Ort ist ein stiller, eisiger Ort. Die Verräter, mit den schlimmsten Sünden befleckt, stecken kopfüber in einem ewig zugefrorenen Sumpf. Diese verdammten Seelen sind zu keiner Regung fähig und denken nur daran, ihre Familie, ihre Freunde, ihr Land zu verraten. Die Hölle ist die völlige Abwesenheit jeglichen Gefühls – die Verneinung der Wärme: ein dunkler, beängstigender Ort, wo man allein und ohne Liebe ist.

Nachdem Dante die Hölle verlassen hat, erklimmt er den Läuterungsberg, wobei der lange und schwierige Aufstieg jene ausdauernde Bemühung um innere Reinigung und Stärkung versinnbildlicht, die für die Selbstfindung unerlässlich ist. Auf dem Gipfel des Läuterungsberges angelangt, begegnet er seiner leidenschaftlich geliebten Beatrice, die er lange Zeit nicht gesehen hat und die im Werk die Wahrheit verkörpert. Sie ist ihm gegenüber kühl, abweisend, läuft nicht los, um ihn zu umarmen. Sie möchte nämlich, dass er das ganze Gewicht seiner Vergesslichkeit zu spüren bekommt, und tadelt ihn: Warum hast du mich vernachlässigt? Es handelt sich sowohl um die Anklage einer erzürnten Frau als auch um den gebieterischen Schrei der Wahrheit – an jene gerichtet, die zu lange den falschen Weg beschritten haben. Dante ist erstarrt wie der Schnee auf dem Apennin. Doch unter den Strahlen der Frühlingssonne schmilzt der Schnee, und auch Dante schmilzt dahin, bricht in Tränen aus: Erneut fühlt er die Warmherzigkeit. Danach ist er »rein und bereit, zu den Sternen aufzusteigen«.

Dante betrachtet die Warmherzigkeit als Quelle jeden Gefühls, die das Leben überhaupt erst ermöglicht, und als Grundvoraussetzung für Veränderung. Wie so oft begriff ein Dichter intuitiv, was Wissenschaftler und Forscher erst Jahrhunderte später entdeckten: Ohne die Warmherzigkeit und Nähe der anderen gehen wir zugrunde. Seit Jahrzehnten ist bekannt, dass ein Säugling ohne die mütterliche Liebe nicht überleben kann. Körperliche Wärme – berührt, geknuddelt, beschützt, gepflegt, gestreichelt, gewiegt werden – ist kein Luxus, sondern eine notwendige Bedingung für Leben. Wenn sie Babys ganz vorenthalten wird, sterben sie, und wenn sie nicht genug davon bekommen, gedeihen sie nicht richtig und werden später zu ängstlichen, neurotischen, aggressiven und vielleicht sogar kriminellen Menschen.

Alles begann vor Urzeiten. Warmherzigkeit ist ein grundlegendes biologisches Bedürfnis. Die Jungen von Säugetieren überleben nur durch die innige und zärtliche Pflege der Mutter. Vielleicht können wir Erwachsene ohne diese Wärme irgendwie durchkommen, aber dann ist unser Leben hart und freudlos. Die Herzlichkeit eines anderen Menschen hingegen beruhigt und tröstet uns, heilt unsere Wunden und bringt unsere Fähigkeiten zur Entfaltung. Denken Sie bloß einmal daran, wie sehr die Begegnung mit einer warmherzigen und freundlichen Person das eigene Wohlbefinden steigert. Sie sind nicht genötigt, etwas vorzutäuschen oder zu konkurrieren oder sich selbst zu beweisen. Und diese Warmherzigkeit gibt Ihnen das Gefühl, kompetenter zu sein. Sie bestätigt nicht nur, was Sie sind, sondern auch, was Sie werden können.

Wie Säuglinge brauchen wir Erwachsene Wärme – psychologische Wärme. Und zugleich körperliche Wärme: Manchmal müssen wir auch jetzt noch berührt und liebkost werden wie Babys. Aber meistens brauchen wir jemanden, mit dem wir reden können, jemanden, der uns kennt und schätzt, der sich für uns interessiert. Dann ist die Warmherzigkeit nicht mehr nur eine biologische Tatsache – sie wird gleichsam zur Metapher; zu einer Eigenschaft, die wir in den Augen eines Menschen sehen, in seiner

Stimme hören, in seiner besonderen Art spüren, uns zu grüßen. Früher körperlich und unmittelbar – im Arm gehalten, gehegt und gepflegt werden –, ist diese Eigenschaft nun sublimer, doch nicht weniger wirklich und erwünscht. Sie bildet den eigentlichen Kern der Freundlichkeit.

Es gibt fast nie genug menschliche Wärme – zumal in diesem Zeitalter globaler Abkühlung. Eben deshalb ist diese Wärme zu einem Handelsartikel geworden – etwa nach dem Motto: *Wenn Sie das göttliche, lebenspendende, Vergnügen bereitende Geschenk der Warmherzigkeit wirklich möchten und es in Ihrem eigenen Leben nicht finden, dann werden wir es Ihnen verkaufen!* Ich habe auf einer orangefarbenen Reklametafel eine riesengroße Schale mit dampfender Gemüsesuppe gesehen – und darunter den Slogan: *Das ist Liebe!* So wirbt ein multinationaler Konzern für sein Tiefkühlprodukt. Das ist die allgemeine Situation: Jeder ist zu beschäftigt und so heißt sie heute Abend niemand zu Hause willkommen mit einer heißen, schmackhaften Gemüsesuppe. Man kann sich kaum ein treffenderes Symbol für die tröstende und beruhigende Kraft der Liebe vorstellen. Was für eine Wohltat, diese paar Löffel Suppe, welch eine Freude! Und welch eine Erleichterung, zu wissen, dass jemand Sie liebt und eine Schale mit köstlicher Nahrung zubereitet hat! Aber dieser Jemand muss im Moment zu viele andere Dinge erledigen oder hat Sie vergessen oder existiert vielleicht gar nicht. Daher gibt es jetzt eine Suppe, hergestellt von einer Maschine an irgendeinem fernen Ort und dann eingefroren in einer luftdichten Verpackung. Keine Sorge, der Inhalt taut sofort auf. Schließlich ist er stets der gleiche, nicht wahr? Hier also die Suppe, delikat, in Minutenschnelle fertig, für jedermann gleich. Kaufen Sie, essen Sie und halten Sie den Mund! Die Wärme ist im Preis inbegriffen: *Das ist Liebe!*

Es handelt sich jedes Mal um die gleiche Suppe. Wenn dagegen echte menschliche Wärme spürbar wird, ist keine Person so wie alle anderen – wie auch zwei selbst zubereitete Suppen niemals gleich sind. Jede(r) von uns ist einzigartig. Wir werden geliebt für das, was wir sind, mit unseren Stärken und mit unseren Schwächen. Man liebt uns, weil wir unwiderruflich wir selbst sind. Doch wenn die Wärme nachlässt, sind wir alle gleich – alle anonym. In dem Maße, wie die Wärme unsere Persönlichkeit zum Vorschein bringt und uns das Gefühl gibt, besonders und unersetzlich zu sein, kann uns die Kälte in einen namenlosen Schatten verwandeln.

Einmal musste ich zum Hautarzt. Ich suchte nicht nur *einen* Spezialisten auf, sondern mehrere. Eine Ärztin untersuchte lange meinen Fuß mit einer Lupe, ohne ein Wort zu sagen. Am Ende der Konsultation, als sie ihre Diagnose aufnotiert hatte und ich mich anschickte zu gehen, hob sie den Kopf und zuckte bei meinem Anblick zusammen: »Wer sind Sie? Was machen Sie hier?« Sie hatte nicht bemerkt, dass der Fuß ein Teil von mir war. Für sie stellte ich nur ein Untersuchungsobjekt dar, das sie mit der Lupe analysierte. Dann aber sah sie mich zum ersten Mal als einen ganzen Menschen. Als bloßer Fuß – ohne Stimme und ohne Namen – war ich ihr viel begreiflicher vorgekommen. Das ist Anonymität.

Ein weiterer Aspekt der Wärme, durch den sich eine körperliche Erfahrung allmählich in eine Erinnerung oder in eine Metapher verwandelt, ist Nähe. Wer immer uns nah steht, ist zugleich vertraut und freundlich. Wer immer uns fern steht, ist unzugänglich und abweisend. Wer uns nah steht, berührt und umarmt uns, schenkt uns Wärme und ist uns wohl bekannt. Neugeborene erkennen ihre Mutter an deren Geruch. Später wird diese Nähe mehr und mehr zu einer mittelbaren Erfahrung: Ein uns nahe stehender Mensch kann Tausende von Kilometern entfernt sein. Tatsächlich sind Berührung und Umarmung nicht alles. Die Warmherzigkeit wird zu einer subtileren, jedoch nicht weniger wichtigen Eigenschaft. Intimität ist nicht nur physisch bedingt, sondern auch psychologisch und geistig. Sie ist die Fähigkeit, in die Welt des Anderen einzutreten und ihn bei sich eintreten zu lassen, ihn kennen zu lernen und von ihm erkannt zu werden; ihm die eigenen Träume und noch die seltsamsten oder unangenehmsten Charakterzüge zu enthüllen – ohne jede Angst.

Oft erachten wir die menschliche Wärme als selbstverständlich und werden uns ihrer erst bewusst, wenn sie nicht mehr vorhanden ist; dann verstehen wir ihre Bedeutung. Das erlebte ich anlässlich zweier Beerdigungen, die viele Jahre auseinander lagen. Die erste war die meines Großvaters. Zum ersten Mal in meinem Leben saß ich im Leichenwagen neben dem Sarg. Von innen konnte ich sehen, wie die äußere Welt auf unsere Durchfahrt reagierte; die Gesten waren deutlich sichtbar. Leute hielten inne und ließen uns passieren, einige nahmen den Hut ab, manche bekreuzigten sich. Darin kamen Achtung und Anerkennung zum Ausdruck: Ein Mensch war gestorben und die anderen trauerten um ihn. Ich fühlte mich getröstet: Der Tod war kein Ereignis mehr, das einen völlig allein ließ.

Fast dreißig Jahre später starb meine Mutter. Die gleiche Stadt, der gleiche Weg, der gleiche Ablauf. Aber die Zeiten hatten sich inzwischen geändert. Leute schritten vorbei, unachtsam und in Eile. Das städtische Leben wurde nicht unterbrochen: Jeder ging weiter seinen Angelegenheiten nach. Nicht das geringste Zeichen einer Anerkennung. Ich spürte, dass ich mich in einer kälteren, zerstreuteren Welt befand. Erst da begriff ich wirklich, wie wichtig die Warmherzigkeit und der Beistand der Menschen ringsum ist.

Allerdings gibt es viele Widerstände gegen Warmherzigkeit und Intimität. Wir befürchten, dass man uns vereinnahmt, maßregelt oder verletzt, wenn wir den anderen zu nahe kommen oder selbst zu offen sind. Das sind alte, teils irrationale, teils legitime Ängste. Schließlich ist unsere »territoriale Integrität« gleichbedeutend mit einem Sieg. Wir haben Jahrmillionen gebraucht, um Individuen zu werden, und so ist es nur natürlich, dass wir unseren Sieg verteidigen. Eine zu große Vertrautheit ruft in uns die Angst wach, dass die eigenen Grenzen verschwinden, dass wir selbst uns völlig abhanden kommen. Doch oftmals verwandeln sich diese Grenzen in Schranken, die Membrane werden starr und lassen nichts mehr hindurch. Wir verbarrikadieren uns in der kalten Festung unserer Einsamkeit.

Menschliche Wärme macht das Leben einfacher, Kälte erschwert es. In einer warmherzigen und freundlichen Atmosphäre ist es leichter, um einen Gefallen zu bitten (der uns dann auch eher erwiesen wird), unangenehme Dinge zur Sprache zu bringen, zu akzeptieren und akzeptiert zu werden, zu lachen und zu genießen. In einer der Fabeln von Äsop wetten Wind und Sonne darum, wer einen Reisenden schneller dazu bringt, die Kleider abzulegen. Der Wind fängt an. Er bläst. Doch der Reisende zieht sich nicht aus. Der Wind bläst stärker, aber der Reisende bleibt angezogen, ja hüllt sich noch mehr ein. Schließlich bläst der Wind so stark, wie er nur kann, entfacht erst einen Sturm, dann einen Orkan. Der Reisende, weit davon entfernt, sich zu entblößen, schlingt die Kleidungsstücke noch enger um sich. Hernach ist die Sonne an der Reihe. Sie erledigt ihre tägliche Arbeit – sie scheint. Jetzt weht kein Lüftchen mehr; es wird heiß. Der Reisende zieht sich aus. Die Sonne gewinnt – nicht durch Stärke, sondern durch Wärme.

Diese Wärme hat, wenn wir die zärtliche Berührung und das zwischenmenschliche Gespräch mit einschließen, enorm positive Auswirkungen. Ashley Montagu hat in seinem klassischen Werk *Touching: The Human Significance of the Skin* gezeigt, wie die Berührung das Wohlbefinden aller Säugetiere – ob Tier, Kind oder Erwachsener – steigert. Eine weitere klassische Studie, die der Neurophysiologe James W. Prescott in 49 Kulturen durchführte, kam zu dem Ergebnis, dass in Gesellschaften, in welchen Kinder ein hohes Maß an Zuneigung und Liebe erfahren, solche Phänomene wie prahlerisch zur Schau gestellter Reichtum, Diebstahl, Folterung und Tötung von Feinden nur schwach ausgeprägt sind. In Gesellschaften hingegen, die ihren Kindern nur wenig Zuneigung und Liebe zuteil werden lassen, gibt es Sklaverei, werden Frauen als minderwertig behandelt und die Götter als aggressiv dargestellt. Prescott erachtet die menschliche Wärme während der Kindheit sowie die Offenheit für körperliche Freuden als die besten und einfachsten Mittel, unsere von Gewalt bestimmte Psychobiologie umzuwandeln in eine, die dem Frieden Vorschub leistet.

Im Laufe der letzten Jahrzehnte haben verschiedene Untersuchungen bestätigt, was wir schon seit Jahrtausenden intuitiv wissen. Und in den vergangenen Jahren waren die Forschungen noch genauer und detaillierter. Kindern und Jugendlichen hilft die Wärme der Eltern, sich wohl zu fühlen, unabhängig zu sein und gute schulische Leistungen zu erzielen. Und wie steht es um die Erwachsenen? 10 000 israelische Männer wurden unter anderem nach ihrer Gesundheit, ihren Gewohnheiten und Lebensbedingungen befragt. Eine der Fragen lautete zum Beispiel: »Behandelt Ihre Frau Sie liebevoll?« Eine negative Antwort war der beste Indikator für Angina Pectoris. Aber allein schon die Gegenwart eines Gesprächspartners, der die einsame Leere ausfüllt, spielt eine wesentliche Rolle. Wenn alte Menschen die Möglichkeit haben, mit jemandem zu plaudern, verringert sich für sie das Risiko, an Alzheimer zu erkranken. Liegt das nur daran, dass sie geistig stimuliert werden? Nein. Eine weitere Studie belegt, dass bei alten, an Schwachsinn leidenden Menschen vor allem körperliche Berührungen dazu beitragen, die Qual zu mindern und die Stimmung zu heben.

Die positiven Wirkungen der Warmherzigkeit und der Freundlichkeit halten lange vor. In den fünfziger Jahren des 20. Jahrhunderts nahm eine Gruppe von Studenten der Harvard University an einer Langzeituntersuchung teil. Alle wichtigen Daten bezüglich ihres Lebens wurden detailliert festgehalten. 36 Jahre später erklärten sich 126 der damaligen Testpersonen zu einer erneuten Befragung bereit. Sie wurden in zwei Gruppen unterteilt: Die eine bestand aus jenen, die ihre Eltern als warmherzig, geduldig und liebevoll beschrieben, die andere aus jenen, die sie als kalt, ungeduldig und brutal charakterisierten. In der ersten Gruppe lag die Quote der Magengeschwüre, Alkoholabhängigkeiten und Herzkrankheiten unter dem Durchschnitt, in der zweiten Gruppe jedoch weit darüber. In der ersten Gruppe hatten 25 Prozent der Personen an einer schweren Krankheit gelitten, in der zweiten hingegen 87 Prozent.

Inzwischen wird Ihnen vielleicht eine merkwürdige Tatsache

aufgefallen sein. Obwohl wir in diesem Buch gewöhnlich von der Freundlichkeit sprechen, die man jemand anderem *entgegenbringt*, geht es hier um die Wohltaten der Freundlichkeit, die einem *zuteil werden*. Der scheinbare Widerspruch löst sich auf, wenn wir uns fragen: Wer spendet Wärme und wer empfängt sie, sobald wir eine schnurrende Katze streicheln? Wer von beiden wird innerlich erwärmt, wenn man die Gesellschaft eines Menschen genießt? Und wer verteilt Zärtlichkeiten und wer bekommt sie, wenn wir ein Neugeborenes im Arm halten? Sobald wir Wärme ausströmen, bleiben wir nicht mit dem Gefühl von Kälte zurück. Der Nutzen ist wechselseitig. Indem wir denen, die uns nahe stehen, Liebe schenken – und damit auch unsere lebendige Gegenwart, unsere positive, vorurteilsfreie Einstellung, unser Herz –, können wir in ihrem Leben wichtige, manchmal sogar tief greifende Veränderungen bewirken. Dadurch bleiben auch wir nicht unverändert.

Sobald jemand Kälte gespürt hat und plötzlich menschliche Wärme erfährt, wird ihm bewusst, dass das Leben weitaus mehr Möglichkeiten bietet, als es zunächst schien. Gefühle sind keine ärgerlichen, auszuschließenden Variablen, sondern große Reichtümer, die uns erlauben, das kennen zu lernen, was wir uns nicht einmal hätten vorstellen können. Das Herz hat seine Gründe, die der Vernunft nicht einsichtig sind. Das Wissen des Herzens versetzt uns in die Lage, den Menschen nahe zu kommen – sie nicht als statistische Größen oder leblose Puppen zu betrachten, sondern als temperamentvolle Wesen voller Hoffnungen und Träume. Dieses Wissen ist instinktiv, direkt, wortlos. Als Freundin wissen Sie, dass Ihr Freund sie braucht; als Partner können Sie genau sagen, ob Ihre Partnerin Probleme hat oder ob es ihr gut geht. Als Elternteil ist Ihnen klar, wie Ihr Kind sich fühlt, ohne dass Sie es danach fragen müssen.

Wie wäre das Leben ohne Warmherzigkeit und Intimität? Stellen wir uns einmal vor, es entbehrte jeder Zuneigung, jeder Liebe, es gliche einem ausgetrockneten Fluss. Und malen wir uns aus, dass selbst die Erinnerung an Zuneigung und Liebe verschwunden sei. Wir bewegten uns umeinander ohne Gefühl, existierten in einer Welt mit genau abgesteckten, unverrückbaren Grenzen, wo nur Zahlen und Tatsachen Bedeutung hätten.

Zugleich aber kann man die Herzlichkeit auch übertreiben. Wir alle kennen jene unerträglichen Individuen, die um jeden Preis Wärme wollen, uns ständig berühren und umarmen und ohne Rücksicht in unsere Privatsphäre eindringen. Bisweilen bedarf es der Kälte ebenso wie der Distanz und der Grenzen. In manchen Fällen ist eine gleichgültige Einstellung gar nicht so schlecht. Es mag erfrischend sein, das Leben ringsum einmal nicht durch die Brille unserer Gefühle und Vorlieben zu betrachten. Doch eine kalte und leblose Welt ist letztlich fad, wenn nicht sterbenslangweilig.

Stellen wir uns nun das Gegenteil vor – ein Leben durchdrungen von Wärme und Zärtlichkeit. Wir fühlen uns stark genug, unsere abwehrende Haltung aufzugeben. Durch unsere bloße Gegenwart sind wir imstande, die Menschen zu erleichtern und zu beglücken, wir haben eine genauere Kenntnis von ihrem Innenleben und können ihre tieferen Gedanken und Motive besser nachvollziehen. Liebe, Freundschaft und Freundlichkeit machen den Sinn unseres Lebens aus, werden zu unseren höchsten Werten. Erscheint uns das nicht ebenso wohltuend wie richtig?

Mein Sohn Jonathan erzählte mir einmal, dass er bei einem Schulausflug nach einer langen Wanderung hinter allen anderen zurückgeblieben war und sich deshalb einsam und verloren fühlte. Aber ein lieber Freund wartete auf ihn und sagte: »Komm schon, Jonathan, du kannst es schaffen!« Und er schaffte es tatsächlich. Der Zuspruch genügte ihm als Beistand. Jonathan bezeichnet ihn als »herzerwärmende Hilfe«: Aufmerksamkeit und ein freundliches Wort in einem schwierigen Augenblick. Das braucht vielleicht jeder von uns auf seinem Lebensweg, um den nächsten Schritt nach vorn machen zu können.

VERSÖHNLICHKEIT

In der Gegenwart leben

Vor Jahren stellte eine meiner Freundinnen den Leuten gern die Frage: »Was ist das Wichtigste im Leben?« Die Antworten fielen so aus, wie man es erwarten konnte – Gesundheit, Liebe, finanzielle Sicherheit; oft folgte ihnen eine Erklärung, als ob die betreffende Person ein wenig im Zweifel wäre und die Antwort auch sich selbst gegenüber rechtfertigen wollte. Eines Tages konfrontierte meine Freundin ihren Vater mit dieser Frage. Die beiden hielten sich gerade in der Küche auf, wo er sich einen Kaffee machte. Seine Antwort war einfach, ruhig und spontan. Sie bedurfte keines weiteren Kommentars: »Zu verzeihen.«

Der Vater meiner Freundin war Jude und seine ganze Familie war im Holocaust umgekommen. (Später hatte er wieder geheiratet und war nach Australien emigriert, wo meine Freundin geboren wurde.) Ich habe seine Familienfotos gesehen, die er in einer alten Blechdose aufbewahrte – das, was von einer Familie nach der Tragödie übrig bleibt. Es sind Fotos von Menschen wie Sie und ich, die vom drohenden Verhängnis nicht die geringste Ahnung haben. Die Aufnahme eines kleinen Mädchens berührte mich am meisten. Man betrachtet es und kann sich vorstellen, wie es zur Schule ging oder spielte oder mit seinen Eltern sprach. Ein reizendes junges Mädchen, das nicht mehr da ist. Ich habe zu begreifen versucht, wie dieser Mann sich gefühlt haben musste, als ihm klar wurde, dass er sie verloren hatte – und mit ihr seine Frau, seine Mutter, seinen Vater, seinen Bruder und seine Schwester, seine Arbeit, sein Zuhause. Ich habe es versucht, doch das Einzige, was ich mir auf verschwommene Weise vorzustellen vermochte, war das Grauen jener Zeit, die Fassungslosigkeit – und dann den unerträglichen Schmerz.

Ungeachtet all dessen war dieser Mann fähig zu verzeihen. Nicht nur das – er konnte auch die Versöhnlichkeit als *den* wichtigsten Wert hervorheben. Diese Einstellung erscheint mir als ein wunderbarer Sieg. Gerade dank diesem Sieg – und nicht so sehr dank der Wunder der Elektronik, der Genetik oder der Astronautik – ist die Zivilisation auch heute noch möglich. Durch diesen Mann und viele andere, die ähnlich dachten wie er, sind wir nicht völlig in der Barbarei versunken.

Oder sind wir es doch? Lesen Sie an irgendeinem Tag die Zeitung, und Sie werden bestürzt sein über die zahlreichen Ressentiments und Feindseligkeiten, die sich nicht aus der Welt schaffen lassen. Um ganz und gar zu verstehen, welche Folgen diese finstere Zeit für uns alle hat, bitte ich Sie, sich eine Möglichkeit – ein Paradox – vorzustellen. Morgen früh wachen wir auf und stellen fest, dass jeder Mensch alles verziehen hat, was zu verzeihen war, und außerdem den Mut aufbrachte, sich für jedes von ihm begangene Unrecht zu entschuldigen. Überlegen Sie nur einmal: Was geschähe, wenn die Bevölkerung x der Bevölkerung y das schreckliche, vor vielen Jahren angerichtete Blutbad verzeihen würde? Und was, wenn die ethnische Gruppe z der ethnischen Gruppe w nachsähe, dass diese sie in früheren Jahrhunderten unterdrückte, ihre Frauen vergewaltigte, ihre Männer ausbeutete, ihre Kinder misshandelte und ihre Besitztümer raubte? Was, wenn die Nationen a und b einander das Recht zuerkennen würden, jeweils unabhängig zu sein, ohne Angst vor Übergriffen, vor Unterdrückung, und das Unrecht vergäßen, das sie sich gegenseitig zufügten und das beide erlitten? Und was geschähe, wenn wir aufwachen und bemerken würden, dass selbst einzelne Menschen sich jede Ungerechtigkeit vergeben hätten und – anstatt die

Vergangenheit wieder und wieder heraufzubeschwören – endlich vollkommen in der Gegenwart leben könnten?

Wir würden einen Seufzer der Erleichterung ausstoßen. Die Atmosphäre wäre um vieles unbeschwerter und beglückender. Zahlreiche Menschen würden zum ersten Mal das Wunder erfahren, im gegenwärtigen Augenblick zu leben, anstatt dauernd einen großen Teil ihrer selbst in Beschuldigungen oder Gegenbeschuldigungen zu investieren und unangenehme Erfahrungen noch einmal durchzumachen, die längst vorbei sind. Die zwischenmenschlichen Beziehungen wären offen. Und all die für Vorwurf, Hass, Vorurteil und Rache aufgewandte Kraft würde stattdessen frei zirkulieren und in Tausende von neuen Projekten einfließen.

Das mag zwar utopisch klingen, aber die versöhnliche Einstellung ist – in kleinerem Rahmen – eine ganz konkrete Möglichkeit. Dennoch sollten wir von vornherein etwaige Missverständnisse ausschließen: Gerade weil die Versöhnlichkeit so wichtig und wertvoll ist, dürfen wir sie nicht auf irgendwelche Zerrbilder reduzieren. Zuallererst einmal ist sie nicht gleichbedeutend mit stillschweigender Duldung. Wenn ich das Opfer einer ungerechten Handlung war, befürchte ich vielleicht, dass sie sich wiederholt oder dass ihr Ausmaß unterschätzt wird. Unter Umständen habe ich Angst, dass der Übeltäter ungeschoren davonkommt oder mich hinter meinem Rücken gar auslacht – und verhalte mich deshalb völlig passiv.

Das hat nichts mit Versöhnlichkeit zu tun. Sie besagt lediglich, dass ich nicht gewillt bin, wegen eines vor langer Zeit erlittenen Unrechts weiterhin Groll zu hegen, also mein Leben zu ruinieren. Ich verzeihe, vergesse jedoch nicht die mir zugefügte Verletzung und gebe Acht, dass derlei nicht wieder vorkommt. Jemand, der verziehen hat, kann trotz allem in einer Welt leben, wo Ungerechtigkeit nicht toleriert wird. Nur lässt er seine Alarmanlagen nicht ständig eingeschaltet, zielt er mit seinen Waffen nicht dauernd auf neue Feinde.

Außerdem ist die versöhnliche Geste kein Akt der Selbstgerechtigkeit, mit dem ich meine moralische Überlegenheit unter

Beweis stelle und mir auf die Schulter klopfe, weil ich ja so edel und großzügig bin – während ich insgeheim an den elenden Narren denke, der mir weh getan hat und dafür jetzt in der Hölle schmoren soll. Nein. Vielmehr geht es hierbei um den inneren Antrieb, sich auszusöhnen mit der Vergangenheit und das Aufrechnen von Verlusten endlich zu unterlassen.

Diese Entscheidung ist keineswegs einfach. Vor allem wird sie nicht vom Verstand getroffen, eben weil diese Rechnung niemals aufgeht. Wie könnte man eine jahrelange Peinigung verzeihen – etwa die Verleumdung, die einen ins Unglück trieb, oder den Verrat, der die Familie zerrüttete? Wie ließe sich ein solcher Schaden wieder gutmachen? Kein Wort, keine Geldsumme kann den Verlust eines geliebten Menschen aufwiegen, der durch einen betrunkenen Autofahrer ums Leben kam. Das Verzeihen widerspricht jeder Logik, jedem Kalkül. Darüber hinaus ist es – oder scheint es – gefährlich: Es setzt uns weniger der Wiederholung der früheren Missetat als dem Gefühl aus, offen und verwundbar zu sein. Wir fühlen uns verletzlich, weil unsere Identität – wie der Efeu, der an einer alten Säule wächst und sie umrankt – mit dem Unrecht verbunden ist, das uns angetan wurde. Wir befürchten, durch eine versöhnliche Einstellung unsere Identität zu verlieren, und infolgedessen fühlen wir uns unsicher. Wenn wir dagegen nicht verzeihen, mag uns die eigene Ungehaltenheit und Empörung ein wenig künstliche Stärke verleihen und unsere Persönlichkeit insgesamt festigen. Aber wollen wir diese Art von Rückhalt wirklich?

Wir brauchen die Versöhnlichkeit nicht einmal als die bloße Abwesenheit von Ressentiments – als eine gefühlsmäßig neutrale Leere – zu betrachten noch als den Abbau von inneren Spannungen, vergleichbar mit der Lockerung eines angespannten Muskels. Vielmehr ist sie eine durch und durch positive Eigenschaft. Sie wird begleitet von Freude, Vertrauen in andere und geistiger Großzügigkeit. Ebenso unlogisch wie überraschend, manchmal sogar sublim, befreit sie uns aus den alten Ketten des Grolls. Wer immer auch verzeiht, ist in gehobener Stimmung.

Wenn ich im Rahmen meiner psychotherapeutischen Arbeit einem Patienten diese Möglichkeit aufzeige (»Haben Sie je über eine versöhnliche Einstellung nachgedacht?«), zögere ich: Verlange ich zu viel? Doch in einigen Situationen ist die Versöhnlichkeit das einzige Mittel gegen unsagbares Leiden. Ich kenne viele Menschen, die verziehen haben. Manche mussten schwerwiegende Vergehen ertragen: schreckliche Schikanen und himmelschreiende Ungerechtigkeiten, durch die sie innerlich gebrochen waren, die Schändlichkeit der Konzentrationslager, die Misshandlung in der Kindheit, den sexuellen Missbrauch. Trotzdem waren sie fähig zu verzeihen. Und bisweilen habe ich sie in genau dem Augenblick gesehen, als sie diesen Schritt unternahmen – ein großartiger Augenblick, in dem ein Alptraum endete und der versöhnlich gestimmte Mensch sich wie neugeboren fühlte in der Freude.

Ich habe aber auch Leute getroffen, denen es enorm schwer fiel, selbst kleine Missgriffe zu verzeihen. Ihr Leben ist zu einem ständigen Murren, einem stillen Protest geworden. Die eigene Leidensgeschichte läuft vor ihren Augen wie ein Endlosfilm ab. Körperhaltung, Atemrhythmus, Gesichtsausdruck verraten, dass sie immer noch gefangen sind in einem Unrecht, das ihnen zehn oder zwanzig Jahre zuvor angetan wurde und über das sie sich weiterhin beklagen; sie erheben sich jeden Morgen nur, um auf jenes Unrecht zu reagieren, so als würde es ihnen immer wieder von neuem widerfahren. In ihrem Unterbewusstsein gibt es keine Zeit: Die Vergangenheit ist eine lebendige Gegenwart.

Diese unversöhnliche Einstellung hat fortwährend Störungen zur Folge. Wir können einen unnachsichtigen Menschen mit einer Stadt vergleichen, deren Verkehr völlig zum Erliegen gekommen ist. Die Straßen sind blockiert; die Autos bewegen sich nicht von der Stelle, warten mit laufendem Motor und verpesten die Luft. Der Abfall kann nicht weggeschafft werden und quillt über in den Tonnen auf den Bürgersteigen. Die Leute sind frustriert und wie gelähmt, können weder arbeiten noch miteinander kommunizieren. Niemand hat auch nur die geringste Freude am Leben.

Das ist der Zustand der Unversöhnlichkeit: Stockender Groll erzeugt neuen Groll und verhindert die Zirkulation der vitalen Energie, verkrampft das Denken, vergiftet das Leben.

Wir werden die Versöhnlichkeit besser verstehen, wenn wir uns ein wesentliches Prinzip zu Bewusstsein bringen: Jeder Bestandteil des Menschen beeinflusst all dessen übrige Bestandteile. Gefühle wirken auf den Körper ein; die Funktion eines Organs ist eingebunden in den funktionalen Zusammenhang sämtlicher Organe; die Vergangenheit hat Auswirkungen auf die Gegenwart, die Gegenwart auf die Zukunft; die Beziehung zu einer Person spiegelt sich in der zu einer anderen wider ... Diese vielfältigen Wechselverhältnisse machen sich insbesondere bei der Versöhnlichkeit bemerkbar. Wenn beispielsweise mein Onkel Harry mir vor zwölf Jahren Kummer bereitet hat und ich ihm das nie verzeihen konnte, wird die Erinnerung daran meine Beziehung zu meinem Cousin Joe, Harrys Sohn, in Mitleidenschaft ziehen. Wenn ich meiner Freundin Shirley mein Auto geliehen habe und sie es mir mit einem schlimmen Kratzer zurückgab, mag dieser Vorfall meine Einstellung zum Ausleihen von Dingen, zu Autos oder zu Menschen verändern. Und wenn ich eine ebenso wunderbare wie intensive Beziehung mit einer Frau hatte, am Ende aber derart verletzt wurde, dass ich ihr das immer noch nachtrage, mag meine Beziehung zur gesamten weiblichen Welt unsicher, ja sogar vergiftet sein durch Misstrauen und Wut.

Aber das ist noch nicht alles. Man hat herausgefunden, dass jeder unserer Gedanken jede Zelle in unserem Körper beeinflusst. Jeder Gedanke reguliert den Blutdruck und damit den Blutfluss zu jedem Körperteil. Die Qualität unserer Gedanken ist im ganzen Organismus spürbar. Werden wir sie mit Hass und Rachsucht ausfüllen – oder mit Liebe und Glück? In einem berühmten Experiment wurden die Versuchspersonen gebeten, sich an zwei Erfahrungen zu erinnern, bei denen sie betrogen wurden – einmal von einem Elternteil, dann von einem Partner. Sie waren an mehrere Stressdetektoren angeschlossen, die Blutdruck, Herzschlag, Muskelanspannung in der Stirn und zuckende Reaktionen der

Haut überprüften. Die Ergebnisse waren sehr aufschlussreich. Es stellte sich nämlich sofort heraus, dass die Probanden in zwei verschiedene Kategorien einzureihen waren, je nachdem, ob sie viel oder nur wenig verzeihen konnten. Diejenigen, denen dies schwer fiel, wiesen höhere Stresswerte auf, wohingegen die anderen mit einer ausgeprägt versöhnlichen Einstellung weniger Gesundheitsprobleme hatten und nicht so häufig bei ihrem Arzt waren. In einer weiteren Studie wurde gezeigt, dass die »Nachsichtigen« sich in einem besseren körperlichen Zustand befinden und weniger unter Angstgefühlen und Depressionen leiden. Das heißt: Die Versöhnlichkeit fördert die körperliche und die seelische Gesundheit.

Indem ich meinen Patienten helfe zu verzeihen, ist mir klar geworden, dass zwei Faktoren eine besondere Bedeutung zukommt. Zunächst muss man sich bewusst machen, unter welchem Unrecht man gelitten hat, und sich jenen manchmal fürchterlichen Schmerz vergegenwärtigen, dem man bisher vielleicht immer ausgewichen ist. Man kann nicht so tun, als wäre nichts geschehen. Um die Ungerechtigkeit zu vergessen, muss man sie vollständig erkannt und gefühlt haben. Es ist nicht gut, überstürzt zu verzeihen nur um des Verzeihens willen. Erst wenn man die Qual auch wirklich empfunden hat, kann man den Schuldigen »lossprechen«. Das ist paradox – aber im Grunde ist die ganze Vorstellung von der Versöhnung ein Paradox.

Es besteht kein Zweifel: Manchmal verschwindet die Wut einfach nicht. Wenn wir Opfer einer Ungerechtigkeit geworden sind – jemand hat ein Versprechen gebrochen oder uns Geld gestohlen –, rasen wir vor Zorn. Lassen wir ihn nicht auf destruktive Weise ab, zermürbt er uns. Dennoch mag es genügen, sich einzugestehen, dass man in der Tat höchst aufgebracht ist, um bereits eine Besserung zu verspüren. Die Wut ist keine Lappalie, sondern eine ungeheuer intensive Emotion. »Mein Blut kocht«; »Die Erbitterung zehrt mich innerlich auf«; »Ich kann eine solche Beleidigung nicht verdauen«; »Mein Herz ist zentnerschwer«; »Der Typ bereitet mir Kopfschmerzen«; »Sie geht mir total auf die Nerven« – all das sind übliche Redensarten, welche die körperlichen Auswirkungen der Wut deutlich machen. Wenn wir ihr ein wenig Raum geben, werden wir uns anders fühlen – und vielleicht bewusst entscheiden, wie wir mit ihr umgehen. Anstatt zu explodieren oder zu implodieren, bringen wir sie womöglich auf konstruktive Weise zum Ausdruck, bekräftigen unsere Rechte, ohne jemanden zu verletzen, oder benutzen ihre Energie, um die eigenen Projekte voranzutreiben. Aber solange wir uns mit dieser Wut nicht auseinander setzen, rumort sie weiter, können wir sie nicht einfach »unter den Teppich kehren«. Die Freundlichkeit findet keinen Platz in uns.

Der zweite wichtige Faktor ist die Empathie – das heißt, wir müssen uns einfühlen in die Person, die uns verletzt hat (zumal wenn wir sie näher kennen). Falls wir es schaffen, uns an deren Stelle zu versetzen, ihre Absichten und ihre Leiden ebenso zu verstehen wie die unseren, fällt uns die Aussöhnung leichter. Dann begreifen wir besser, warum sie sich so verhalten hat. Von daher ist es kein Zufall, dass die Gehirntätigkeiten sowohl beim Verzeihen als auch beim Sicheinfühlen in den Anderen in ein und demselben Bereich stattfinden.

Wir sind also zur Nachsicht fähig, wenn wir den Sachverhalt aus der Perspektive unseres Gegenübers betrachten; wenn wir weniger an einer Verurteilung als am Verständnis interessiert sind; wenn wir genügend Demut besitzen, die Position des Richters aufzugeben, und die nötige Flexibilität, frühere Verletzungen und Ressentiments loszulassen. Indem wir lernen, wie man verzeiht, nähern wir uns einer radikalen Transformation der eigenen Persönlichkeit.

Aus all diesen Gründen sind die Fähigkeit, zu verzeihen, und die Fähigkeit, sich zu entschuldigen, zwei Seiten einer Münze – beide erfordern die gleiche Demut und Flexibilität. Eine östliche Geschichte handelt von einem strengen und autoritären König, der verlangte, dass alle Untertanen ihn »Strahlende und Ehrwürdige Gottheit« nennen. Er mochte diesen Titel und bestand auf ihm. Eines Tages stellte er fest, dass ein alter Mann sich weigerte, ihn so zu bezeichnen. Der König beorderte ihn zu sich und fragte ihn, warum er sich dagegen sträube. »Nicht aus Widerstand oder Mangel an Respekt, sondern einfach weil ich dich nicht so sehe«, sagte der alte Mann. »Es wäre nicht aufrichtig.« Für seine Aufrichtigkeit zahlte er einen hohen Preis. Der König befahl, den Alten ein Jahr lang in einen schrecklichen Kerker zu sperren; nach Ablauf dieser Frist ließ er ihn erneut kommen. »Hast du deine Meinung inzwischen geändert?« – »Tut mir Leid, aber ich sehe dich immer noch nicht so.« So musste er ein weiteres Jahr in der finsteren Zelle verbringen – mit nichts als Brot und Wasser; er verlor noch mehr Gewicht, blieb jedoch bei seiner Meinung. Der König war erzürnt, aber auch neugierig. Er beschloss, den alten Mann freizulassen und ihm heimlich zu folgen. Der kehrte in seine armselige Fischerhütte zurück, wo seine Frau ihn mit großer Freude begrüßte.

Die beiden redeten miteinander, während der König in seinem Versteck ihnen lauschte. Die Frau war wütend auf den König, weil er ihr zwei Jahre lang den Mann weggenommen und ihn derart unmenschlich behandelt hatte. Der alte Mann hingegen vertrat einen anderen Standpunkt: »Er ist nicht so schlecht, wie du denkst«, sagte er. »Schließlich ist er ein guter König. Er hat sich um die Armen gekümmert, Straßen und Krankenhäuser gebaut, gerechte Gesetze verkündet.« Der König war zutiefst beeindruckt von den Worten dieses alten Mannes, der keinen Groll gegen ihn hegte, sondern, im Gegenteil, seine Tugenden zu erkennen vermochte. Er fühlte, wie eine Welle bitterer Reue ihn im Innersten ergriff. Weinend kam er aus seinem Versteck heraus und trat vor den Mann und dessen Frau: »Ich muss dich nachdrücklich um Entschuldigung bitten. Trotz allem, was ich dir angetan habe, empfindest du keinen Hass gegen mich.« Der alte Mann war überrascht und erwiderte: »Was ich sagte, hat gestimmt, o Strahlende und Ehrwürdige Gottheit. Du bist ein guter König.«

Der König traute seinen Ohren nicht. »Du hast mich Strahlende und Ehrwürdige Gottheit genannt ... Warum?«

»Weil du fähig warst, um Verzeihung zu bitten.«

Müssen wir wirklich erklären, warum die Fähigkeit zur Nachsicht ein Bestandteil der Freundlichkeit ist? Obwohl sich das vielleicht von selbst versteht, sollten wir es doch noch einmal ausdrücklich betonen: Wir können nicht freundlich sein, solange wir die Bürde des Grolls mit uns herumtragen, eine zu unnachgiebige Haltung bewahren, um Abbitte zu leisten – und solange unsere Gefühle von Schuld beziehungsweise von Rachsucht durchdrungen sind.

Mit anderen Worten: Wir können nur dann freundlich sein, wenn wir nicht mehr von der Vergangenheit beherrscht werden.

Manchmal allerdings ist eine versöhnliche Einstellung unmöglich. Sosehr wir uns auch darum bemühen – sie gelingt uns einfach nicht. Die Kränkung war zu schwerwiegend, die Verletzung zu schmerzhaft, und das scheinen wir unter keinen Umständen entschuldigen zu können. Doch selbst dann gibt es einen Ausweg. Gerade in einer so verzwickten Situation können wir uns darüber klar werden, was Verzeihen wirklich bedeutet. An genau diesem Punkt sind wir nämlich gezwungen, unseren Standpunkt zu ändern. Viele Probleme lassen sich nicht auf der Ebene lösen, wo sie angesiedelt sind. Wir müssen lernen, sie aus einem anderen Blickwinkel zu betrachten.

Zum Beispiel schlendern Sie durch die Stadt, und an einer Straßenecke stößt jemand, der achtlos vorbeiläuft, Sie einfach um, so dass Sie stürzen, und setzt seinen Weg fort, ohne sich zu entschuldigen. Jeder wäre über ein solch rüpelhaftes Benehmen verärgert. Doch stellen Sie sich nun vor, Sie beobachten die Szene vom obersten Stockwerk eines Hochhauses. Sie sehen, wie zwei Personen gegeneinander prallen. Aber nicht nur das. Zugleich erblicken Sie zahlreiche Menschen, Gebäude, Autos, Parks und in der Ferne vielleicht ein Fußballstadion oder einen Flughafen, Fabriken, ländliche Gegenden. Sie betrachten alles aus großem Abstand und mit einer gewissen Gleichgültigkeit – aus einem neuen Blickwinkel eben. Infolgedessen erscheint Ihnen der Unfall anders, viel weniger ernst, eben weil Sie ihn in einem größeren Zusammenhang und von weiter weg erfassen.

In der gleichen Weise können wir mit all unseren Problemen, Verletzungen, Ängsten, Obsessionen verfahren – und sie aus der Distanz betrachten. Wir begeben uns gewissermaßen an einen anderen Ort in unserem Innern – und erreichen jenen Kern, jene Mitte unserer selbst, wo wir unversehrt sind, gesund, offen und stark. Ich bin überzeugt, dass selbst diejenigen unter uns, die zutiefst verletzt wurden, weiterhin einen gesunden Kern besitzen. Sie haben ihn einfach nur vergessen.

Aber wie finden wir diese intakte Stelle im Innern wieder, nicht beschädigt durch die Gemeinheiten des Lebens, nicht verdorben durch Kompromisse, nicht verschüttet durch Sorgen, nicht geschwächt durch Angst? Die Antwort auf diese Frage wird bei jedem von uns verschieden ausfallen. Einige verbinden sich durch Meditation mit dem lebendigen, glücklichen Teil ihrer selbst. Manchen gelingt dies durch körperliche Tätigkeit. Andere entdecken ihre wahre Natur, indem sie für die Leidenden und Bedürftigen sorgen – oder indem sie sich den schönen Dingen zuwenden, beten, nachdenken. Jede(r) von uns hat eine eigene Methode, den Kontakt zum gesunden Kern, zum wahren Ich wiederherzustellen. Und wenn wir nicht wissen, worin unsere persönliche Methode besteht, können wir sie *entwickeln:* Das ist eines der großartigsten Abenteuer – vielleicht sogar das großartigste überhaupt – unseres ganzen Lebens.

Wenn wir imstande sind, auch nur für einen Augenblick in unsere Mitte zurückzukehren, erscheinen uns Streitigkeiten und Vorwürfe als absurde Zeitverschwendung. Diesen inneren Perspektivenwechsel habe ich bei vielen meiner Patienten beobachtet. Wenn ich sie rundheraus frage, ob sie bereit sind, eine Missetat zu verzeihen, die ihnen weiterhin schwer zu schaffen macht, mögen sie sehr wohl das Gefühl haben, dazu nicht fähig zu sein. Doch wenn ich ihnen helfen kann, einen Ort in ihrem Innern zu finden, wo mehr Raum zum Atmen ist, wo Liebe und Schönheit möglich sind, bedarf es keiner zusätzlichen Anstrengung mehr: Die versöhnliche Einstellung ist bereits vorhanden.

Vor einiger Zeit arbeitete ich mit einem Mann, der sich um seinen alternden, kranken und schwierigen Vater kümmern musste. Seine vier Geschwister ließen ihn dabei allein, boten ihm keinerlei Unterstützung an, gaben ihm bestenfalls einen kleinen Rat, den wir alle mühelos erteilen könnten. Er war äußerst wütend auf die Geschwister und wer hätte ihm das verübelt? Solange er und ich das Problem auf die übliche Weise in Angriff nahmen, zeichnete sich keine Lösung ab. Daraufhin bat ich ihn, mir von all dem zu erzählen, was er besonders gern habe, was ihn in seinem Leben zufrieden und glücklich mache. Er mochte Hunde; als er von ihnen sprach, hellte sich seine Miene auf. Er mochte auch Musik und Jogging. Als er an diese Dinge dachte, ging es ihm besser. Wenn er joggte oder mit seinen Hunden spielte oder eine Oper anhörte, fühlte er sich wie neugeboren. Also forderte ich ihn auf, sich diese Gemütszustände zu vergegenwärtigen. Sie waren ein reinerer, heiterer Teil von ihm. Anschließend fragte ich ihn, welche Gefühle er in dieser Verfassung gegenüber seinen Geschwistern empfände. Nun unterschied sich seine Einstellung grundlegend von der früheren: kein Hass mehr, keine Bitterkeit. Im Gegenteil, er war dankbar für alles, was er seinem Vater hatte geben können.

Wenn wir also im Innern jenen Ort finden, an dem wir uns glücklich und ganz fühlen, ist das Verzeihen bereits eine Tatsache. Dafür brauchen wir keine große Mühe aufzuwenden, keine mentale Akrobatik zu betreiben. Angst und Argwohn sind ebenso verschwunden wie das Bedürfnis, es dem Anderen heimzuzahlen. Verzeihen wird zur einfachsten Sache der Welt: Wir unternehmen nichts dafür, sondern praktizieren es wie von selbst. Das trifft auch auf die Freundlichkeit zu. Wir müssen nichts tun, um freundlich zu sein, wir *sind* es bereits.

Wir müssen nur zulassen, dass wir wirklich so sind.

KONTAKT

Berühren und berührt werden

Die beste Zeit unseres Lebens ist wohl vorbei. Darüber brauchen wir uns nicht zu grämen: Jedem von uns, gleich welchen Alters, bieten sich auch jetzt noch zahlreiche Möglichkeiten, innerlich zu wachsen, Herausforderungen, die bestanden werden müssen, Gelegenheiten, Erfüllung zu finden. Die Zukunft kann vielversprechend sein – zumal wenn wir sie in dieser Weise betrachten. Trotzdem glaube ich, dass unsere allerbeste Zeit der Vergangenheit angehört: Wir haben unseren Höhepunkt im Alter von fünf Monaten erreicht.

Das war eine sehr kurze Phase. Als wir dann den siebten oder achten Monat unseres Lebens erreicht hatten, war vieles schon in Veränderung begriffen. Dagegen sah die Sache nach nur fünf Monaten anders aus: Der Säugling hat die meisten der durch die Geburt verursachten Schwierigkeiten überwunden und sich an die neue Umgebung angepasst, ist aber noch nicht den Widrigkeiten und Widersprüchen des Lebens ausgesetzt. Es ist der Augenblick, da Angst, Gier, Argwohn fast gänzlich abwesend sind. Das Zeitgefühl ist noch unentwickelt: Es gibt keine Eile, keine Vorahnung, keine Sorge. Das Baby ist kräftig genug und in seinen Bewegungen so weit koordiniert, dass es sich umschauen und mit jedem Menschen in Kontakt treten kann, der ihm nahe kommt. Manchmal sehen wir ein fünf Monate altes Kind in den Armen seiner Mutter, vielleicht auf dem Postamt, bei Freunden zu Hause oder im Bus. Es blickt uns an – und obwohl wir ihm unbekannt sind, beehrt es uns mit einem strahlenden Lächeln, einem Geschenk des Glücks.

Das ist zwischenmenschlicher Kontakt in seiner reinsten Form. Niemandem gelingt er besser als dem Säugling. Dann, etwa ab dem siebten Monat, verspürt er allmählich eine seltsame Angst und fühlt sich weniger wohl mit Leuten, die er nicht kennt. Doch im fünften Monat ist für ihn die ganze Welt noch eine große Familie; jedes ihrer Mitglieder ist interessant und schön und verdient ein fröhliches Lächeln.

Es bleibt ein Rätsel, weshalb die psychische Uhr derart programmiert ist. Warum ist bis zum fünften oder sechsten Lebensmonat jeder Fremde ein Freund und warum schleicht sich danach – in unterschiedlichen Graden – die Vorsicht ein? Beide Einstellungen helfen uns zu überleben. Es ist wichtig, mit jemandem in Kontakt treten zu können – und ebenso wichtig, dem Gegenüber manchmal zu misstrauen. Bisweilen ist der Wechsel kaum sichtbar, dann wieder dramatisch: Das Baby schreit in Gegenwart jeder Person, die nicht seine Mutter ist. In beiden Fällen handelt es sich um ein Herausfallen aus dem Zustand der Gnade, den wir später günstigstenfalls in einigen Augenblicken erfahren können. Aber er wird nie mehr so spontan und vollkommen, nie mehr in der gleichen Weise der unsere sein.

Zum Glück kommen einige von uns ihm nahe und behalten mehr oder weniger ihre außergewöhnliche Fähigkeit, um mit fast jedem Menschen in Verbindung zu treten, selbst mit völlig Fremden. Bei Erwachsenen kommt diese Fähigkeit unterschiedlich zum Ausdruck, weil sie unabhängig sind, frei sprechen und sich bewegen können. Manche stellen den zwischenmenschlichen Kontakt überraschend mühelos her. Ich denke da besonders an Natalie, eine 21-jährige Freundin meiner Familie. Einmal sah ich sie einen Raum betreten, in dem mehrere Personen zu Abend aßen. Wie ein hin und her springender Ball nahm sie zu jeder fröhlich Kontakt auf. Während jemand anders den Anwesenden vielleicht ein allgemeines »Hallo« zugewinkt hätte, begrüßte sie jede(n) auf unverwechselbare Art: mit einem Lächeln, einem Witz, einem freundlichen Wort oder Hinweis auf eine gemeinsame Erfahrung, einem für die jeweilige Person bestimmten Gedanken. Das alles geschah – ebenso natürlich wie spontan – in wenigen Sekunden. Jeder Mensch, den sie berührte, veränderte sich merklich: Er lächelte, entspannte sich, fühlte sich sofort wohl.

Betrachten wir eine andere Freundin von mir, Judy. Sie ist eine Exzentrikerin, die keinerlei Angst vor Fremden zu kennen scheint. In jeder Situation – ob sie die Straße hinuntergeht, in einer überfüllten Flughafenhalle steht oder in einem Restaurant sitzt – beginnt sie sofort ein Gespräch mit irgendwelchen Leuten, sogar mit den schüchternsten. Eines Tages stand sie Schlange in einer Bank. Der Mann vor ihr verrenkte den Arm, um sich am Rücken zu kratzen, was ihm allerdings nicht gelang: Er konnte die juckende Stelle nicht erreichen. Judy sah es und bot ihre Hilfe an: »Verzeihen Sie, aber möchten Sie, dass ich Ihnen den Rücken kratze?« Das sagte sie ohne Hintergedanken, ohne Angst vor einer abweisenden Reaktion. Die meisten Menschen wären zu gehemmt, um ein solches Angebot zu machen – oder anzunehmen. Sie empfänden es als Eingriff in die Privatsphäre eines Fremden. Doch für Judy und andere, die so sind wie sie, existieren solche Hemmungen entweder gar nicht oder nur in abgeschwächter Form; dadurch haben sie einen viel größeren Handlungsspielraum.

Inwiefern ist diese Kontaktfähigkeit nützlich und wichtig? Vielleicht muss man nicht gerade fremde Leute in der Bank am Rücken kratzen. Aber wenn diese Fähigkeit bis zu einem gewissen Grad vorhanden ist, ergeben sich ungeahnte Möglichkeiten, zirkuliert die Energie, öffnet sich die Tür in eine neue Welt. Und das Leben bereitet einfach mehr Vergnügen.

Wir können auch das Gegenteil tun: Schutzwälle errichten und vor den Schutzwällen der anderen verharren; zu der Überzeugung gelangen, dass dies eine einfachere, praktischere Methode sei, das

Leben zu meistern. Schließlich neigen die Menschen dazu, einigen Wirbel zu verursachen, weshalb sie einem ganz schön zu schaffen machen. Infolgedessen mag der Abstand gleichbedeutend sein mit mehr Sicherheit. Doch ohne die geistige und seelische Nahrung – Impulse, unterschiedliche Ansichten, unverbrauchte Gefühle –, die wir von ihnen bekommen können, ist unser Leben ärmer. Außerdem leidet, wie wir weiter unten sehen werden, unsere Gesundheit umso mehr, je weniger Kontakte wir haben.

Die Kontaktunfähigkeit kann sogar zu einer Tragödie ausarten – zur Tragödie der Einsamkeit. Wir werden zu unseren eigenen Gefangenen. Warum gelingt es uns nicht, anderen offen zu begegnen? Dafür gibt es zahlreiche Gründe, insbesondere die folgenden: Wir fühlen uns den anderen unterlegen, weil sie uns tüchtiger und intelligenter vorkommen; wir fühlen uns ihnen überlegen und betrachten jeden zwischenmenschlichen Kontakt als reine Zeitverschwendung; vielleicht befürchten wir auch, von ihnen vereinnahmt und kontrolliert zu werden; oder wir haben Angst, dass sie uns demütigen und verletzen.

In einer alten japanischen Geschichte, die von Yasunari Kawabata wiedererzählt wird, sieht ein Bambusschneider eines Tages einen Bambusstängel, der von innen zu leuchten scheint, und entdeckt dort einen kleinen Säugling. Er und seine Frau adoptieren ihn. In kürzester Zeit reift das Mädchen zu einer schönen Frau heran und alle Männer verlieben sich in sie. Doch sie hat nicht den Wunsch, zu heiraten. Einige Freier sind trotzdem äußerst hartnäckig. Also erklärt sie sich einverstanden – unter der Bedingung, dass ihre Forderungen erfüllt werden. Aber diese lassen sich unmöglich erfüllen; zum Beispiel verlangt sie jene Schale, die Buddha Jahrhunderte zuvor benutzt hat, einen mit Edelsteinen geschmückten Zweig eines Baumes im Himmel oder ein Kleid, das den Flammen widersteht. Die Freier wenden Tricks an und werden dabei entlarvt oder scheiden auf andere Weise aus. Selbst der Kaiser hat keinen Erfolg. Die Frau bleibt unerreichbar. Schließlich findet man heraus, dass sie nicht von dieser Erde ist, sondern aus der sublimen Welt des Mondes stammt. Zur Strafe muss sie im Exil unter uns Menschen leben, um so für ein Vergehen in einer früheren Existenz zu büßen. Ihre Eltern kommen herbei und wollen sie für immer mit sich nehmen. Die Frau ist bestürzt darüber, dass sie ihre Adoptiveltern im Stich lassen muss, aber indem sie ein Federkleid anlegt, vergisst sie alles. Dem Kaiser, der mit seinen Soldaten versuchte, die Mondmenschen an der Ausführung ihres Planes zu hindern, schenkt sie ein Fläschchen mit dem Elixier der Unsterblichkeit. Aber was nutzt die Unsterblichkeit, wenn die Liebe entschwunden ist? Der Kaiser befiehlt, das Fläschchen mit dem Elixier auf den höchsten Berg in Japan zu bringen, der seither »Fuji« genannt wird: der Unsterbliche.

Das ist die Geschichte eines Versagens, die Tragödie einer Frau, die sich den Menschen nicht öffnet und so das Gefühl hat, aus einer anderen Welt zu kommen, die das Unmögliche fordert und sich von jedem distanziert. Und wo kein Kontakt stattfindet, verliert alles Kostbare der Welt – sogar das Versprechen auf Unsterblichkeit – seinen Wert.

Glücklicherweise gibt es nicht nur solche Fehlschläge, sondern auch viele Erfolge. Die Kontaktfähigkeit ist eine echte Begabung – wie jene in der Musik, der Literatur oder im Sport. Einige Menschen sind talentierte Jongleure oder Mathematiker. Andere haben das Talent, mit Leuten in Kontakt zu treten. Und wie jedes Talent hat auch dieses zwei Aspekte. Der eine ist negativ: Die völlige Abwesenheit von Hindernissen und Hemmungen – alles ist leicht und locker. Der positive Aspekt hingegen liegt im Vorhandensein einer besonderen Fähigkeit: Man kennt die richtige Art und Weise, sich mit jemandem einzulassen, weiß, welche Bemerkung das Eis brechen wird, verfügt über jene Körpersprache, die Offenheit und Spontaneität zum Ausdruck bringt, hat dieses Lachen, diesen Blick, der den Anderen tief berührt, ohne ihn zu vereinnahmen.

Ich muss zugeben, dass mir, einem eher schüchternen und introvertierten Menschen, diese Fähigkeit zum großen Teil fehlt und dass ich diejenigen, die sie besitzen, ebenso bewundere wie musikalische oder literarische Begabungen. Wenn ich zum Beispiel mit einem Reisenden im Zugabteil ein Gespräch beginne, fühle ich mich ziemlich unsicher und muss dafür all meine geistigen Kräfte aufbieten. Habe ich irgendetwas Interessantes zu sagen? Wie wird mein Gegenüber reagieren? Wird er sich von mir vereinnahmt fühlen? Wie sollte ich in meiner Rede fortfahren? Dann betritt vielleicht jemand anders das Abteil und redet, als wäre das die natürlichste Sache der Welt.

Kürzlich traf ich einen Zeitungshändler wieder, den ich zwei Jahre lang nicht gesehen hatte. Zuvor hatte ich bei ihm jeden Tag die Zeitung gekauft. Dann kam ich nicht mehr in diese Stadt. Als ich schließlich zurückkehrte und im gleichen Laden die Zeitung kaufte, wechselten wir kein Wort miteinander. Wie ich ist er ziemlich reserviert. Ich nahm nur die Andeutung eines Lächelns auf seinem Gesicht wahr. Ein Blick genügte, um auszudrücken: Ja, nach zwei Jahren bin ich also erneut hier und, ja, wir haben uns wiedererkannt. Wir wussten einfach nicht, was wir uns hätten sagen sollen, und das war durchaus in Ordnung.

Andere hätten die Situation als Gelegenheit benutzt, das Versäumte nachzuholen und über den Gesundheitszustand oder die Kinder, das Wetter oder die Regierung zu plaudern. Stattdessen beschränkten wir uns auf ein Minimum. Damit kein Missverständnis aufkommt: Die Introvertiertheit an sich hindert uns nicht daran, mit anderen in Kontakt zu treten. Ein verschlossener Mensch braucht vielleicht mehr Zeit, um offener zu werden und sich mit seiner Umgebung auszutauschen, aber der Kontakt mag dann auch tiefer und dauerhafter sein. Gesellige Typen haben hierbei allerdings gewisse Vorteile, weil sie sich in zahlreichen Fällen leichter tun, den Kontakt tatsächlich herzustellen. Zweifellos haben sie dazu mehr Möglichkeiten als in sich gekehrte Personen.

Ob wir nun introvertiert oder extrovertiert sind – die Kontaktfreudigkeit ist eine ergiebigere und vielversprechendere Methode, um Beziehungen aufzubauen. Sie charakterisiert eine Einstellung, dank deren der Andere als Fenster zu einer neuen Welt gesehen wird – gleichsam als Katalysator für die eigene Entwicklung. Wir können uns nämlich auf ganz unterschiedliche Weise weiterentwickeln: etwa durch eine kreative Tätigkeit, durch Meditation, durch die bewusste Hinwendung zu den schönen Dingen des Lebens, durch körperliche Übungen, durch das Gebet usw. Für Menschen, denen die Kontaktaufnahme leicht fällt, sind Beziehungen das wichtigste Mittel, um innerlich zu wachsen. Die Begegnung mit dem Anderen ist das Feld, in dem ihnen Einsichten zuteil werden und ihre Persönlichkeit sich verändert; sie zeichnet den Weg vor, der zur Erfüllung führt.

Denken Sie nur einmal daran, welche Auswirkungen soziale Kontakte auf uns haben. Manche Treffen belasten oder langweilen uns. Hinterher sind wir müde und in schlechter Stimmung. Andere wiederum geben uns Kraft, versetzen uns in gute Laune, bringen uns auf neue Ideen. Leute, die das Talent besitzen, Verbindungen zu knüpfen, sorgen dafür, dass die Chemie zwischen ihnen und dem jeweiligen Gegenüber stimmt. Noch in den gewöhnlichsten und scheinbar unbedeutendsten Begegnungen sind sie imstande, dessen Seele wachzurufen.

Das folgende Experiment kann jeder durchführen. Beginnen Sie es in einer ganz normalen Situation – zum Beispiel wenn Sie Taxi fahren, in einem Schreibwarengeschäft Papier kaufen oder im Zug sitzen. Versuchen Sie dann, mit dem Taxifahrer ein paar Worte zu wechseln, mit dem Verkäufer Augenkontakt aufzunehmen, mit einem Reisenden ins Gespräch zu kommen. Einige von uns tun das ganz spontan, andere müssen sich bewusst dazu entscheiden. Seien Sie bei diesem kurzen Kontakt hellwach und erwarten Sie von Ihrem Gegenüber die gleiche Aufmerksamkeit. Plötzlich wird sich etwas verändern: Eine innere Sperre verschwindet und die Energie zirkuliert. Es mag zwar keine Begegnung zwischen zwei verwandten Seelen sein, aber sicherlich findet ein Austausch von Lebensenergie zwischen zwei Personen statt.

Unter Umständen werden wir bei dieser einfachen Aktion mit unseren Blockaden konfrontiert – mit Hemmungen, die uns seit der Kindheit begleitet haben. Irgendwie wurde uns beigebracht, dass wir nicht mit Fremden sprechen sollen. Das sind tief verwurzelte, seit langem bestehende Hemmungen, die manchmal schädliche Folgen haben. Eine wissenschaftliche Untersuchung kam zu dem Ergebnis, dass Kinder, denen von ihren Eltern eingeschärft worden war, fremden Leuten mit Angst und Misstrauen zu begegnen, dann als Jugendliche größere Probleme hatten, Beziehungen zu ihren Altersgenossen aufzubauen.

In den zwischenmenschlichen Begegnungen bedienen wir uns oft einiger Kniffe, um uns sicherer zu fühlen: Wir ziehen unsere besten Sachen an, brüsten uns mit der beeindruckenden Rolle, die wir im Berufsleben spielen, mit einem wichtigen Menschen, den wir persönlich kennen, oder halten das neueste Handy-Modell in der Hand. Solche Hilfsmittel stärken uns und scheinen die Zusammenkunft zu erleichtern, im Grunde aber mindern sie deren Qualität. Sie lenken uns von dem ab, was wirklich zählt.

Warum also benutzen wir sie? Weil die meisten von uns ängstlich sind. Erinnern Sie sich, als Sie anlässlich einer Party oder eines Treffens den Raum voll fremder Menschen betraten und niemand Sie den Anwesenden vorstellte. In der Begegnung mit dem Anderen fühlen wir uns nackt. Wir sind ihm schutzlos ausgesetzt. Doch es kommt nicht darauf an, was wir haben, sondern darauf, wer wir sind. Wir besitzen einzig und allein uns selbst. Wir gehen ein – wie auch immer unangenehmes – Wagnis ein und erleichtern gerade dadurch den Kontakt. Eben weil wir nicht wissen, was geschehen wird, sind wir mehr oder weniger verschüchtert. Der zwischenmenschliche Kontakt kann fürwahr erschreckend sein. Daher wappnen wir uns: durch Rollen, Masken und andere Methoden.

Da in bestimmten Situationen alles Überflüssige wegfällt, begünstigen sie einen echteren, intensiveren Kontakt. Sex zum Beispiel ist Kontakt in höchster Vollendung. Günstigstenfalls verschmelzen die beiden Körper miteinander, vereinigen sich die beiden Seelen. Aber die sexuelle Begegnung kann auch den *Nicht*-Kontakt schmerzlich spürbar werden lassen. Zwei Körper bewegen und berühren sich, aber die Seelen bleiben unbeteiligt und voneinander getrennt.

Manchmal schafft gerade der Konflikt die Bedingungen für eine Kontaktaufnahme. Meine Frau Vivien hat die besondere Angewohnheit, sich mit solchen Menschen anzufreunden, die sie grob oder von oben herab behandeln. Wann immer sie das Opfer einer kleinen Ungerechtigkeit wird – beispielsweise in einem Geschäft, wo jemand sich vor sie in die Schlange zwängt, oder durch einen Verkäufer, der ihr etwas andrehen will, was sie gar nicht mag, oder durch den Elternteil eines Klassenkameraden unserer Kinder, der sie unhöflich zurechtweist –, fängt sie mit dieser Person keinen Streit an. Vielmehr versucht sie, mit wohlwollender Hartnäckigkeit ein Gespräch zu führen, einen Kontakt herzustellen, ohne den Fauxpas auch nur zu erwähnen. Sie redet über die Kinder oder scherzt oder fragt den Anderen nach seiner Meinung oder macht eine Bemerkung über das Wetter. Und sie lässt so lange nicht locker, bis sie eine Veränderung wahrnimmt – irgendein Zeichen von Interesse, ein freundliches Wort, ein Lächeln.

Selbst der Tod kann einen Moment des Kontakts bewirken. Der Tod ist endgültig. Wir wissen, dass danach kein Kontakt mehr möglich ist. Ein Mensch verlässt uns für immer: Wir nehmen Abschied, haben zum letzten Mal die Gelegenheit, ihm unsere Liebe zum Ausdruck zu bringen. Uns ist klar, dass wir ihn nie wieder sehen werden, ihm nie wieder etwas anvertrauen, nie wieder mit ihm scherzen oder lachen können. Wenn diese Begegnung im Angesicht des Todes durch nichts gestört wird, ergibt sich vielleicht ein zutiefst feierlicher Kontakt, bei dem Emotionen und Intuitionen ungehindert hervorbrechen. Der Schmerz öffnet uns. Er beseitigt alles Unwesentliche und Oberflächliche. Ein leerer, neuer Raum ermöglicht die wahre Kommunikation.

Auch Extremsituationen wie Hunger, Durst, Armut, Gefangenschaft, Bedrohung und Krieg können zwei Menschen unerwartet miteinander verbinden. Das sind Bedingungen, unter denen die sonst üblichen Spielregeln sich geändert haben. Was vorher einen

Wert darstellte – etwa die gesellschaftliche Stellung –, ist nicht mehr von Belang. Ein berühmtes Beispiel dafür ist die Begegnung zwischen Primo Levi und einem anderen Insassen des Konzentrationslagers. In dieser schrecklichen und trostlosen Welt sprechen die beiden Männer über Dantes *Göttliche Komödie* und übersteigen so für einen Augenblick den unmenschlichen Zustand, in dem sie gefangen sind. Levi erklärt seinem Leidensgenossen die Verse über Odysseus in der Hölle. Er erinnert sich nur mit Mühe daran und hat Schwierigkeiten, sie ins Französische zu übersetzen, aber die Schönheit der Dichtung ist das Medium, das die beiden Männer zusammenführt. Für die Dauer dieser Unterhaltung vergisst Levi, wie er selbst sagt, die Zeit und den Ort ihres Treffens.

Darüber hinaus wird der zwischenmenschliche Kontakt durch Musik begünstigt. Auch hier sind Hemmungen und soziale Regeln außer Kraft gesetzt – oder zumindest in ihrer Wirkung gemindert –, während die Schönheit vom Einen erschaffen, vom Anderen genossen wird. Vor vielen Jahren hatte ich das Glück, einem Konzert des großen indischen Musikers Ravi Shankar beizuwohnen. Es fand in einem Privathaus statt und ich sah ihn kurz vor Beginn des Konzerts. Mir war zu Ohren gekommen, dass er eine Halsentzündung habe; tatsächlich schien er nicht auf der Höhe zu sein. Dann fingen er und seine Gruppe an zu spielen. In den sehr kurzen Pausen zwischen den Phrasen schauten die Musiker sich an. Es waren intensive Blicke, die den Rhythmus synchronisieren sollten, zugleich aber auch – da war ich mir sicher – ihre Seelen. Man konnte deutlich sehen, dass diese Musiker sich in einer zeitlosen Sphäre zusammenfanden. Ihre wirkliche und vor aller Augen greifbare Begegnung war erfüllt von Glück. Am Ende des Konzerts erschien Ravi Shankar wie eine Lichtfigur.

Zweifellos hat die Kontaktfähigkeit einen bestimmenden Einfluss auf die Gesundheit. Menschen, bei denen diese Fähigkeit stärker ausgeprägt ist, verfügen über ein ausgedehnteres und besser funktionierendes Netzwerk sozialer Hilfeleistungen. In einer wissenschaftlichen Studie wurde der gesellschaftliche Umgang der Testpersonen untersucht und in direkte Verbindung zur Widerstandskraft ihres Immunsystems gebracht. Anhand von Fragebögen und Interviews erforschte man die Geselligkeit von 334 Probanden – die Quantität und die Qualität ihrer alltäglichen Beziehungen. Anschließend wurden die Teilnehmer einem Schnupfenvirus ausgesetzt, und es stellte sich heraus, dass jene, die ein geselligeres Verhalten zeigten, weniger anfällig für eine Ansteckung waren. Dieses Ergebnis kam unabhängig vom jeweiligen Alter und Temperament zustande, von individuellen Stressfaktoren und Gewohnheiten in Bezug auf gesundheitliche Vorsorgemaßnahmen wie körperliche Übungen oder Vitaminpillen.

Man erkennt also die besondere Bedeutung zwischenmenschlicher Kontakte gerade anhand der negativen Folgen, die sich dann ergeben, wenn jene ausbleiben oder nicht ausreichend vorhanden sind. Seit den 1970er Jahren werden die Auswirkungen des sozialen Isoliertseins auf den Organismus untersucht. All diese Studien kommen zu einem wesentlichen Schluss: Kontaktmangel steht in unmittelbarem Zusammenhang mit verschiedenen Krankheiten und einer geringeren Lebenserwartung. Er wird als ebenso gesundheitsgefährdend eingestuft wie Rauchen. Die Abkapselung verursacht Herzkrankheiten, Schlafstörungen, Depressionen, Rückenschmerzen, Gedächtnisschwäche – zumal bei älteren Menschen, für die der Mangel an äußeren Impulsen tödlich sein kann.

Kontaktfreudigkeit ist ein grundlegender Aspekt der Freundlichkeit. Wo wir Kontakt finden, finden wir auch Zuneigung und Liebe – eine Einstellung, die uns das Gefühl gibt, dass diese Person genau richtig und nur für uns da ist, dass wir im Moment Vorrang für sie haben, dass es auf uns ankommt.

Ohne zwischenmenschlichen Kontakt wird alles grau und mechanisch. Individuen, die gefühllos interagieren, ähneln eher Robotern als menschlichen Wesen. Ihr Umgang ist ohne Substanz und die Freundlichkeit – wenn wir sie denn überhaupt als solche bezeichnen können – eine äußerliche Höflichkeit, ein leeres, herzloses Ritual. Der echte Kontakt hingegen gleicht einer Tür, durch die Freundlichkeit strömt.

Unsere Gesellschaft setzt sich aus jenen Kontakten zusammen, die ein jeder mit allen anderen unterhält. Diese Kontakte vervielfachen sich, um eine Art Netz zu bilden. Sie wurden anhand mathematischer Modelle näher untersucht und weisen zahlreiche Analogien auf zu Stromkreisen, zu den neuralen Verbindungsmustern im Gehirn der Säugetiere, den chemischen Reaktionen im Innern der Zelle, dem extrem verzweigten Informationsaustausch über Internet, dem Ökosystem des Planeten. Sie sind komplexe Beziehungen, in denen jedes Element wichtig ist, noch die entferntesten Elemente beeinflusst und die überraschende Macht besitzt, Kettenreaktionen hervorzurufen. Egal wie sehr wir uns isoliert fühlen – wir stehen in Beziehung zu Millionen von anderen Menschen. Die berühmte, von Stanley Milgram durchgeführte Untersuchung über die unterschiedlichen Grade der Abkapselung bestätigte dies: Wenn wir völlig unerwartet mit irgendjemandem ins Gespräch kommen und dabei feststellen, dass beide einen gemeinsamen Freund haben oder die gleiche Person kennen, so ist das kein seltener Zufall, sondern eher die Regel. Wir befinden uns tatsächlich in einem dichter geknüpften Netzwerk, in einer engeren Kommunikation mit allen anderen, als wir es uns vorstellen können. Und wir beeinflussen sie viel mehr, als wir denken und als sie es wissen. Unser Kontakt mit ihnen – seine Tiefe, seine Qualität und sein Potenzial, entweder zu deprimieren oder zu inspirieren und zu stärken – verändert sie. Indem wir einwirken auf ihre Gemütsverfassung, breiten wir uns in unzählige Richtungen aus. Mitten im Alltag ist uns die Möglichkeit gegeben, das Leben der anderen zu berühren und auf diese Weise die Welt zu verändern.

ZUGEHÖRIGKEITSGEFÜHL

Ich gehöre dazu, also bin ich

Da ich auf dem Land lebe, muss ich zunächst einige kleinere Straßen entlangfahren, um die Autobahn zu erreichen, die mich dann in Richtung Arbeitsplatz bringt. Auf diesen Straßen kommt man wegen des gemäßigten Tempos oft nur langsam voran. An einem herrlichen Sommermorgen fand ich mich hinter einem Traktor wieder, den ein Mann steuerte. Alle zwanzig oder dreißig Meter hielt er an, um mit jemandem zu plaudern, und ich konnte ihn auf einer so schmalen, gewundenen Straße nicht überholen. Es dauerte jeweils zwar nur ein paar Sekunden – hallo sagen und Neuigkeiten austauschen –, aber lange genug, um mich nervös zu machen. Ich wusste nicht, worüber er mit den Leuten am Straßenrand redete, doch eindeutig handelte es sich um nichts Dringliches. Nun stand ich also hinter diesem Traktor – in Eile, um zur Arbeit zu kommen, innerlich kochend – und wartete darauf, dass der gute Mann sein Gespräch beendete. Ich konnte nicht hupen, weil man mich hier sonst für ungehobelt oder geisteskrank gehalten hätte. Ich konnte nur warten und einen wütenden Gedanken nach dem anderen produzieren.

Dann merkte ich plötzlich, was eigentlich in mir vorging: Ich empfand keine Wut, sondern Neid. Dieser Mensch vor mir, der das gemächliche Tempo eines Bauern hatte, besaß etwas, was mir, einem hastigen Pendler, fehlte: neben der inneren Ruhe, die in scharfem Gegensatz zu meiner Eile stand, jenes besondere Privileg, das hauptsächlich die auf dem Land Geborenen genießen – nämlich einem Beziehungsnetz mit Großeltern, Eltern, Kindern, Tanten und Onkeln, Cousins und Cousinen, Freunden und Bekannten anzugehören ... Sie alle sind den gleichen Sitten und Gebräuchen verpflichtet, nicht nur ein Leben lang, sondern für Generationen, und bilden die Glieder eines natürlichen Organismus. Jeder kennt jeden, weiß Bescheid über Glück und Unglück, über die Hoffnungen und Enttäuschungen der anderen. Ich, der ich vor einigen Jahren aus der Stadt hierher kam, kann nichts Derartiges vorweisen, und obwohl ich stets höflich gegrüßt werde, habe ich nicht das Gefühl, in diese Gegend zu gehören. Es ist gleichsam der Unterschied zwischen einer jahrhundertealten Eiche mit tiefen, weitreichenden Wurzeln, die sich mit anderen Wurzeln verbinden und die sie nährende Erde kennen, und einem kürzlich verpflanzten jungen Baum, der irgendwie exotisch wirkt. Der Mann, der alle paar Meter anhielt, war mir gegenüber nicht unhöflich – er bekräftigte einfach die Lebendigkeit seiner verwandtschaftlichen und freundschaftlichen Beziehungen. Mit anderen Worten: Er bestätigte sein Zugehörigkeitsgefühl.

Das Zugehörigkeitsgefühl ist ein grundlegendes Bedürfnis und zugleich die Antwort auf eine Frage, die wir uns stellen: Wovon bin ich ein Teil? Und diese Frage ähnelt – oder fällt vielleicht zusammen mit – einer ebenso entscheidenden Frage: Wer bin ich? Wir gehören einer Familie an, einer Gruppe, einer Gesellschaft, einer Berufsklasse, und diese Mitgliedschaft definiert uns und rechtfertigt unsere Existenz. Ohne diese Zugehörigkeit würde jeder sich wie ein Nichts fühlen. Ohne irgendeinen Bezug zu anderen Menschen ist es schwer, wenn nicht gar unmöglich, herauszufinden, wer man eigentlich ist. Eben deshalb stellt das Zugehörigkeitsgefühl ein so lebenswichtiges Bedürfnis dar – wie das Bedürfnis nach Nahrung, Wasser oder nach einem Dach über dem Kopf.

Es kann sein, dass wir uns dagegen einwenden hören: »Du musst lernen, allein zurechtzukommen, unabhängig zu sein!«

Dennoch steht der Drang, dazuzugehören, an oberster Stelle. Die außergewöhnliche Intensität dieses Bedürfnisses rührt wahrscheinlich aus unserer urzeitlichen Vergangenheit, als die einzige Überlebenschance darin bestand, einer Gruppe anzugehören. Niemand konnte sich allein durchschlagen. Und selbst heute, in unserer unsicheren und manchmal bedrohlichen Welt, unzähligen Gefahren ausgesetzt, der Krankheit und dem Alter ausgeliefert, brauchen wir den Schutz und die Sicherheit, die nur ein anderer Mensch uns bieten kann.

Bei vielen wird dieses Zugehörigkeitsgefühl durch kleine Rituale, die den Alltag unterbrechen, weiter aufrechterhalten und noch verstärkt. Ich halte zum Beispiel an einer Tankstelle an, um Benzin nachzufüllen. Ein Mann kommt vorbei und sagt zu dem Angestellten: »Giovanni, was meinst du, wird es heute regnen oder nicht?« Der erwidert: »Auf gar keinen Fall!« Und das war's auch schon. Wozu dient dieser »Dialog«? Bestimmt nicht dazu, meteorologische Informationen auszutauschen. Er erscheint sinnlos, um nicht zu sagen albern. Und trotzdem ist er wichtig, weil er die Energie zwischen den beiden Personen zirkulieren lässt und ihr Zugehörigkeitsgefühl von neuem bestätigt. Eine kurze Plauderei an der Bar oder am Zeitungsstand, eine zufällige Begegnung auf der Straße, ein paar Worte in der Bank, ein Winken aus dem Auto, ein gemeinsamer Kaffee am Arbeitsplatz, das Warten auf die Kinder vor der Schule – all diese kleinen Rituale rufen immer wieder das Gefühl wach, Teil einer Gemeinschaft zu sein, sie beruhigen und trösten uns, selbst wenn wir das gar nicht merken. Sie sind einfacher in Kleinstädten und Dörfern, wo jeder den Anderen kennt, schwieriger in Großstädten. Das Wochenende kann entweder die Zugehörigkeit oder die Einsamkeit betonen: Wer über ein funktionierendes Beziehungsnetz verfügt, das Rückhalt gibt, hat's gut, wer nicht, verfällt möglicherweise in eine sonntägliche Depression.

Im Rahmen meiner psychotherapeutischen Arbeit sehe ich oft, wie das Zugehörigkeitsgefühl verletzt wurde oder sich nicht richtig entwickeln konnte – zunächst in der Familie, wo wir lernen, uns als Teil eines Ganzen zu fühlen, das uns im Idealfall schützen und fördern sollte; später in der Schule, unter Freunden, im Beruf. Wenn das Bedürfnis nach Zugehörigkeit nicht gestillt wird, entsteht Verdruss – Schwermut, Verwirrung, Feindseligkeit.

Mehr als in irgendeiner anderen Phase der Menschheitsgeschichte wird das Zugehörigkeitsgefühl heute durch neu erworbene Gewohnheiten und soziale wie technologische Umwälzungen verleugnet, die das tägliche Leben vielleicht angenehmer und praktischer machen – zugleich aber auch kälter. Profit und Effizienz triumphieren über Warmherzigkeit und harmonische Beziehung. Dazu ein Beispiel aus meinem persönlichen Bereich: Bis vor kurzem ging ich zu einem bestimmten Gemüseverkäufer in einer nahe gelegenen Kleinstadt, um marinierte Artischocken zu kaufen. Sie waren einfach köstlich! Außerdem wusste ich, dass er selbst sie aussuchte, weil er von ihnen mit dem Stolz eines Ladenbesitzers sprach, der nur das Beste wählt. Ab und zu wechselten wir ein paar Worte miteinander. Eines Tages stand ich vor seinem Geschäft, aber es war verschlossen. Durch die Scheibe sah ich ins leere Innere, auf dem Boden lagen Kartons verstreut: das ebenso typische wie traurige Bild eines aufgegebenen Ortes – eines Ladens, den es nicht mehr gibt. Dann begriff ich, was geschehen war: Der Artischockenmann hatte sein Geschäft dichtgemacht wegen des in der Nähe neu eröffneten Supermarkts, eines riesigen Gebäudekomplexes, der die ursprüngliche Infrastruktur des Dorfes zerstört hat und den Verkehr in enervierend schmale Fahrbahnen zwingt. Also stand ich plötzlich im Supermarkt, vor zwanzig verschiedenen Sorten marinierter Artischocken. Vielleicht befand sich meine Sorte auch darunter, aber mir war die Lust vergangen. Ich schob – wie alle anderen auch – den Einkaufswagen zur Warteschlange, zu den Pieptönen der Registrierkassen, in einer Umgebung, wo ich wusste, dass ich Teil eines vorherzusehenden und kalkulierbaren Kundenstroms war. Meine Welt war kälter geworden.

Die ganze Situation wird durch einen weiteren wichtigen Faktor noch vielschichtiger: Wir leben im Zeitalter des Individualismus. Man feiert das Individuum in jeglicher Form. Besonders zu sein, einen kreativen, originellen Beitrag zu leisten, mit anderen zu konkurrieren und der Beste zu sein: dies ist heute die leitende Idee vieler Menschen – und zugleich ein wichtiges Kriterium, andere zu beurteilen und zu bewundern, ein Wert, nach dem wir unser eigenes Leben gestalten. Doch das war nicht immer so. In früheren Epochen und außereuropäischen Kulturen hatte die Individualität weniger Bedeutung; gut möglich, dass man sie sich nicht einmal in der Weise vorstellen konnte, wie wir es jetzt tun. Die Kunstgeschichte führt uns das deutlich vor Augen. Im mittelalterlichen Europa waren die Themen der Kunst vom Heiligen beherrscht, und sie dienten in erster Linie dazu, die Ungebildeten zu erziehen: Gemälde und Skulpturen stellten gewöhnlich Episoden aus der Bibel dar. Dann vollzog sich ein tief greifender Wandel: Fast über Nacht, zu Beginn der Renaissance, erschienen auf den Leinwänden und Fresken zeitgenössische menschliche Figuren, mittels deren der Schönheit eines menschlichen Wesens, seiner Würde und schöpferischen Kraft gehuldigt wurde. Von nun an lag der Akzent auf der Größe und der Herrlichkeit des Individuums.

Es handelte sich um ein neues Paradigma, das die Möglichkeiten des Menschen vervielfachte. Was fängst du, einzigartiges Individuum, mit all deinen Eigenschaften und Talenten an? Darüber hatte zuvor niemand genauer nachgedacht. Es war eine überwältigende Vorstellung, die unzählige Entdeckungen und Triumphe nach sich zog. Jahrhunderte vergingen, bis diese Revolutionen in die Praxis umgesetzt und zu einem Teil unserer Kultur wurden. Inzwischen sind sie unser allgemeines Erbe und erscheinen sogar in kommerzialisierter und preisgünstiger Form. Zwar bildet die derart aufgewertete Individualität gewiss die Grundlage einer außerordentlichen Fortschrittsphase in der Menschheitsgeschichte, aber sie fordert auch einen hohen Preis: Unsere Egos sind aufgeblasen, und wir haben die Gemeinschaft ebenso vernachlässigt wie das Gefühl, Teil einer menschlichen Umgebung zu sein, die sich mit uns im Gleichklang befindet. In unserer gegenwärtigen Epoche schwanken wir unsicher zwischen zwei Extremen – der Uniformität und Anonymität der Masse einerseits und der Faszination angesichts persönlicher Originalität andererseits. Dass wir einer Gemeinschaft angehören, wird oft vergessen.

Und dennoch beziehen wir Kraft aus dem Gefühl, Teil einer Gruppe zu sein. Eine jüdische Geschichte erzählt von einem guten König, der im Sterben liegt. Vor all seinen weinenden Untertanen bittet er jemanden, ihm einen Pfeil zu bringen, und fordert den Schwächsten unter den Anwesenden auf, diesen zu zerbrechen. Der Mann tut es ohne jede Mühe. Dann bittet er um ein Bündel zusammengeschnürter Pfeile und fordert den Stärksten auf, es zu zerbrechen. Trotz größter Anstrengung ist der Mann nicht dazu imstande. Daraufhin verkündet der König seinen Untertanen: »Als mein Erbe vermache ich euch die Vereinigung zwischen euch allen. Seid miteinander verbunden. Diese Einheit wird euch große Stärke verleihen, die kein Einzelner jemals erlangen könnte.«

Das Zugehörigkeitsgefühl – also der Glaube, dass wir Teil eines Ganzen sind, das uns übersteigt, mit dem wir körperlich, gedanklich und geistig in enger Verbindung stehen – trägt wesentlich zu unserem Wohlbefinden bei. Verschiedene Untersuchungen – zumal an Studenten und älteren Menschen – zeigen, dass wir, wenn dieses Bedürfnis ungestillt bleibt, mehr zu Depressionen neigen. Darüber hinaus suchen wir, sobald wir uns isoliert fühlen, um jeden Preis irgendeine Art von Anschluss, sogar an gewalttätige, gefährliche, extremistische Gruppen. Das ist einer der Gründe, warum Jugendliche von Sekten und Kulten angezogen werden. Das typische Persönlichkeitsprofil eines gefährdeten jungen Menschen lässt sich folgendermaßen skizzieren: Identitätskrise, Entfremdung von der Familie, schwach ausgeprägte Beziehungen zur Gemeinschaft, das Gefühl eigener Unfähigkeit sowie ein unbefriedigtes Bedürfnis nach Zugehörigkeit. Wer aufwächst, ohne wirklich eingebunden zu sein in die Familie oder Schule oder Gesellschaft, verspürt den Drang, eine wichtige Rolle zu spielen für einige andere Menschen, in denen er sich wiedererkennt und die auch ihn als ihresgleichen betrachten. Das ist der Weg, der in eine Sekte führt. Später ist es dann schwierig, wieder aus ihr herauszukommen.

Wenn wir uns nicht immer äußerster Beliebtheit erfreuten, gibt es in jeder Lebensgeschichte einige Episoden, bei denen wir ausgeschlossen waren: Niemand wollte mit uns spielen, als wir noch klein waren, wir wurden nicht zu einer Party eingeladen oder in die Fußballmannschaft aufgenommen. Meine lebhafteste Erinnerung reicht in die Oberstufe des Gymnasiums zurück. Der Lehrer verteilte die Themen für eine Untersuchung, die paarweise oder in Gruppen durchgeführt werden sollte. Für diese Aufgabe wählten die anderen Schüler die Themen und die Partner aus. Bald stellte sich heraus, dass niemand mit mir arbeiten wollte. Es entstand ein Moment eisigen Schweigens, in dem ich mich wie ein im Raum verlorenes Überbleibsel und völlig kontaktlos fühlte. Dann bot einer meiner Klassenkameraden namens Guido mir an, mit ihm zusammenzuarbeiten, und rettete so meinen Tag. Welch tiefe Erleichterung! Tat er diesen Schritt nur aus Sympathie oder weil er tatsächlich mein Partner sein wollte? Auf sein Motiv kam es im Grunde gar nicht an. Hauptsache, ich war in Sicherheit; ungeachtet meiner Schwächen und Fehler gehörte auch ich dazu.

Fest steht nun, dass es viele Vorteile hat, Mitglied einer Gruppe oder einer Gemeinschaft zu sein. Dadurch fühlen wir uns anerkannt, können wir mit anderen interagieren und das Schreckgespenst der Einsamkeit verjagen. Allerdings müssen wir dafür einen Tribut entrichten und uns den Gepflogenheiten dieser Gruppe anpassen – ihren vorherrschenden Auffassungen, ihrem Lebensstil, ihrer Art, sich zu kleiden, zu sprechen, zu essen, ihren Vorlieben in Bezug auf Musik, Sport usw. In einigen Fällen zahlen wir einen hohen Preis: Die Gruppe unterdrückt vielleicht unsere Spontaneität und unsere freie Ausdrucksweise. Daraus resultieren vielerlei Gefahren: Konformität, Diskriminierung von Nichtmitgliedern und eine trügerische Euphorie, die nicht auf echter

Stärke beruht, sondern lediglich auf der Sicherheit, Teil der Gruppe zu sein.

Eng verwandt mit dem Zugehörigkeitsgefühl ist das Gefühl, unterstützt zu werden – die Gewissheit, im Notfall von der Gemeinschaft Hilfe zu bekommen. Beide ähneln sich, aber beim letzteren liegt der Akzent eher auf der praktischen Möglichkeit, dass andere einem Beistand leisten, als darauf, in die Gruppe aufgenommen zu sein. Manchmal werden beide Gefühle miteinander gleichgesetzt. Durch wissenschaftliche Untersuchungen hat man herausgefunden, dass solche Hilfeleistungen äußerst wichtig sind für die körperliche und geistige Gesundheit. Je mehr Freunde wir haben, auf die wir zählen können, und je intakter diese Beziehungen sind, desto robuster ist unsere Gesundheit und desto höher unsere Lebenserwartung. Viele Studien bestätigen dieses Faktum und Dean Ornish hat es in seinem Buch *Love and Survival* eingehend erörtert. Ich werde daraus nur einige wenige Beispiele zitieren. In Schweden wurden 18 000 Männer und Frauen über eine Zeitspanne von 6 Jahren beobachtet; bei denen, die sich am meisten isoliert fühlten, war das Risiko eines vorzeitigen Todes vier Mal höher. In Finnland untersuchte man mehr als 13 000 Personen; bei denen, die sich der Gemeinschaft stärker verbunden fühlten, war die Gefahr eines vorzeitigen Todes durchschnittlich zwei bis drei Mal geringer als bei jenen, die isoliert waren. In der Tecumseh-Studie, die fast 3000 Personen erfasste, wurde festgestellt, dass die Häufigkeit von Krankheiten (Herzinfarkte, Schlaganfälle, Krebs, Arthritis und Lungenkrankheiten) zwei bis drei Mal höher liegt, wenn das Gefühl, Beistand zu erhalten, schwächer ausgeprägt ist. Und Dr. Redford Williams' Untersuchung an 1400 Personen mit Herzkrankheiten ergab, dass diejenigen, die verheiratet waren oder sich jemandem anvertrauen konnten, eine zwei bis drei Mal höhere Überlebenschance hatten.

Das Gefühl, unterstützt zu werden, stimmt im Wesentlichen mit dem Zugehörigkeitsgefühl überein. Schließlich ist die Einsamkeit das Gegenteil von beiden. Einsamkeit ist nicht dasselbe wie Alleinsein, das einfach nur besagt, dass man zurückgezogen lebt oder viel Zeit in der Abgeschiedenheit verbringt. Manchmal atmet man dann erleichtert auf im Gefühl, frei zu sein und Raum für sich zu haben. Die echte – die abgrundtiefe – Einsamkeit ist anders. Sie besteht im Gefühl, dass das, was einem widerfährt, nicht die geringste Wichtigkeit für jemand anderen hat; dass das, was man denkt oder sagt, von keinem je mit Interesse aufgenommen wird; dass man niemandem auch nur irgendetwas bedeutet. Es ist das Gefühl, dass im Falle des eigenen Verschwindens alles genauso weitergehen würde wie bisher und dass niemand überhaupt Notiz davon nähme.

Hängt das Zugehörigkeitsgefühl ausschließlich von der objektiven Situation ab oder kann es sich ändern und auch in schwierigen Situationen – Einsamkeit, Anonymität, Konflikt usw. – entwickelt werden? Ich neige zu der letzteren Annahme. Jeder von uns empfindet in bestimmten Gruppen ein Zugehörigkeitsgefühl – aber wie flexibel sind wir und welches Maß an Vielfalt können wir bewältigen? Habe ich das Gefühl, dazuzugehören, nur, wenn ich im Bridge-Club bin, lediglich mit Kaukasiern oder Mitgliedern meiner Religionsgemeinschaft oder Anhängern meiner Mannschaft verkehre – und nirgendwo sonst? Oder habe ich nicht eher das Gefühl, mit anderen etwas gemeinsam zu haben, ganz gleich wo ich mich gerade aufhalte? Und dehnt sich dann mein Zugehörigkeitsgefühl sogar auf Tiere, Orte und ganze Bevölkerungen aus?

Obwohl das Zugehörigkeitsgefühl gewöhnlich in Abhängigkeit von den örtlichen Bindungen eines Individuums gesehen wird, können wir vielleicht doch die Fähigkeit entwickeln, uns als Teil einer größeren Gemeinschaft zu empfinden. Ich erinnere mich, dass ich zu Beginn meiner beruflichen Laufbahn immer wieder ins Ausland gereist bin, um in verschiedenen europäischen Ländern zu lehren. Das war für mich oft eine verwirrende Erfahrung. Fast jedes Mal erlitt ich einen »Kulturschock«, wobei mir die Unterschiede hinsichtlich Lebensrhythmus und Lebensstil, Sprache und Mentalität schmerzlich bewusst wurden, obwohl ich mich in Ländern innerhalb der europäischen Tradition aufhielt. Ich hatte stets das Gefühl, mich an die eine oder andere Sitte erst einmal anpassen zu müssen, und das erschien mir als eine gewaltige Aufgabe. Nach jedem Workshop war ich völlig erschöpft.

Dieses Befremden brachte ich einer Kollegin gegenüber zum Ausdruck, die erfahrener und anerkannter war als ich und die jahrelang mit der größten Leichtigkeit die Welt bereist hatte – am einen Wochenende in Japan arbeitend, am nächsten in Australien, die Woche darauf in Finnland und hinterher vielleicht in Israel. Von solchen Fernreisen kehrte sie nicht etwa erschöpft zurück, sondern voll neuer Lebenskraft. Wie war ihr das gelungen? Ich erzählte ihr, dass ich die kulturellen Unterschiede zwischen den Teilnehmern meiner Workshops als enorme Belastung empfände. Ihre ebenso kurze wie erhellende Erwiderung habe ich bis heute im Gedächtnis behalten: »Weißt du, sie alle sind Menschen wie du und ich.«

In diesem Satz bekundet sich ein verfeinertes Zugehörigkeitsgefühl, das keinerlei Beschränkung kennt und in jeder Situation lebendig ist. Einige spirituelle Traditionen haben die Bedeutung dieser Offenheit erkannt. Das Christentum zum Beispiel lehrt, jeden Menschen als Bruder beziehungsweise Schwester zu betrachten. Der tibetanische Buddhismus fordert uns zu einer seltsamen geistigen Übung auf – nämlich jede Person, der wir begegnen, als jemanden zu sehen, der in einem früheren Leben innerhalb der unendlichen Reihe von Wiedergeburten, die wir durchlaufen haben, unsere Mutter war. Wenn wir uns also vorstellen, dass dieser Mensch, der uns vielleicht fremd vorkommt, dieser rücksichtslose Autofahrer, dieser großmäulige Hooligan, diese unaufmerksame Verkäuferin, dieser faule Kellner in einem unserer unzähligen früheren Leben – unter welch abseitigen Bedingungen auch immer – unsere Mutter war, die uns umsorgte und großzog, unsere Wunden pflegte, unsere Wutanfälle ertrug, unsere Kleider wusch und uns zärtlich über den Kopf strich, dann ist dieser Mensch kein Fremder mehr, sondern Teil einer unermesslich großen Familie, der anzugehören wir das Privileg haben.

Folglich kann unser Zugehörigkeitsgefühl starr, verkümmert und auf einen kleinen Kreis beschränkt sein – oder aber flexibel, frei und lebendig noch in den schwierigsten Situationen, um das Leben einfacher und angenehmer zu machen. Für mich liegt es auf der Hand, dass die letztere Einstellung einen engen Bezug zur Freundlichkeit hat. Wenn ich Sie als einen von mir völlig verschiedenen Menschen ansehe und Ihnen mit Misstrauen oder bestenfalls mit kühler Gleichgültigkeit gegenübertrete, werde ich Ihnen wahrscheinlich nicht freundlich gesinnt sein. Doch wenn ich Sie stattdessen mit der Gewissheit betrachte, dass wir beide dem Menschengeschlecht angehören, uns von Natur aus ähnlich sind, dass wir zwar unterschiedliche Erfahrungen machen, aber die gleichen Wurzeln und ein gemeinsames Schicksal haben, werde ich Ihnen wahrscheinlich mit Offenheit, Solidarität und Einfühlungsvermögen – also mit Freundlichkeit – begegnen.

Und wie es möglich ist, das eigene Zugehörigkeitsgefühl neu auszurichten, können wir auch das der anderen beeinflussen. Wir können ihnen – durch unsere Worte, unsere Blicke, ja überhaupt durch unsere Körpersprache – das Gefühl vermitteln, entweder eingebunden oder ausgeschlossen zu sein. Ich erinnere mich an einen Tag vor vielen Jahren, als ich an einer Konferenz teilnahm. Ich befand mich in Gesellschaft einiger illustrer Experten und musste sprechen. Ich war erst am Beginn meiner beruflichen Laufbahn, ziemlich eingeschüchtert, am Rand des Tisches neben vier oder fünf »hohen Tieren« platziert, und wir alle schauten ins Publikum. Jeder hielt eine kurze Rede, über die dann diskutiert wurde. Der Mann neben mir, ein berühmter Universitätsprofessor, drehte mir von Anfang an und während der gesamten Veranstaltung den Rücken zu, beachtete nur seine Kollegen. Das störte mich nicht – es war zu komisch, um verletzend zu wirken. Dennoch wurde mir dabei bewusst, wie einfach es ist, jemand anderen allein schon durch die eigene Körperhaltung auszuschließen.

Glücklicherweise können wir uns auch ganz anders verhalten als jener hochnäsige Professor. Regelmäßig bieten sich uns Gelegenheiten, anderen Menschen in der Weise zu helfen, dass sie sich nicht isoliert fühlen. In dieser »Disziplin« ist jeder von uns sowohl Spieler als auch Schiedsrichter. Wir können unser Zugehörigkeitsgefühl entwickeln und beschließen, unser Gegenüber einzubeziehen oder nicht.

Es geht immer wieder um die Frage, wie freundlich wir sein möchten.

VERTRAUEN

Sind Sie bereit, ein Wagnis einzugehen?

Eines Tages befand ich mich in der magischen Stadt Istanbul (die folgende Geschichte hätte sich aber auch an irgendeinem anderen Ort ereignen können). Damals war ich ein junger Philosophiestudent und noch nicht vertraut mit den unsauberen Methoden dieser Welt. Ein durchaus freundlicher, netter Mann kam auf mich zu und bot mir an, mein Geld zu einem günstigen Kurs umzutauschen. Ich willigte ein, er nahm das Geld und bat mich, an der Straßenecke zu warten. Erst nach einer langen Wartezeit dämmerte mir, dass er nicht die Absicht hatte, mit der versprochenen Summe zurückzukehren. Wenn ich es mir recht überlegte, war er eilig von dannen gezogen und schnell im Labyrinth der Altstadt verschwunden.

Gewiss bin ich unglaublich naiv gewesen. Aber müssen wir voreilig den Schluss ziehen, dass wir in einer Welt von Lügnern und Dieben leben, dass wir niemandem vertrauen können? Indem wir vertrauen, gehen wir sozusagen eine Wette ein. Jedes Mal riskieren wir dabei etwas. Wenn wir uns einem Freund anvertrauen, laufen wir Gefahr, dass er uns verrät. Obwohl wir Vertrauen haben in unseren Partner, lässt er uns vielleicht im Stich. Unser Vertrauen in die Welt kann schwer erschüttert werden. Dergleichen passiert nur allzu oft. Doch die Alternative ist noch schlimmer, denn wenn wir kein Wagnis unternehmen, wird überhaupt nichts geschehen.

Ob wir uns also dessen bewusst sind oder nicht – jeder Akt des Vertrauens wird von einem angstvollen Schauder begleitet. Eine günstige Situation kann umschlagen und gefährlich werden. Tief im Innern wissen wir, dass das Leben unsicher und riskant ist, dass jede Wahl einer Wette gleichkommt. Doch wenn wir tatsächlich Vertrauen haben, verbirgt sich hinter dem Schauder eine grundsätzlich optimistische Einstellung: Ungeachtet seiner Fallen und Schrecken ist das Leben letztlich gut.

Die Wette ist im Vertrauen immer schon mit inbegriffen. Wenn wir uns jedes Menschen und jeder Sache sicher wären, hätte das Vertrauen ebenso wenig Wert wie Geld, wenn es plötzlich in unbegrenzter Menge vorhanden wäre, oder wie Sonnenschein, wenn immer schönes Wetter herrschte, oder wie das Leben, wenn wir niemals sterben würden. Trotzdem ist uns klar, dass wir, wenn wir jemandem unser Vertrauen schenken, betrogen, ja sogar aus der Bahn geworfen werden können. Vertrauen ist kostspielig. Inwieweit sind wir also bereit, den Preis zu zahlen?

Emilio, mein elfjähriger Sohn, bat mich einmal um Erlaubnis, Pfannkuchen zuzubereiten. Sofort dachte ich an Verbrennungen, an über den ganzen Fußboden verstreutes Mehl, Tränen – ganz zu schweigen von ungenießbaren Pfannkuchen. Doch als ich in seinen Augen die Hoffnung und die Begeisterung sah, ließ ich ihn gewähren. Nach einer Weile ging ich in die Küche, wo ich kein katastrophales Chaos vorfand – nur fein säuberlich übereinander gestapelte Pfannkuchen. Emilio war stolz auf sein Werk, und die Pfannkuchen schmeckten vorzüglich. Genau so funktioniert das Vertrauen – es erzeugt nicht nur Pfannkuchen, sondern auch Befriedigung und Unabhängigkeit, während die Entscheidung gegen das Vertrauen (»Nur Erwachsene können Pfannkuchen zubereiten«) Enttäuschung und Lähmung zur Folge hat.

Ein weiteres, gegensätzliches Beispiel. Unter den Personen in meiner psychotherapeutischen Praxis befand sich einmal eine Kleptomanin. Sie hatte eine herausragende Stellung inne, verspürte aber einen unwiderstehlichen Drang zum Ladendiebstahl. Wenn sie dachte, dass keiner sie sehen würde, entwendete sie etwa einen Füller, ein Buch oder eine Schere und versteckte den Gegenstand in ihrer Handtasche. Dabei hatte sie immer große Angst. Was geschähe, wenn man sie – eine bekannte und wichtige Person – schnappen würde? Katastrophe. Doch sobald sie das Geschäft verlassen hatte, war sie in Hochstimmung und kostete ihren Triumph aus. Im Laufe unserer gemeinsamen Arbeit begriff sie allmählich, dass dieses zwanghafte Verlangen, zu stehlen, ein Aufbegehren gegen ihr mangelndes Vertrauen darstellte, denn in ihrem Elternhaus war alles unter Verschluss gehalten worden und jedes Familienmitglied hatte jedem anderen misstraut. Niemand ließ irgendetwas herumliegen, das Haus war stets tadellos aufgeräumt – und deprimierend leer. Die verschlossenen Schränke schienen ihr immer wieder die Botschaft zu übermitteln: Wir vertrauen dir nicht. Wir befürchten, dass du etwas stehlen wirst. Du bist unehrlich. Deshalb hatte sie angefangen, tatsächlich zu stehlen.

Zweifellos kann das Misstrauen tief greifende und lang anhaltende Wirkungen auf unsere Persönlichkeit haben, so dass wir unter Geringschätzung leiden und uns verletzt fühlen. Vertrauen hat genau den gegenteiligen Effekt: Es hilft und stärkt uns und vervielfacht unsere Möglichkeiten. Zusammen mit der Warmherzigkeit charakterisiert es vielleicht jene Eigenschaft, deren Ursprünge am weitesten in unsere evolutionäre Vergangenheit zurückreichen. Sie tritt nämlich bei Säugetieren und insbesondere beim Menschen auf. Unser Überleben hängt auch vom Vertrauen ab. Man denke nur an den Säugling, der in den Armen seiner Mutter schläft, sich ihr völlig überlässt. Seine Gestalt scheint dazu prädestiniert, in Armen gewiegt zu werden, die ihrerseits so beschaffen sind, dass sie sich ihm genau anpassen. Im ersten Lebensjahr haben wir entweder unerschütterliches Vertrauen, das uns dann bei jedem Schritt begleiten wird, oder hegen Misstrauen, das uns während unseres ganzen Lebens hemmt, in Angst und Wut versetzt. Da wir die am längsten unselbständige Spezies sind, vertrauen wir uns der Pflege und der Obhut unserer Eltern an. Und gerade aufgrund dieser verlängerten Phase der Unselbständigkeit brauchen wir uns viele Jahre nicht um unser Überleben zu sorgen, können wir in aller Freiheit spielen und mehr lernen als jede andere Spezies. Das Vertrauen ist in unsere Biologie gleichsam eingeschrieben.

Vielleicht ist es diese biologische Komponente, die Vertrauen mit intakter Gesundheit verbindet, denn wissenschaftliche Untersuchungen haben ergeben, dass Menschen mit größerem Vertrauen im Allgemeinen gesünder sind. Wenn man morgens aufwacht mit dem Gedanken, sich verteidigen zu müssen, mit der Angst, dass einem selbst oder der Familie etwas Schlimmes zustoßen könnte, ist man schlechter dran als jemand, der sich in der Welt geborgen fühlt. Bei einer repräsentativen Auswahl von 100 Männern und Frauen zwischen 55 und 80 Jahren wurde festgestellt, dass diejenigen, die mehr Vertrauen hatten, gesünder und mit ihrem Leben zufriedener waren. Eine daran anschließende, 14 Jahre später durchgeführte Untersuchung zeitigte das gleiche Ergebnis: Größeres Vertrauen bedeutete längeres Leben. Daraus zogen die Forscher den Schluss, dass das Vertrauen eine schützende Wirkung auf unsere Gesundheit ausübt. In einer weiteren Studie, die an Studenten vorgenommen wurde, hatten die mit einem gefestigteren Vertrauen einen umso ausgeprägteren Sinn für Humor.

Und wie sieht es in der Geschäftswelt aus? Man sollte meinen, dass hier normalerweise Vorsicht vor Vertrauen waltet. Im Rahmen mehrerer Studien wurde die Frage gestellt: Sind Unternehmen, in denen ein hohes Maß an Vertrauen herrscht, erfolgreicher als jene, in denen das nicht der Fall ist? Die Antworten ließen stets den gleichen Schluss zu: Unternehmen, in denen Vertrauen groß geschrieben wird, funktionieren besser. Wie könnte es auch anders sein? In welcher Atmosphäre leisten wir aller Voraussicht nach bessere Arbeit? Dort, wo jeder jeden verdächtigt und jede Maßnahme, jedes Wort, jede Verhaltensweise mit Argwohn betrachtet – oder in einer Gruppe von Menschen, die gewillt ist, freundlich zu sein und mit vereinten Kräften ans Werk zu gehen?

Auch Vertrauen in Kunden zahlt sich aus. Muhammad Yunus,

der Begründer der Grameen Bank in Bangladesh, vergibt Kredite an die sehr Armen, mit denen sie Kleinbetriebe aufbauen können – etwa eine Fabrik für die Herstellung von Regenschirmen, Booten, Moskitonetzen, Gewürzen oder Kosmetikartikeln. Die Kredite sind an keine Vorschriften gebunden und es werden keine Garantien verlangt – die Kunden könnten sie ohnehin nicht leisten; außerdem gibt es keinen schriftlichen Vertrag, nur eine mündliche Abmachung. Yunus hat großes Vertrauen in die verborgenen Fähigkeiten aller Menschen. Die Resultate geben ihm Recht, denn durch sein Vertrauen hat er Tausenden von Menschen geholfen, der Armut zu entkommen und in Würde zu leben, abgesichert durch ein unabhängiges Einkommen. Es geht hier nicht um Nächstenliebe, sondern um ein gutes Geschäft: Die Rückzahlungsquote dieser Kredite liegt bei 99 Prozent – also höher als bei den vermögenden Kunden einer normalen Bank.

Das Vertrauen kann Hemmungen verringern und frühere Traumata heilen – ein weiterer Grund für seine wohltuende Wirkung. Die Ängste, Zweifel und Verdächtigungen, die wir mit uns herumtragen, beeinträchtigen nicht nur unser Verhalten, sondern verschleißen auch unsere Kraft. Was wird aus unserem inneren Potenzial, neue Initiativen zu ergreifen, etwas Ureigenes zu schaffen oder das Leben zu genießen, wenn wir einen wesentlichen Teil unserer geistigen Energie mit Sorgen und Abwehrmechanismen vergeuden? Selbst die Vorsicht – eine für unser Überleben notwendige Einstellung – kann uns derart behindern, dass wir unsere Tätigkeiten nicht mehr angemessen ausführen und schließlich völlig zumachen.

Bringen wir einem Menschen Vertrauen entgegen, ist das so, als würden wir ihm ein Geschenk bereiten. Wenn ich glaube, dass mein sechsjähriger Sohn Jonathan mir eine Tasse Kaffee bringen kann, ohne ihn zu verschütten; wenn ich ein Lieblingsbuch einem Kollegen borge und damit rechne, dass er es mir zurückgeben wird; wenn ich einem Freund ein Geheimnis mitteile, wohl wissend, dass er es anderen Leuten erzählen könnte, so schenke ich diesen Menschen Vertrauen, indem ich jedem von ihnen die Botschaft übermittle: »Du schaffst es schon; du bist vertrauenswürdig.« Das Geschenk des Vertrauens sagt etwas über unsere Beziehungen aus. Es verleiht der anderen Person Kraft und erweitert ihre Möglichkeiten.

Wir haben gesehen, dass mit jedem Akt des Vertrauens ein Risiko verbunden ist. Sobald ich jemandem vertraue, mache ich mich verwundbar. Das Vertrauen mag enttäuscht, der Kaffee über den Teppich verschüttet werden und das Buch ist vielleicht für immer verloren. Doch gerade diese Verwundbarkeit gibt dem Vertrauen seinen Wert. Denn wäre es völlig gefahrlos, käme es einer bürokratischen Maßnahme gleich. Gerade weil wir uns aussetzen, ist das Vertrauen so warmherzig und kostbar.

Was passiert, wenn ich Jonathan verbiete, mir den Kaffee zu bringen? Oder wenn ich das Buch nicht ausleihe? Oder das Geheimnis für mich behalte? Vielleicht träfe ich damit kluge Entscheidungen, aber die anderen wären jeweils um eine Möglichkeit ärmer und hätten womöglich weniger Vertrauen in sich selbst. Außerdem würde ich mich dadurch von ihnen distanzieren; doch ich fühle mich meinem Sohn oder einem Freund näher, wenn ich Vertrauen in ihn habe, an seinem Leben teilnehme, mich mit ihm identifiziere. Ich beobachte, wie Jonathan mit einer Tasse Kaffee in den Händen das Zimmer durchquert, bereit, sie mir zu überreichen. Einen Moment lang ist er zerstreut, er schwankt, stolpert fast über den Teppich. Die Flüssigkeit in der Tasse schwappt gefährlich hoch. Er verschüttet sie vielleicht, verbrüht sich dabei, lässt die Tasse in meinen Schoß fallen. Aber nein, die Tasse gelangt sicher an ihren Bestimmungsort. Ich hatte Vertrauen in ihn und ging ein Risiko ein. Auf diese Weise bin ich bei ihm, ja werde ein Teil von ihm, während er sich in ein Abenteuer stürzt. Vertrauen schafft Intimität. Misstrauen hingegen erzeugt Abstand, vielleicht sogar Barrieren.

Demnach haben wir zwei verschiedene Lebensauffassungen. Einerseits möchten wir, dass alles sicher und vorhersehbar ist; andererseits akzeptieren wir die Unsicherheit als Teil unseres Daseins in der Gewissheit, dass das Streben nach absoluter Sicherheit unsinnig wäre. Viele alte Geschichten handeln von mächtigen Königen, die sich bedroht fühlen, denn sie ahnen, dass jemand sie stürzen wird. Also versuchen sie sich zu verteidigen, aber ungeachtet ihrer Macht scheitern sie, eben weil niemand unverwundbar ist. Selbst Achilles hat eine empfindliche Ferse.

Im ersten Fall entfernen wir uns von den anderen durch Argwohn, im zweiten gehen wir auf sie zu, überzeugt davon, dass unser Schicksal mit dem ihren verknüpft ist. Wir sind eher optimistisch hinsichtlich unserer Beziehungen zu ihnen und betrachten die Unsicherheit als eine Quelle neuer, reizvoller Erfahrungen. Die misstrauische Einstellung dagegen macht uns zu Pessimisten, die sich vor Angriffen, Enttäuschungen, Diebstählen und anderen Übeln schützen wollen. Die innere Alarmanlage bleibt ständig eingeschaltet.

Wir können die Welt so oder so sehen. Auf der Straße nähert sich Ihnen ein Fremder. In welcher Weise nehmen Sie ihn wahr? Als jemanden, der Ihnen nur die Zeit stiehlt, als Plagegeist, der Ihnen nutzloses Zeug verkaufen will, oder gar als Verbrecher? Die Alarmglocke schrillt. Sie überlegen sich, was Sie sagen werden, wie Sie ihm ausweichen oder sich verteidigen können. Sie sind angespannt, vielleicht auch ängstlich. Er geht entschlossen auf Sie zu, wirkt bedrohlich. Aber nein, er will Ihnen nur die Autoschlüssel geben, die Sie beim Aussteigen fallen gelassen haben. Die Alarmglocke verstummt.

Wie lange bleiben wir in Alarmbereitschaft? Die Alarm- und Verteidigungsanlagen, die wir ringsum sehen, sind gleichsam Metaphern unserer geistigen Prozesse – Videokameras, die jede unserer Bewegungen in der Öffentlichkeit aufzeichnen; ferngesteuerte Eingangstore mit Lautsprecheranlage, aus der eine Stimme zu rufen scheint: »Halt! Wer sind Sie?«; Zollbeamte, die unser Gepäck öffnen, Polizeihunde, die daran schnüffeln; das elektronische Überwachungssystem am Ausgang der Geschäfte, das anzeigt, ob wir etwas gestohlen haben; mit Stahl verstärkte und durch spezielle Schlösser gesicherte Türen; Geräte zum Überprüfen von Geldscheinen; Alarmanlagen in Autos, die losgehen, auch wenn kein Dieb in der Nähe ist; Sicherheitskontrollen in Flughäfen; Hubschrauber, die die Stadt von oben überwachen; Stacheldraht; Wachhunde, die drohend bellen, sobald man vorbeigeht – all diese Abwehrmechanismen, so notwendig sie auch sein mögen, schüchtern uns ein, bereiten uns Unbehagen und Angst.

Derartige Systeme, ob sie von Menschen oder Tieren verkörpert oder aber rein mechanisch gesteuert werden, sind nichts anderes als unsere materialisierten Ängste. Bevor jene Vorrichtungen zum Ausspionieren, jene Schranken und Schlösser erfunden wurden, nahmen sie in unserem Innern Gestalt an. Wir machen tagtäglich von ihnen Gebrauch und warten sie, wenden viel Kraft dafür auf, dass sie gut funktionieren. Und das tun wir selbst dann noch, wenn sie gar nicht mehr erforderlich sind.

Wir könnten unsere Abwehrhaltung aber auch aufgeben. Einmal war ich in einem Restaurant, wo es keinen Kassierer gab. Man beendete seine Mahlzeit, öffnete eine Geldkassette, legte den fälligen Betrag hinein und nahm gegebenenfalls das Wechselgeld heraus. Welche Wonne, so vertrauensvoll behandelt zu werden! Dadurch schmeckte das Essen noch umso besser. Einige Jahre später kehrte ich zurück, aber an der Stelle des Restaurants befand sich eine Versicherungsgesellschaft. Vielleicht hatte der Vorgänger zu viel Vertrauen gehabt. Wie also wissen wir, ob wir vertrauen sollen oder nicht?

Aufgrund einer kürzlich durchgeführten Untersuchung stellte sich heraus, dass Menschen mit *viel* Vertrauen keineswegs naiv sind, sondern über eine Intelligenz verfügen, die ihnen gestattet, zwischen dem Vertrauenswürdigen und dem Unzuverlässigen zu unterscheiden. Diejenigen hingegen, die *wenig* Vertrauen haben, sind deshalb argwöhnisch, weil ihnen diese Fähigkeit fehlt; sie gehen auf Nummer sicher, indem sie sich jedem verschließen. Ihr gesellschaftliches Leben ist ärmer. Offensichtlich zeugt ein gewisses Maß an Misstrauen von einer ebenso gesunden wie klugen Einstellung; doch wenn es zu einem Charakterzug wird, unsere Weltsicht bestimmt und innere Spannungen erzeugt, erweist es sich mehr und mehr als Hindernis.

Vertrauen und Freundlichkeit gehen Hand in Hand. Die Freundlichkeit ist voller Vertrauen und Bereitschaft zum Risiko; sie bringt uns den anderen näher. Wenn wir ihnen vertrauen, sind wir freundlich zu ihnen. Wie fühlen wir uns gegenüber jemandem, der zunächst freundlich erscheint, uns aber schon beim geringsten Zweifel das Vertrauen entzieht? Seine Freundlichkeit entbehrt jeder Grundlage – sie ist seelenlose Höflichkeit. Und wie fühlen wir uns, wenn jemand stattdessen größeres Vertrauen in uns hat, als wir selbst es haben? Wir sind in gehobener Stimmung, weil dieses Vertrauen uns hilft, im eigenen Innern eine Eigenschaft oder Fähigkeit zu entdecken, die uns bisher vielleicht unbekannt war. Mehr noch: Das Vertrauen ist gleichsam die Seele einer erfolgreichen Beziehung. Mein Freund John Whitmore, ein Firmenberater, der eine stattliche Zahl von Workshops und Tagungen leitet, hat vielen Teilnehmern die gleiche Frage gestellt: Welche Beziehung hat Sie in Ihrem Leben am meisten bestärkt und ermutigt – und warum? In fast allen Fällen fiel die Antwort gleich aus: Es war eine Beziehung, in der man das Gefühl hatte, dass der oder die Andere einem vertraute.

In einer weiteren Studie wurde untersucht, inwiefern sich Vertrauen auf eine Gruppe von 32 Erwachsenen auswirkte, die den schrecklichen Hurrikan »Iniki« überlebt hatten; er war am 11. September 1992 über die hawaiische Insel Kauai gefegt. Man stellte den Testpersonen die Frage: »Welchen Einfluss hatte das Vertrauen in Sie selbst, in andere oder in Gott auf Ihr Leben während des Hurrikans und danach?« Die Befragten, die aus acht verschiedenen ethnischen Gruppen stammten, gaben zur Antwort, dass das Vertrauen in mehrfacher Hinsicht einen positiven Einfluss ausgeübt habe – etwa auf die Dankbarkeit, das Verantwortungsbewusstsein und die gegenseitige Unterstützung. Den Forschern zufolge erhöhte das Vertrauen die Selbstachtung der Überlebenden und verbesserte die Beziehungen zu Familienmitgliedern und Freunden. Sein größter Nutzen lag darin, dass es die Angst verringerte und das Gefühl von Sicherheit verstärkte, das wiederum den Menschen half, sich tatsächlich in Sicherheit zu bringen.

Darüber hinaus erforschte man die Veränderungen bei Personen, die durch einen Unfall schwer verletzt worden waren. Inwieweit hatte dieses Trauma sie innerlich transformiert? Es stellte sich heraus, dass ihr Vertrauen in Menschen zugenommen hatte, eben weil sie bewegungsunfähig und machtlos waren, sich von anderen pflegen lassen mussten und ihre Bewegungen, ja ihr Leben überhaupt viel weniger unter Kontrolle hatten. Es ist schwer herauszufinden, was im Kopf eines Menschen vorgeht, der einen schlimmen Unfall erlitten hat. Eines aber ist gewiss: Seine Situation ändert sich schlagartig, er hält die Zügel nicht mehr in der Hand. Ihm bleibt nichts anderes übrig, als sich ins Unvermeidliche zu fügen.

Den Kern des Vertrauens bildet der Verzicht. Die Fähigkeit, innerlich loszulassen, übt eine tief greifende, ja umwälzende Wirkung auf uns aus. Wir erkennen, dass wir nicht alles unter Kontrolle haben und dass wir auf die Gewissheit – oder die Illusion von Gewissheit – genauso gut verzichten können, um uns gleichsam auszuliefern und all das anzunehmen, was das Leben uns bringt. Die Veränderung besteht genau darin, sich von der extremen inneren Anspannung zu befreien. Das Loslassen markiert einen wichtigen geistigen Durchbruch. Wir finden es im Vertrauen, aber auch in anderen Einstellungen, etwa bei der Versöhnlichkeit oder in der Liebe, sowie in der Auseinandersetzung mit einem scheinbar unlösbaren Problem. Wir geben auf – und paradoxerweise führt gerade diese Einstellung zur Lösung. Durch Selbstaufgabe gewinnen wir oft neue, überraschende Einsichten; das zeigt sich im künstlerischen Schaffensprozess und in der wissenschaftlichen Forschung, im Gebet und in der Meditation.

Eine tibetanische Geschichte handelt von einem rechtschaffenen Mann, der nach Erleuchtung strebt. Ein Weiser kommt durch sein Dorf, und der Mann bittet ihn darum, in der Kunst der Meditation unterwiesen zu werden. Der Weise erklärt: Ziehe dich aus der Welt zurück, meditiere jeden Tag in dieser und jener Weise und du wirst den Zustand der Erleuchtung erlangen. Der fromme Mann schließt sich von der Außenwelt ab und lebt in einer Höhle, wo er die Anweisungen befolgt. Die Zeit vergeht, aber die Erleuchtung bleibt aus. Zwei, fünf, zehn, zwanzig Jahre verstreichen. Nach so vielen Jahren führt irgendein Zufall den Weisen wieder in das gleiche Dorf. Der Mann begegnet ihm und erzählt, dass es ihm trotz aller Anstrengungen nicht gelungen sei, erleuchtet zu werden. Der Weise fragt ihn: »Welche Art von Meditation habe ich dir empfohlen?« Der Mann sagt es ihm. Woraufhin der Weise erwidert: »Oh, was für ein schrecklicher Fehler mir unterlaufen ist! Das war nicht die richtige Meditation für dich. Du hättest eine ganz andere praktizieren sollen, aber nun ist es dafür zu spät.«

Verzweifelt kehrt der Mann in seine Höhle zurück. Er hat alle Hoffnung aufgegeben, jedem Wunsch, jeder Mühe, jedem Ansinnen, Kontrolle auszuüben, entsagt. Er weiß nicht, was er tun soll. Also widmet er sich dem, was er am besten kann: Er beginnt zu meditieren. Und zu seiner großen Überraschung löst sich schon bald die Verwirrung auf; eine wunderbare innere Welt offenbart sich ihm. Er fühlt sich leicht, wie neugeboren – und in einem Augenblick geistiger Ekstase erlangt er den Zustand der Erleuchtung. Als er beseligt die Höhle verlässt, sieht er die Welt ringsum verwandelt: die verschneiten Berggipfel, die reine Luft, den blauen Himmel, die strahlende Sonne. Er ist glücklich. Er weiß, dass er am Ziel angekommen ist. Und in der Schönheit der verzauberten Szenerie glaubt er das milde Lächeln des Weisen zu erkennen.

Warum gelang diesem Mann gerade dann der innere Durchbruch, als er alle Versuche aufgab? Weil er fähig war, sein Ich loszulassen. Der indische Mystiker Ramakrishna pflegte zu sagen, dass wir wie ein Blatt sein müssen, das vom Baum abgefallen ist und durch die Luft wirbelt, ohne jeden Bezugspunkt. Indem wir vertrauen, lassen wir unser Ich los. Wir wissen, dass wir keine absolute Kontrolle haben. Kurzzeitig geraten wir vielleicht in Panik, aber dann löst sich die Spannung und wir sind frei.

Ja, das Vertrauen bewirkt eine Loslösung vom Ich. Wir sind uns darüber im Klaren, dass uns alles Mögliche widerfahren kann, mit dem wir nicht gerechnet haben. Wir werden lockerer, Geist und Herz öffnen sich spontan den neuen Gelegenheiten, die sich uns bieten. Es handelt sich um einen bislang unbekannten Bewusstseinszustand im gegenwärtigen Augenblick, weil wir uns gleichsam abgetrennt haben von all dem, was wir wissen; zugleich aber auch um ein uraltes Gefühl – denn vor allen Treuebrüchen und Enttäuschungen gab es eine Zeit, da das Vertrauen in den Anderen die eigentliche Grundlage unseres Lebens bildete.

BEWUSSTHEIT

Die einzige Zeit ist das Jetzt

In einer taoistischen Geschichte hat ein Mann in mittleren Jahren den Verstand verloren.

Er vergisst alles. Abends kann er sich nicht daran erinnern, was er im Laufe des Tages gemacht hat. Und am nächsten Tag weiß er nichts mehr vom Abend zuvor. Zu Hause vergisst er sich hinzusetzen und auf der Straße vergisst er zu gehen. In jedem Augenblick löscht sein Verstand aus, was gerade passiert ist.

Seine Verwandten sind verzweifelt. Sie unternehmen alles Mögliche, um ihm zu helfen, suchen Ärzte, Zauberer, Schamanen auf, doch keine der angewandten Methoden hat Erfolg. Schließlich taucht Konfuzius auf und teilt ihnen mit: »Ich weiß, worin das Problem besteht. Ich habe ein geheimes Heilmittel. Lasst mich mit ihm allein.« Sie befolgen seine Anweisung. Die Behandlung zieht sich in die Länge, und niemand kann sagen, ob sie anschlagen wird. Zu guter Letzt findet der Mann sein Gedächtnis wieder.

Er ist geheilt, zugleich jedoch wütend. »Vorher, als ich alles vergessen habe, war mein Verstand rein und frei. Jetzt wird er durch Erinnerungen beschwert: Jahrzehnte voller Erfolge und Misserfolge, Verluste und Gewinne, Freuden und Schmerzen. Und da ich mich an die Vergangenheit erinnere, sorge ich mich um die Zukunft.

Früher ging es mir viel besser. Gebt mir meine Vergesslichkeit zurück!«

Da haben Sie's: Indem wir über die Vergangenheit nachgrübeln oder besorgt in die Zukunft blicken, tauchen wir ein in den Fluss der Zeit – und sind nicht mehr im Hier und Jetzt. Wir entdecken, dass die Zeit ein großes Mysterium ist. Allein schon vom Nachdenken darüber schwirrt uns der Kopf. Unser ganzes Leben – Geburt, Kindheit, erster Schultag, Jugend, Freundschaften, Liebe, Arbeit, die Meilensteine unserer Existenz – mag uns wie eine lange Zeitspanne voll unzähliger Ereignisse vorkommen; vielleicht aber haben wir auch das Gefühl, dass es allzu schnell vergangen ist. Denken Sie nur einmal an das letzte Jahr. Zwölf Monate können tausend angenehme und unangenehme Begebenheiten beinhalten, uns ebenfalls lang oder kurz oder lang und zugleich kurz erscheinen. Denken Sie dann an eine einzige Stunde: Wie viel kann in ihr geschehen! Denken Sie an eine Minute: Selbst in einer Minute können uns tausend Gedanken durch den Kopf gehen. Sie mag uns endlos vorkommen, doch im Nu ist sie vorbei. Denken Sie jetzt an eine Sekunde: Kaum haben wir das Wort ausgesprochen, ist sie auch schon verstrichen. Aber wo ist der flüchtige Augenblick? Ist er kürzer als eine Sekunde? Als eine Zehntelsekunde? Als eine Tausendstelsekunde? So kurz er dauern mag: Er kann nicht die Gegenwart sein, weil er schon vergangen – oder noch nicht eingetreten – ist. Die Gegenwart lässt sich nicht fassen.

Dieser unfassbare Augenblick ist alles, was wir wirklich haben, was wir wirklich sind. Die Vergangenheit ist bereits verloren – und die Zukunft, wie vielversprechend auch immer, noch ein Märchen. Nur die Gegenwart *ist* – ohne dass wir sie greifen könnten. Dennoch befinden wir uns stets *in* der Gegenwart. Es gibt keinen Augenblick, da wir nicht in der Gegenwart leben. Sie kann uns eigentlich nie entfliehen, weil wir für immer in sie eingebettet sind.

Wir können der Gegenwart nur *gedanklich* entfliehen. Manchmal ist das ein Segen. Erinnerungen sind imstande, uns zu stärken und zu trösten. Wie wir im Kapitel über das Gedächtnis sehen werden, begleitet uns die eigene Lebensgeschichte, und wenn wir keine Vergangenheit hätten, hätten wir auch keine Zukunft. Eines der schrecklichsten Symptome des Altersschwachsinns besteht in totalem Gedächtnisschwund: Der leidende Mensch lebt zwar in der Gegenwart, die jedoch keine Vergangenheit hat, und daher weiß er nicht, wer er ist und was bis zum jetzigen Moment geschah. Er hat keinerlei Bezug zu seiner eigenen Geschichte.

Die Vergangenheit, die persönliche Vergangenheit, ist unser Erbe. Aber sie kann uns aus der Gegenwart verdrängen. Wenn unsere Vergangenheit glückliche Augenblicke beinhaltet und wir diese fast zwanghaft immer wieder von neuem wachrufen, liegt eine Art Phasenverschiebung vor, weil die Gegenwart ganz anders ist. Wir merken nicht, dass sich alles verändert hat, und hinken den Ereignissen hinterher, ohne uns dessen bewusst zu sein. Wenn dagegen unsere Vergangenheit voller Dunkelheit und traumatischer Erlebnisse ist, versuchen wir diesem Alptraum zu entfliehen. Doch die Vergangenheit kann so übermächtig sein, dass sie uns verfolgt und die Gegenwart gewaltsam beherrscht – zumindest so lange, bis wir lernen, tatsächlich im Hier und Jetzt zu leben. Demnach hat der Mann in der taoistischen Geschichte letztlich Recht. Sein paradoxer Zustand erinnert uns daran, dass wir nur dann frei sein können, wenn wir uns der Gegenwart völlig hingeben.

Es besteht auch die Möglichkeit, dass wir uns in die Zukunft versetzen. Das ist – bis zu einem gewissen Grad – durchaus von Vorteil. Die Zukunft ist jene Zeit, der wir noch eine Form geben können – der Bereich latenter Kraft, voller Hoffnungen und schöpferischer Ideen. Ohne Zukunft, ohne Projekt, sind wir nicht wirklich Menschen. Wenn wir allerdings fast ausschließlich in der Zukunft leben, so befinden wir uns gleichsam an einem Ort, der noch nicht existiert. Wir können die Zukunft positiv sehen, aber auch als Gefahr. Sie mag uns belasten – als eine Zeit, der wir uns gerne entziehen würden. Doch wir wissen, dass sie kommen wird, egal wie fest wir auf die Bremse treten. Vielleicht ist sie angefüllt mit zahlreichen Aufgaben; allein der Gedanke daran laugt uns aus, denn wir sind überzeugt, niemals alle bewältigen zu können. Und dieser Stress hält uns davon ab, voll und ganz jenem einen Augenblick zu leben, in dem wir tatsächlich etwas tun könnten: in der Gegenwart.

Der vergessliche Mann in der chinesischen Geschichte ist wütend, weil er zwar die Vergangenheit wiedergefunden, aber die Gegenwart verloren hat. Zum Glück können wir im wirklichen Leben die Gegenwart immer wieder finden. Dafür gibt es ein einfaches Rezept, das jeder anwenden kann: Tue, was du tust. Im Grunde handelt es sich um eine alte Maxime, Unheil zu vermeiden: *Age quod agis*. Wenn ich tue, was ich tue, ohne mir ständig einzubilden, dass irgendwo Gefahren lauern, ohne meine Gedanken abschweifen zu lassen, bin ich zentriert. Ich bin hundertprozentig da. Dann habe ich keine Angst, brauche ich nichts. Auf diese Weise finde ich Erfüllung.

Ich habe gemerkt, dass Bewusstheit einen Menschen oder eine Gruppe fast schlagartig ändern kann, als ich meinen Freund Andrea Bocconi, einen Psychologen mit buddhistischen Neigungen, dabei beobachtete, wie er eine Gruppe bei einer Gehmeditation anleitete. Er gab den Teilnehmern eine Lektion in Bewusstheit. Sie mussten langsam auf und ab gehen, auf jeden Schritt achten: Jetzt berührt mein rechter Fuß den Boden, jetzt hebe ich den linken Fuß usw. Nach nur wenigen Minuten änderte sich die Atmosphäre in der Gruppe – Zerstreutheit und Verschlossenheit verwandelten sich in Klarheit und Offenheit. Ich fragte mich, was wohl geschähe, wenn Parlamentsmitglieder oder Direktoren großer Unternehmen ihren Arbeitstag in der gleichen Weise beginnen würden. Für Buddhisten ist ein bewusstes Leben der Weg zur inneren Befreiung. Doch schon ein klein wenig Aufmerksamkeit kann uns weit voranbringen.

Meditationsübungen, die der Konzentration auf den gegenwärtigen Augenblick dienen, wurden auch klinisch erprobt – zum Beispiel gegen heftige Angstgefühle, Hautprobleme oder chronische Schmerzen – und zeitigten hervorragende therapeutische

Ergebnisse. Die Patienten lernen, in der Gegenwart zu leben, die Dinge so zu nehmen, wie sie sind, ohne Urteile zu fällen, ohne etwas hinzuzufügen oder abzuziehen. Was ist, ist – hüten wir uns davor, die Realität mit irgendwelchen Etiketten oder Urteilen zu »überkleben«. Darüber hinaus ist Bewusstheit der Gesundheit förderlich. Im Rahmen eines Experiments mit zwei Gruppen älterer Menschen wurde die eine Gruppe der Teilnehmer damit beauftragt, sich um Grünpflanzen zu kümmern, wodurch sie während des Tages mehr Möglichkeiten hatten, Entscheidungen zu treffen, also dem gegenwärtigen Augenblick mehr Beachtung schenken mussten. Die Teilnehmer in der anderen Gruppe hingegen sollten einfach nur ihren üblichen Beschäftigungen nachgehen, ohne jede weitere Anweisung. Nach einem Jahr war die Todesrate der »bewussten« Gruppe weniger als halb so hoch wie die der »unbewussten« Gruppe. Das heißt buchstäblich: Seien Sie aufmerksam und Sie werden länger leben.

Wenn Sie mehr Acht geben, haben Sie auch mehr Glück. Wie kommt es, dass einige Leute immer Glück zu haben scheinen, dass offenbar alles zu ihren Gunsten läuft? Ist das bloßer Zufall oder gibt es hierfür einen anderen Grund? Richard Wiseman, ein englischer Psychologe, wollte herausfinden, ob die so genannten Glückspilze ihr Glück eher ihren persönlichen Eigenschaften als irgendeiner rätselhaften Schicksalsfügung zu verdanken haben. Er stellte fest, dass tatsächlich ihr *Charakter* ausschlaggebend war. Durch Interviews und Tests entdeckte er unter anderem, dass solche Menschen entspannter sind und dass sie nicht nur auf das achten, was sie suchen, sondern auch auf das, was sie *nicht* suchen. Sie sind offen für das Neue und Unerwartete, wohingegen diejenigen, die weniger Glück haben (und oft neurotischer sind), sich verschlossener zeigen; sie suchen nur das, was sie im Kopf haben, und finden es häufig nicht. Die Glückspilze jedoch vervielfachen ihre Möglichkeiten (indem sie zum Beispiel einen Artikel in der Zeitung genau lesen, im Laufe eines Gesprächs eine Bemerkung hören, die ihnen nützlich sein könnte, oder einen Geldschein auf dem Boden erspähen) und lassen sich keine günstige Gelegenheit entgehen. All das geschieht nicht durch Zauberei oder durch Zufall, sondern weil sie empfänglich und präsent und in Übereinstimmung sind mit den Chancen, die das Leben ihnen jeweils bietet. Während die anderen, denen das Glück weniger lächelt, zwanghaft ihren Einbildungen und unerfüllbaren Wünschen nachhängen, sind sie einfach aufmerksamer.

Die Aufmerksamkeit für die Gegenwart verleiht jeder Person, jeder Sache einen besonderen Reiz, eben weil die Welt kein undeutlicher Schatten ist, sondern sich ständig neu gestaltet. Diese Tatsache wurde mir zum ersten Mal in der Kindheit bewusst, als ich Aldous Huxley begegnete. Von ihm war schon in der Einleitung die Rede, als ich seine Bemerkung zitierte, dass ein wenig mehr Freundlichkeit die beste Methode sei, die eigenen Fähigkeiten zu entwickeln. In seinen Augen war Bewusstheit die Grundvoraussetzung für Freundlichkeit und darüber hinaus der Schlüssel zu einer unendlich interessanten Welt. Er ging davon aus, dass Bewusstheit die Welt um uns in ein *Gaza* verwandelt, in ein babylonisches Paradies, reich an zahllosen Schätzen und Wundern. Im Alter von neun Jahren saß ich also mit diesem Mann an einem Tisch. Ich wusste, dass er sich für alles interessierte, bezeichnete er sich selbst doch als einen »enzyklopädisch gebildeten Unwissenden«. Also ging ich in den Garten hinaus, brachte von dort eine riesige behaarte Raupe mit und legte sie vor ihn – nicht zum Spaß, sondern als einen Gegenstand der Betrachtung. Obwohl ein oder zwei Anwesende entrüstet waren, hatte ich eindeutig keinen Fehler gemacht, denn er holte aus seiner Jackentasche eine Lupe hervor, die er immer bei sich trug, und betrachtete durch sie die Raupe. »Höchst außergewöhnlich!«, rief er – das war einer seiner bevorzugten Ausdrücke. Wenn wir im Hier und Jetzt leben, hält jeder Augenblick eine Überraschung, ein neues Wunder bereit.

Aber oft gelingt uns das nicht. Auf die Gegenwart projizieren wir unsere Erwartungen und Ansichten, die entweder aus der Vergangenheit stammen oder in die Zukunft weisen. Wir treffen jemanden und ahnen bereits, wie dieser Mensch sein und was er sagen wird. Wir befinden uns in einer bestimmten Situation und glauben zu wissen, was passieren wird. Wir leben in einer ärmlichen Gegenwart, die zweier wesentlicher Qualitäten beraubt ist: Überraschung und Neuheit. Und so langweilen wir uns schließlich. Wir ähneln Touristen, die Orte besuchen, welche sie schon aus Prospekten kennen: Sie sehen nichts Neues und entdecken nur das, was sie erwartet haben.

Dazu hat Buddha in einer seiner Reden eine grundlegende Auffassung formuliert: Lass in dem, was du siehst, nur das Sehen sein und in dem, was du hörst, nur das Hören. Das heißt: Setze deine Vorstellungen von dem, womit du rechnest, in Klammern und begegne dem gegenwärtigen Augenblick ohne vorgefasste Meinungen und mit ungetrübter Aufmerksamkeit – in einem Zustand völliger Offenheit. Du musst dir gestatten, von jedem Moment überrascht zu werden.

Dieses Eintauchen in die Gegenwart ist die notwendige Bedingung für jede Art von Beziehung. Denn wo bin ich, wenn ich zerstreut und abwesend bin? Und wer tritt an meiner Stelle in Kontakt mit dem Gegenüber, wenn ich nicht da bin? Welchen Geist, welchen Roboter habe ich dazu berufen, mich zu vertreten? Hierzu ein Beispiel. Ich sitze mit meinem Sohn Emilio in einem Restaurant. Ab und zu kommen Leute herein, die mich kennen, ihn jedoch nicht. Emilio hat ziemlich langes Haar; er mag seine blonden Locken ganz gern. Sein Gesicht ist jungenhaft, aber in den Augen eines zerstreuten Menschen, der nur die Locken sieht und in Stereotypen denkt, könnte er wie ein Mädchen aussehen. Wir sind also in diesem Restaurant und einige meiner Bekannten tauchen auf. »Hallo, wie geht's dir? Und dieses reizende Mädchen, ist das deine Tochter? Ciao.« Und schon gehen sie weiter. Emilio ist wütend. Er will nicht für ein Mädchen gehalten werden. Zwei Minuten später treffen andere Leute ein, mit denen ich bekannt bin. Und erneut fragen sie mich, wer dieses hübsche Mädchen sei. Dann entfernen sie sich und verpassen knapp den Moment, da Emilio vor Wut in Tränen ausbricht. Noch ein wenig später erscheint mein Freund und Kollege Virgilio und nähert sich, nachdem er uns erspäht hat. Emilio wirft mir einen düsteren Blick zu: Wird sich das alles noch einmal wiederholen? Doch Virgilio ist ein achtsamer Mensch. Er liebt es, sich jeden Tag ein paar Stunden lang um seinen Gemüsegarten zu kümmern – dies ist für ihn eine Form von Meditation. Vielleicht hilft ihm das, im Hier und Jetzt zu leben. Er betrachtet Emilio, berührt ihn an der Schulter, begrüßt ihn, scherzt, nennt ihn *capellone* (»Langhaariger«) und bezieht ihn ins Gespräch mit ein. Emilio lächelt. Es ist so einfach: Wenn wir in der Gegenwart sind, nehmen wir die Person vor uns bewusst wahr – andernfalls ist sie lediglich eine Vorstellung. Tatsächlich können wir nur durch diese Gegenwärtigkeit mit einem anderen Menschen in Verbindung treten.

Mit jemand anderem in der Gegenwart zu leben ist ein Geschenk. Das Geschenk der Aufmerksamkeit ist vielleicht das kostbarste überhaupt, um das einen alle beneiden, selbst wenn man es nicht immer merkt. Da sein, vollkommen verfügbar sein – das erhoffen wir uns insgeheim von anderen Menschen in der Gewissheit, dass es uns heilsame Erleichterung, Lebensraum und Kraft bescheren wird. In diesem Zusammenhang erinnere ich mich an ein extremes Beispiel, von dem mir eine ziemlich exzentrische Freundin berichtete. Sie hatte eine Sitzung bei ihrem Therapeuten, der ebenfalls ein Nonkonformist ist. An einem bestimmten Punkt fühlte sich meine Freundin sehr schläfrig und sagte, sie würde sich gerne schlafen legen. Das tat sie dann auch. Am nächsten Morgen wachte sie auf: Der Therapeut hatte nicht nur keinen Einwand erhoben, sondern war zudem die ganze Nacht wach geblieben, hatte voller Aufmerksamkeit neben ihr ausgeharrt.

Das ist in der Tat ein extremes, heldenhaftes Verhalten. Doch denken Sie an all jene Menschen, die Ihnen in der Vergangenheit nicht die nötige Beachtung schenkten: Ehemann, Ehefrau, Kinder, Freunde, Kollegen, Vorgesetzte, Ärzte, Lehrer, Angestellte … Entsinnen Sie sich an eine Person, die während Ihres Gesprächs irgendwo anders hinschaute oder die Zeitung las oder eine Sache erwähnte, die mit Ihren Ausführungen nicht das Geringste zu tun hatte, oder einfach wegging. Unaufmerksamkeit wirkt irgendwie zerstörerisch und deprimierend, schwächt unsere Lebenskraft und beraubt uns des Selbstvertrauens. Sie kann unsere verborgenen Minderwertigkeitsgefühle wecken, so dass wir uns wie ein wandelndes Nichts vorkommen. In meiner therapeutischen Arbeit höre ich oft Geschichten von Menschen, die mit ihrem Partner den Beischlaf ausüben und sich dabei vorstellen, mit einer anderen, begehrenswerteren Person zu schlafen oder einfach anderswo zu sein. Das ist für mich der Inbegriff der Abwesenheit.

Demgegenüber hat die Bewusstheit oder Aufmerksamkeit etwas Magisches, das integrierend wirkt und Kraft gibt. Ich meine die *reine* Aufmerksamkeit ohne Urteil oder Ratschlag. Wenn wir aufmerksam sind, besitzen wir die Fähigkeit, jene lärmenden, zänkischen Gedanken, die uns ständig durch den Kopf gehen und unseren Geist verführen wollen, im Zaum zu halten. So gesehen wird die Aufmerksamkeit zu einer moralischen Qualität – ebenso wie die Liebe und die Gerechtigkeit. Gewöhnlich betrachten wir die Aufmerksamkeit eher als einen neutralen Vorgang: »Pass auf deinen Kopf auf!« oder »Gib Acht, wenn du die Straße überquerst!« Doch selbst in solchen Aufforderungen verbirgt sich eine ethische Dimension, da mangelnde Aufmerksamkeit das Leben vieler Menschen gefährden kann, wie wir anhand zahlloser Tragödien wissen: Unfälle am Arbeitsplatz; Einnahme falscher Medikamente; Leute, die von Autos überfahren wurden, weil sie vor dem Überqueren der Straße nicht um sich schauten; Fallschirme, die sich nicht richtig öffneten; Flugzeugabstürze infolge menschlichen Versagens. Die Unachtsamkeit kann katastrophale Folgen haben.

Dennoch schätzen wir die Aufmerksamkeit nur selten so, wie sie es verdient hätte. In der psychotherapeutischen Schule, wo ich unterrichte, werden Zettel mit sinnträchtigen Begriffen an die Wand gepinnt, die uns an bestimmte Qualitäten erinnern sollen: »Harmonie«, »heitere Gelassenheit« usw. (Das ist eine Methode der Psychosynthese.) Einmal hing jemand den Zettel »Aufmerksamkeit« an einen niedrigen Deckenbalken, um zu verhindern, dass man mit dem Kopf daran stieß. Hier zeigt sich, dass die Aufmerksamkeit von einer moralischen Qualität auf die Funktion eines Verkehrsschilds reduziert wurde. Doch sie dient nicht nur dazu, Unfälle zu vermeiden. Es war durchaus eine gute Idee, den Zettel an den niedrigen Balken zu heften – falls man dabei nicht vergaß, dass Aufmerksamkeit auch bedeutet, verfügbar und fürsorglich zu sein oder dem Anderen konzentriert zuzuhören.

Aufmerksam sein heißt wach sein, also auf das zu achten, was sich direkt vor einem befindet. Zum Beispiel stelle ich fest, dass die Person mir gegenüber blass aussieht, ein neues Kleidungsstück trägt, sich unwohl fühlt oder glücklich ist, den Eindruck vermittelt, schlecht geschlafen zu haben oder in Topform zu sein. Dann besteht die Möglichkeit, dass ich meine Gefühle für diese Person bewusst empfinde und weiß, wie ich zu ihr eine Verbindung herstelle. Das Gleiche trifft auf unsere Umwelt zu. Tatsächlich sind die ökologischen Katastrophen, mit denen unser Planet zu kämpfen hat, die Folge unserer Unachtsamkeit. Wir haben das, was uns umgibt, und die Konsequenzen unserer Eingriffe in die Natur nicht genügend beachtet. Eine sorglos ins Feld geworfene Plastikflasche, wiederverwertbarer Abfall, der nicht sachgemäß entsorgt wurde, oder jene hässlichen Betonklötze, die unsere Landschaften verschandeln – all das sind Folgen unserer Gedankenlosigkeit. Dabei brauchen wir nur eines zu tun, nämlich die Augen aufzumachen.

Insofern ist Aufmerksamkeit eine Form von Freundlichkeit und Mangel an Aufmerksamkeit die schlimmste Form von Grobheit – manchmal sogar von verborgener Gewalt, zumal dort, wo es um Kinder geht. Nachlässigkeit wird zu Recht als Misshandlung eingestuft, wenn sie ein unannehmbares Ausmaß erreicht, aber »in geringen Dosen« ist sie die am häufigsten vorkommende Schandtat an Kindern. In Gegenwart eines anderen Menschen können wir ein Schild mit der Aufschrift »Komme gleich zurück«

aufhängen und weiterhin unseren eigenen Gedanken nachhängen. Uns gehen alle möglichen Gedanken durch den Kopf, die sowohl verlockend als auch erschreckend sind und lautstark um unsere Aufmerksamkeit buhlen. Wir können ihnen lauschen, uns in ihnen verlieren, ohne dass die Person vor uns es überhaupt merkt. Doch wir können ihr auch Beachtung schenken. Die Unaufmerksamkeit ist kalt und unfreundlich, die Aufmerksamkeit hingegen warm und liebevoll. Sie vervielfacht unsere Möglichkeiten und bringt sie voll zur Entfaltung.

Eine afrikanische Geschichte handelt von einem König, dessen Gemahlin immer traurig und schwach ist. Eines Tages bemerkt er, dass ein armer Fischer in der Nähe des Palastbezirks eine Frau hat, die das Inbild der Gesundheit und des Glücks ist. Also fragt er den Fischer: »Wie schaffst du es nur, sie so glücklich zu machen?« Der erwidert: »Das ist einfach. Ich gebe ihr Fleisch von der Zunge.« Der König denkt, dass er die Lösung gefunden hat. Er befiehlt den besten Metzgern im Königreich, Fleisch von der Zunge für seine Frau herbeizuschaffen, die nun eine besonders nahrhafte Kost erhält. Aber seine Hoffnungen werden enttäuscht. Ihr Zustand verschlechtert sich. Der König ist wütend, sucht den Fischer auf und sagt zu ihm: »Tauschen wir die Frauen. Ich will eine, die fröhlicher ist.« Der Fischer hat keine andere Wahl, als den Vorschlag anzunehmen, obwohl ihm dabei traurig ums Herz wird. Die Zeit vergeht. Zum Entsetzen des Königs wird seine neue Frau immer blässer und kränker, während seine frühere Frau, die mit dem Fischer lebt, geradezu strotzt vor Gesundheit und Freude. Eines Tages trifft sie auf dem Markt den König, der sie kaum wiedererkennt. Verblüfft ruft er aus: »Komm zurück zu mir!« – »Niemals!«, entgegnet sie und erklärt ihm: »Jeden Tag setzt sich mein neuer Mann zu mir, wenn er nach Hause kommt, erzählt mir Geschichten, hört mir aufmerksam zu, singt, bringt mich zum Lachen, versetzt mich in gute Stimmung. Genau das ist gemeint mit ›Fleisch von der Zunge‹: Jemand spricht mit mir und schenkt mir Beachtung. Den ganzen Tag über freue ich mich auf den Abend.« Da fällt es dem König wie Schuppen von den

Augen, und er empfindet einerseits tiefe Reue, andererseits eine unbändige Kraft, weil er an einem echten Wendepunkt steht. Wird er fähig sein, seine früheren Fehler wieder gutzumachen? Kann er jetzt ein wirklich bewusstes Leben führen?

Aufmerksamkeit ist das Medium, durch das die Freundlichkeit strömen kann. Ohne Aufmerksamkeit gibt es keine Freundlichkeit – und auch keine Wärme, keine Vertrautheit, keine Beziehung. Denken Sie an ihre schönsten Augenblicke mit anderen – sicherlich waren Sie ganz da und äußerst aufmerksam. Indem wir einen Menschen beachten, messen wir ihm Bedeutung bei, verleihen ihm Stärke und sind ihm nahe. Wir schenken ihm die Gegenwart und die Kraft des Herzens. Allein im Hier und Jetzt können wir einander umsorgen, lieben und erfreuen. Und wenn Konflikte auftauchen, so begegnen wir ihnen am wirkungsvollsten nicht durch Tagträume, sondern durch Wachheit. Für all unsere Beziehungen gibt es nur eine Zeit – das Heute.

EINFÜHLUNGSVERMÖGEN

Die Ausweitung der Bewusstheit

Obwohl ich kein Musiker bin, hatte ich einmal die Gelegenheit, eine vorzüglich gefertigte Violine aus dem 18. Jahrhundert in Händen zu halten. Mehr noch als ihre harmonische Linienführung oder die herrliche Maserung des Holzes verblüffte mich, dass ich fühlen konnte, wie sie vibrierte. Sie war kein stumpfer Gegenstand, nein, sie schwang mit den verschiedenen Klängen, die in der Nähe ertönten: eine andere Violine, eine vorbeifahrende Straßenbahn, eine menschliche Stimme. Das ist nicht der Fall bei einer gewöhnlichen, fabrikmäßig produzierten Violine. Sie bleibt starr, selbst wenn ringsum Hunderte von Geräuschen vorhanden sind. Um eine so hohe Empfindlichkeit und außergewöhnliche Resonanz zu erreichen, mussten die Geigenbauer über ein besonderes Wissen hinsichtlich des Holzes und seiner Ablagerung verfügen. Sie konnten auf die handwerkliche Tradition von Generationen zurückgreifen und hatten die Begabung, das Holz zu schneiden und das Instrument mit all seinen erlesenen Details herzustellen. Dessen wunderbare Empfänglichkeit ist eine nicht bloß passive, sondern vielmehr aktive Eigenschaft. Die Fähigkeit der Violine, in Resonanz zu treten, ist unauflöslich verknüpft mit der Fähigkeit, einen Klang von exquisiter Qualität hervorzubringen – eine beseelte Musik, die zu bewegen und zu inspirieren vermag.

Wir Menschen sind – oder können zumindest sein – wie diese Violine. Ein Neugeborenes schreit, wenn es von schreienden Säuglingen umgeben ist. Das Einfühlungsvermögen, das zunächst nur die rein instinktive Fähigkeit darstellt, in der Schwingung eines anderen Körpers mitzuschwingen, entwickelt sich schrittweise und wird schließlich zu der Gabe, die Gefühle und Ansichten anderer Menschen nachzuvollziehen – sich mit ihnen zu identifizieren.

Doch wenn diese Fähigkeit nicht genügend ausgebildet oder stark beeinträchtigt wird, sind wir in Schwierigkeiten. Durch die Gleichgültigkeit gegenüber den Gefühlen anderer entartet jede Beziehung zu einer unerträglichen Farce. Und betrachten wir unsere Mitmenschen nicht als lebendige Individuen, sondern als Dinge, vergleichbar einem Kühlschrank oder einer Straßenlaterne, so erlauben wir uns auch, sie zu manipulieren und ihnen sogar Gewalt anzutun. Ist das Einfühlungsvermögen dagegen voll entwickelt, erweist sich unser Dasein als viel reichhaltiger und farbiger. Wir sind imstande, uns vom eigenen Ich zu lösen und in das Leben der anderen einzutreten. Dadurch werden Beziehungen zu einer Quelle wechselseitiger Interessen, seelischen und geistigen Beistands.

Mag unsere innere Welt auch noch so vielschichtig und weiträumig sein, bleibt sie doch ein abgeschlossenes System, das letztlich beschränkt ist und bedrückend wirkt. Gewiss, wir haben unsere Gedanken, Sorgen, Wünsche – aber ist das alles? Manchmal scheint es so. Doch diese innere Welt zu verlassen und neue Welten kennen zu lernen – die Leidenschaften, Ängste, Hoffnungen und Leiden anderer Menschen –, ähnelt einer interplanetaren Reise, wobei unser Unternehmen viel leichter zu bewältigen ist. Wenn wir uns den Menschen verschließen, geraten wir aus dem Gleichgewicht, während die innere Anteilnahme an ihrem Leben uns hilft, gesünder und glücklicher zu sein. Die Fixierung oder Ausrichtung auf das eigene Ich geht einher mit verstärkter Depression und Angst. So viel wissen wir immerhin: Menschen, die sich viel mehr mit sich selbst als mit anderen beschäftigen, sind aller Wahrscheinlichkeit nach ängstlicher und unglücklicher.

Seit prähistorischen Zeiten war das Einfühlungsvermögen stets notwendig für unser Überleben: Menschen können sich nur in der Gemeinschaft weiterentwickeln. Das ist aber unmöglich, wenn sie nicht die Gefühle und Absichten der anderen nachempfinden können. Das betrifft auch die kleinen alltäglichen Angelegenheiten: Wer sich vorzudrängeln versucht oder Abfall auf die Straße wirft oder Lärm macht, wenn andere schlafen möchten, zeigt durch sein Verhalten, dass er unfähig ist, sich die Reaktionen der anderen auch nur vorzustellen. Einfühlungsvermögen ist also eine Grundvoraussetzung für Kommunikation, Kooperation und sozialen Zusammenhalt. Wenn wir es auslöschen, fallen wir zurück in den Zustand der Wilden – oder hören auf zu existieren.

Einfühlungsvermögen ist das beste Mittel, jedwede Beziehung zu verbessern. Haben Sie schon einmal einen Streit beobachtet, bei dem keine der Parteien die geringste Absicht oder Fähigkeit hatte, die Dinge aus dem Blickwinkel des Gegenübers zu betrachten? Das tut sehr weh. Und doch kommt es vor, wie wir tagtäglich auf dem Gebiet internationaler Beziehungen feststellen können. Einfühlungsvermögen ist das, woran es am meisten mangelt und was am meisten dazu beitragen würde, uralte, gefährliche Probleme und Vorurteile zu beseitigen. Deshalb ist es gerade heute so wichtig.

Aufgrund der wachsenden Mobilität einer immer größeren Zahl von Menschen finden wir uns zunehmend mit Individuen konfrontiert, die aus anderen Kulturen stammen. Sie sind in Umgebungen groß geworden, die sich von den unseren völlig unterscheiden. Sie sehen fremdartig aus, gehören anderen Religionen an. Ihre Sitten, Essgewohnheiten, Kleidungsstücke, Einstellungen zur Sexualität, zur Zeit, zu Umgangsformen, zum Pflichtgefühl, zu Arbeit und Geld – ja praktisch zu allen Aspekten des Lebens – sind anders. Zunächst begegnen wir ihnen oft mit Misstrauen. Man hat herausgefunden, dass rassistische Vorurteile tiefe Wurzeln haben und dass der Argwohn weniger rational begründet ist, sondern eher auf einer spontanen emotionalen Reaktion beruht, die wir nicht kontrollieren können. Demnach haben im Grunde auch diejenigen solche Vorurteile, die behaupten, davon frei zu sein.

Eine Schulung des Einfühlungsvermögens ist vielleicht eines der dringendsten Erfordernisse hinsichtlich unserer Erziehungsprogramme, und zwar auf sämtlichen Ebenen. Yehudi Menuhin, der große Violinist, machte einmal in einem Interview eine außergewöhnliche Bemerkung: Wenn die deutsche Jugend dazu erzogen worden wäre, nicht nur die Musik von Beethoven zu schätzen, sondern auch traditionelle jüdische Musik zu singen und zu ihr zu tanzen, hätte der Holocaust nicht stattgefunden.

Doch das Einfühlungsvermögen hilft nicht nur, Probleme zu lösen; es trägt zugleich zu unserem Wohlergehen bei. Wissenschaftliche Studien haben erwiesen, dass Menschen, die mehr Einfühlungsvermögen besitzen, insgesamt zufriedener, gesünder, weniger dogmatisch und kreativer sind. Ungeachtet all dieser Vorteile ruft es oft mehr oder weniger starken Widerstand hervor. Die Bereitschaft, sich mit jemand anderem zu identifizieren und ihn dadurch besser zu verstehen, halten manche für eine Schwäche. Dennoch ist diese Art der Annäherung für jeden von uns die beste Lösung. Sobald ein Mensch sich verstanden fühlt und erkennt, dass wir seinen Standpunkt und seine Forderungen als durchaus berechtigt empfinden, *ist* er anders. Auf solche Weise können wir unzählige Komplikationen vermeiden.

Vor einiger Zeit stoppte ich meinen Wagen, um ein Kind, das plötzlich losgerannt war, die Straße überqueren zu lassen. Das Auto hinter mir stieß gegen das meine. Als wir ausstiegen und aufeinander zugingen, sah ich, dass der andere Fahrer auf dem Kriegspfad war. Ohne dass ihm ein einziges Wort über die Lippen gekommen wäre, spürte ich, dass er sich im Ausnahmezustand befand – obwohl beide Autos keine Schäden aufwiesen. Also begann ich das Gespräch. Ich hätte sagen können: »Ich bin im Recht.« Das stimmte zwar, war aber zwecklos, wenn nicht gar nachteilig. Stattdessen sagte ich: »Ich bin ziemlich schnell gefahren und musste plötzlich scharf bremsen. Damit hatten Sie nicht gerechnet. Tut mir Leid. Sind Sie o. k.?« Das Gebaren des Mannes änderte sich sofort. Jede Linie seines Gesichts bewegte sich fast unmerklich. Im Bruchteil einer Sekunde gab er seine Abwehrhaltung auf. Ja, er war o. k. In seinen Augen las ich die Überraschung: Sein Gegner interessierte sich dafür, wie es ihm ging. Dann nahm ich bei ihm die Erleichterung wahr: Es bestand keine Notwendigkeit, zu kämpfen. Schließlich schüttelte er mir einfach die Hand, stieg in sein Auto und fuhr weiter. Zugegeben, wäre mein Wagen beschädigt gewesen, hätte ich vielleicht weniger Einfühlungsvermögen gezeigt. Fest steht jedenfalls: Was zu einem wütenden und heftigen Streit hätte ausarten können, war in ein paar Sekunden aus der Welt geschafft.

Demnach ist das Einfühlungsvermögen ein geeignetes, jederzeit verfügbares Mittel, einen anderen Menschen zu erleichtern und zufrieden zu stellen. Nicht zufällig betrachten es viele Psychotherapeuten als wesentlichen Bestandteil einer erfolgreichen therapeutischen Beziehung. Leidende Menschen brauchen keine Diagnosen, Ratschläge, Deutungen, Beeinflussungen, sondern echtes, bedingungsloses Einfühlungsvermögen. Sobald sie wenigstens das Gefühl haben, dass jemand sich mit ihren Erfahrungen identifiziert, können sie ihr Leiden loslassen und geheilt werden.

Etwas Ähnliches ereignet sich im medizinischen Bereich. Wissenschaftliche Studien belegen, dass Patienten den Arzt als umso kompetenter betrachten, je einfühlsamer er ist. Bedauerlicherweise wurde auch deutlich, dass Medizinstudenten am Anfang ihres Praktikums mehr Einfühlungsvermögen besitzen als an dessen Ende. Sollten wir nicht ein wenig mehr diesbezügliche Unterweisung für einen Berufsstand erwarten dürfen, der sich der Pflege kranker Menschen verschrieben hat?

Allerdings können wir von etwas Gutem auch zu viel haben und das Einfühlungsvermögen gleichsam überdosieren. Wir hören von den Problemen und Leiden anderer Leute, identifizieren uns völlig mit ihnen, um schließlich erschöpft und zerrissen, vielleicht sogar wütend zu sein. Möglicherweise geraten wir dadurch aus dem inneren Gleichgewicht. Dazu würde ich Ihnen gerne eine merkwürdige Geschichte erzählen. Gegen Ende ihres Lebens hatte meine Mutter, die sich ansonsten bester Gesundheit erfreute, manchmal einen geistigen »Aussetzer«. Eines Tages sagte sie mir, während sie ihr Auto steuerte, sie identifiziere sich gelegentlich so intensiv mit anderen, dass sie, wenn ihre Ampel auf Rot spränge, dächte: »Sie haben Grün«, und an deren Stelle die rote Ampel überfahren würde. Erst nachdem sie mehrere rote Ampeln nicht beachtet und die zornigen Reaktionen der anderen Fahrer gesehen habe, käme ihr das eigene Fehlverhalten zu Bewusstsein. Übertriebenes Einfühlungsvermögen, das zu Unachtsamkeit und Vergesslichkeit führt, stellt eine Gefahr dar. Zuerst müssen wir uns sicher sein, dass wir mit uns und unseren Bedürfnissen in Kontakt sind, dass wir über unseren Raum und unsere Zeit verfügen können. Wir müssen das eigene Leben unter Kontrolle haben, ehe wir den Versuch unternehmen, die Probleme anderer Menschen zu lösen. Andernfalls riskieren wir einen Unfall.

Das Einfühlungsvermögen bildet einen Teil der emotionalen Intelligenz, die für ein ebenso kompetentes wie effizientes Handeln in der heutigen Welt unverzichtbar ist. Größeres Einfühlungsvermögen verheißt bessere schulische Leistungen, leichtere Arbeitssuche, befriedigende Beziehungen und intakte Kommunikation mit den eigenen Kindern. Stellen Sie sich einen Werbeagenten vor, der sich nicht in die Verbraucher hineinversetzen kann, einen Musiker ohne Beziehung zu seinem Publikum, einen Lehrer, der seine Schüler nicht versteht, oder einen Elternteil, der keine Ahnung hat, was seine Kinder gerade durchmachen. Wie sollen diese Menschen ihre jeweilige Aufgabe bewältigen?

Ein aufschlussreicher Aspekt – und eine echte Bewährungsprobe – des Einfühlungsvermögens ist die Freude über den Erfolg der anderen; diese Tugend bezeichnen die Buddhisten als *mudita*. Nehmen wir an, einer Ihrer Freunde hat plötzlich Erfolg im Beruf – oder eine neue, ganz wunderbare Beziehung, die Sie selbst insgeheim vielleicht ersehnten, oder bei seinem Sohn kommen Talente zum Vorschein, von denen Ihre Kinder nicht einmal träumen. Wie reagieren Sie darauf? Freuen Sie sich für ihn? Oder empfinden Sie tief innen eine Missgunst, weil Ihnen dergleichen nicht beschieden ist? Ziehen Sie Vergleiche oder fragen Sie sich, warum Ihnen dieses Glück verwehrt blieb, sind Sie neidisch? Freudige Anteilnahme am Erfolg der anderen ist selten – außer vielleicht an dem der eigenen Kinder, die wir als unser »Fleisch und Blut« betrachten. Es ist nicht leicht, sich vorbehaltlos zu begeistern für das Glück, das jemand anderem zuteil wurde, einem selbst aber nicht. Wenn wir dazu imstande sind, haben wir bereits eine lange Wegstrecke zurückgelegt.

Doch das Einfühlungsvermögen ist keine Eigenschaft, die Vergnügen und Sorglosigkeit garantiert. Im Gegenteil, es hat mehr mit Scheitern als mit Erfolg zu tun, mehr mit Schmerz als mit Freude. Es ist nämlich gerade dann heilsam, sobald die Dinge schief gehen. Gewiss, wir sind froh, wenn jemand die glücklichen Augenblicke mit uns teilt. Aber besonders in der Not brauchen wir einen Menschen, der uns versteht.

Ein echtes, stark ausgeprägtes Einfühlungsvermögen setzt voraus, dass die betreffende Person eine gesunde Beziehung zu ihrem eigenen Leiden und dem der anderen hat. Der Schmerz ist definitionsgemäß das, was wir am meisten verabscheuen. Wir entfliehen ihm, wo es nur geht. Schmerz zu vermeiden ist die Grundlage der Gesundheit – und ihn auf ein Minimum zu reduzieren ein Zeichen von Weisheit. Doch ein gewisses Maß an Schmerz müssen wir zwangsläufig ertragen. Wir alle sind verwundbar, anfällig. Früher oder später werden wir krank, machen Fehler, scheitern, sind enttäuscht über das, was das Leben uns bringt – oder verlieren einen geliebten Menschen. Wir alle leiden und müssen uns damit abfinden.

Wie begegnen wir dem Schmerz? Das ist keine leichte Aufgabe. Viele tun so, als fühlten sie ihn nicht, lächeln die ganze Zeit nur und sagen: »Nicht der Rede wert.« Einige sind sogar stolz auf ihn:

»Mein Kopfschmerz ist schlimmer als deiner.« Andere wiederum brüsten sich mit ihm, beschreiben all ihre Kümmernisse im Detail: »Lass mich dir meine ganze Leidensgeschichte erzählen.« Manche machen Gott oder das Schicksal für ihn verantwortlich – in der festen Überzeugung, die Zielscheibe göttlichen Zorns oder sonstwie gearteten Unheils zu sein: »Das widerfährt immer nur mir!« Und einige klagen dauernd, selbst wenn der Schmerz abgeklungen ist, über echte wie auch über mögliche Leiden, als wollten sie damit verhindern, von diesen überrascht zu werden. Außerdem gibt es diejenigen, die ständig gegen den Schmerz ankämpfen, ob sie Grund dazu haben oder nicht; und schließlich jene, die einfach den Mut verlieren, in Depression versinken und sich völlig abkapseln: »Ich geb's auf!«

Das alles sind unergiebige Methoden, mit dem Schmerz umzugehen. Sie mögen zwar eine trügerische Erleichterung verschaffen, doch meistens verlängern oder verstärken sie den Schmerz nur, anstatt ihn zu beseitigen. Am besten ist es, sich mit ihm direkt, aufrichtig und beherzt auseinander zu setzen – ihn gleichsam zu durchqueren wie einen Tunnel und am anderen Ende wieder herauszukommen.

Der Mythos von Chiron kann uns diese Einstellung viel begreiflicher machen. Chiron ist bei einer Vergewaltigung gezeugt worden: Sein Vater Chronos, der oberste Gott, hatte sich in ein Pferd verwandelt, um eine Frau zu jagen, sie dann gefangen und missbraucht. Der so geborene Sohn, ein ungestaltes Mischwesen – halb Pferd, halb Mensch –, wird von seiner Mutter sofort verstoßen. Folglich lebt er in Schande und Schmerz. Zunächst behilft er sich damit, dass er die schreckliche Wahrheit verdrängt. Unter Anleitung Apollons entwickelt er all seine edlen, vernunftbegabten Eigenschaften – seine menschliche Seite. Er wird zum Experten in der Heilkunst, die er mit dem Wissen um die Wirkungen bestimmter Kräuter betreibt, sowie in Astrologie und im Bogenschießen. Sein Ruhm verbreitet sich derart, dass Könige ihn als Lehrer für ihre Söhne und Töchter gewinnen möchten. Doch eines Tages wird Chiron durch einen vergifteten Pfeil versehentlich am Knie verwundet. Wäre er nur Mensch, würde er sterben, aber da er der Sohn eines Gottes ist, kann er nicht sterben, sondern nur leiden.

Er muss unsagbare Schmerzen ertragen: Seine Bewegungsfähigkeit ist stark eingeschränkt, er benötigt den Beistand seiner Tochter. Der Pfeil hat ihn am unteren, am tierischen Teil seines Körpers getroffen, der ihn an seine schmerzliche Zurückweisung erinnert und mit Scham erfüllt, den er deshalb nach besten Kräften zu vergessen sucht. In solchem Zustand kann er nicht Lehrer der Könige sein, sondern lediglich den Armen und Leidenden helfen. Diese Aufgabe bewältigt er mit außerordentlichem Geschick. Sosehr er sich auch bemüht, das eigene Leiden zu lindern – es gelingt ihm nicht. Aber dank seines Wissens, seiner Empfindsamkeit und seines durch den Schmerz erworbenen Einfühlungsvermögens glückt es ihm, andere von ihrem Schmerz zu befreien. Er ist nun der verwundete Heiler.

Irgendwann begreift Chiron, dass sein Leiden nur endet, wenn er auf die Unsterblichkeit verzichtet. Er muss das letzte seiner Vorrechte aufgeben. Eben dazu entscheidet er sich und steigt für neun Tage in die Unterwelt hinab. Schließlich erhebt Jupiter ihn in die Himmel und verwandelt ihn in jenes Sternbild, das wir in klaren Sommernächten immer noch sehen können. Am Ende findet er also den Frieden und die Harmonie mit dem Kosmos, die er immer gesucht hat.

Chiron ist kein betont männlicher Held wie Achilles oder Herkules, sondern eher ein Antiheld. Er obsiegt aufgrund – und nicht trotz – seiner Verletzlichkeit. Er wird einfühlsam und heilt andere erst, als er seine Intelligenz und Begabung nicht mehr um jeden Preis unter Beweis stellen will. Er erreicht das höchste Ziel, die Einheit mit dem All, nicht ehe er den Schmerz – anstatt ihn zu bekämpfen – akzeptiert hat.

Menschen mit einem gestörten Verhältnis zum Schmerz haben ein schwächer ausgeprägtes Einfühlungsvermögen. Wenn ich mein Leiden verdränge, kann ich mich nur schwerlich mit dem der anderen identifizieren. Wenn ich hingegen damit prahle, betrachte ich sie als Konkurrenten, für deren Probleme ich wohl kaum empfänglich sein werde. Erst durch die bewusste Erfahrung meines eigenen Leidens bin ich fähig, mich in den Anderen einzufühlen.

Naturgemäß ist unser Einfühlungsvermögen am stärksten gegenüber jenen, die ähnliche Leiden haben wie wir. Wer in der Kindheit misshandelt wurde, kann einen Menschen mit dem gleichen Trauma gut verstehen. Das Opfer eines Verkehrsunfalls oder eines sexuellen Missbrauchs, jemand, der Bankrott gegangen ist oder ein Kind verloren hat, kann besser nachvollziehen, wie andere mit vergleichbaren Tragödien sich fühlen, und sie mehr unterstützen. Es ist nicht überraschend, dass der Bereich des Traumas zum Bereich der Hilfeleistung wird.

Das ist die schwierigste und schmerzlichste Methode, Einfühlungsvermögen zu entwickeln. Ich wünsche sie niemandem, doch irgendwie ist sie unser aller Schicksal. In unterschiedlichen Abstufungen begleitet uns der Schmerz ein Leben lang. Aber nicht jede seiner Auswirkungen ist schrecklich. Wenn man sich aufrichtig mit ihm auseinander setzt, kann er wertvolle Früchte tragen. Er reicht tief in uns hinab, öffnet uns, manchmal mit Gewalt, lässt uns reifer werden, Gefühle und Fähigkeiten entdecken, deren wir uns nicht bewusst waren, steigert unsere Empfindsamkeit, fördert vielleicht unsere Demut und Weisheit. Auf schroffe Art erinnert er uns an das Wesentliche. Er hat die Macht, uns mit anderen Menschen zu verbinden. Ja, das Leiden kann uns härter und zynischer machen – aber auch freundlicher und liebevoller.

Zum Glück gibt es daneben noch andere Möglichkeiten, das Einfühlungsvermögen zu entwickeln. Das Streben nach Wissen sowie die Ausübung künstlerischer Tätigkeiten – Literatur, Malerei und vor allem der Tanz – sind in mehrfacher Hinsicht von Nutzen, offenbar auch für das Einfühlungsvermögen. Doch die einfachste und direkteste Methode besteht darin, sich mit Hilfe der eigenen Vorstellungskraft an die Stelle des Gegenübers zu versetzen. Die Erste, die diese Technik systematisch angewandt hat, war Laura Huxley, die Autorin des Buches *You Are Not the Target*. Sie geht folgendermaßen vor: Nach einem Streit mit dem Ehemann oder der Ehefrau vergegenwärtigen wir uns die ganze Episode noch einmal und identifizieren uns dabei mit dem oder der Anderen. Wenn uns das gelingt, können wir die Welt – und auch uns selbst – aus einem neuen, oftmals überraschenden Blickwinkel betrachten. Ich habe erlebt, wie Menschen, die diese Übung machten, zu außergewöhnlichen Einsichten kamen. Sie stellten fest, dass sie die ihnen nahe stehende Person bis dahin nicht wirklich gekannt hatten.

Einmal ergab es sich, dass ich in Laura Huxleys Studio war, wo ein wunderbares Musikstück gespielt wurde, eines von Mozarts Klavierkonzerten. Im Zimmer nebenan tätigte Laura einige Telefonanrufe, um einer jungen Thailänderin zu helfen, die sich seit kurzem in den Vereinigten Staaten aufhielt und schwanger war. Ich hörte, wie Laura am Telefon sprach, und obwohl ich ihre Worte nicht verstehen konnte, wusste ich, worüber sie redete. In ihrer Stimme schwang die Sorge um dieses Mädchen mit, das dringende Bedürfnis, ihr zur Seite zu stehen. Normalerweise lausche ich der Musik lieber ohne Nebengeräusche. Hier aber verschmolzen Lauras Worte auf magische Weise mit Mozarts Musik. Ich fühlte, dass Laura sich an die Stelle der Thailänderin versetzt hatte und dadurch begreifen konnte, wie entwurzelt, wie einsam, wie verzweifelt – und dazu auch noch schwanger – sie in einem fremden Land war. Lauras Stimme wurde Teil von Mozarts Musik; es war, als würde die Musik mir helfen, die Herrlichkeit der Solidarität zu entdecken, und als würde die nach Hilfe suchende Stimme mir helfen, den wundersamen Reichtum von Mozarts Musik zu begreifen. In jenem Augenblick verstand ich den Sinn des Mitgefühls: durch aufrichtige und intensive Identifikation teilhaben am Leiden anderer Menschen.

Kinder empfinden oft ein spontanes und starkes Mitgefühl, das vielleicht ausgeprägter ist als bei Erwachsenen. Wir haben schon vieles hinter uns und sind abgehärteter. Wenn wir einen armen Betrunkenen passieren, der auf der Straße schläft, oder eine

Bettlerin, nehmen wir möglicherweise nicht einmal Notiz von ihnen. Doch Kinder sind nicht geschützt vor dem Unglück und dem Leiden in der Welt. Ich erinnere mich, als mein Sohn Jonathan im Alter von vier Jahren zum ersten Mal einen Obdachlosen sah: ein menschliches Wrack, wie man es in Großstädten oft vor Augen hat. Für uns ist das normal: Wir haben uns daran gewöhnt. Nicht aber für ein Kind. Jonathan betrachtete diesen Mann – in Lumpen gehüllt, das Haar lang und verfilzt, verbitterter Gesichtsausdruck –, der dummes Zeug vor sich hin murmelte und im Abfall herumwühlte. Jonathans Miene drückte zunächst Verblüffung aus, dann unendliches Mitleid, gemischt mit Empörung: Wie konnte ein menschliches Wesen derart gedemütigt werden? Ein anderes Mal erblickte Jonathan eine altersschwache Frau, die gebückt und kränklich eine Treppe hochstieg, wobei jede Stufe ihr enorme Mühe bereitete. Da erkannte Jonathan, dass es im Leben das Leiden des Alters gibt. Ich wusste zwar nicht, was er damals dachte, aber ich merkte, dass ihm weh ums Herz wurde, dass er Mitgefühl empfand. Manchmal braucht man ein Kind, um die eigenen Gefühle wiederzuentdecken.

Mitgefühl ist die letzte und verfeinertste Wirkung des Einfühlungsvermögens. Es stellt eine geistige Qualität dar, weil es uns die Ichbezogenheit und die Habgier nimmt. Es schließt jeden mit ein, selbst den am wenigsten Tüchtigen, den am wenigsten Angenehmen, den am wenigsten Intelligenten. Es öffnet und verbindet uns mit anderen. Es füllt uns das Herz aus.

Aber man könnte Mitgefühl auch anders definieren: als Beziehung im Reinzustand. Oft überwiegt in unseren Beziehungen das Urteil. Wir fällen gern Urteile – das gibt uns ein Gefühl von Überlegenheit. Vielleicht ist da auch eine alte Schuld oder ein Wunsch nach Rache (eine Speise, die wir zwar genießen, aber nicht verdauen können). Unter Umständen kommt auch ein Konkurrenzkampf mit ins Spiel, das Bedürfnis, Ratschläge zu erteilen, oder die Lust an Vergleichen. Außerdem kann es sein, dass wir den Anderen als Mittel betrachten, ein bestimmtes Ziel zu erreichen. All diese Störungen beeinträchtigen und verzerren die jeweilige Beziehung.

Und nun stellen wir uns eine Beziehung im Reinzustand vor – frei von Urteil, Boshaftigkeit, Vergleich usw. Wir stehen dem Anderen ohne Trennscheibe oder Schutzwall gegenüber. Dann sind wir sofort imstande, mit ihm in Resonanz zu treten. Ohne Ballast fühlen wir uns leichter. Wir vergessen unsere Hast. Wir sind frei. Dadurch entsteht Raum für das Einfühlungsvermögen – und auch für neue Erkenntnisse. Wenn wir einander offen begegnen, keine Schranken zwischen uns haben, empfinde ich Ihre Gefühle und Sie die meinen. Ich fühle mich von Ihnen verstanden und Sie fühlen sich von mir verstanden. Wenn Sie leiden, möchte ich, dass Ihr Schmerz aufhört, und wenn ich leide, weiß ich, dass Sie mir helfen werden. Wenn Sie glücklich sind, bin ich es auch, und wenn bei mir alles wie am Schnürchen läuft, weiß ich, dass Sie sich darüber freuen.

Vielleicht braucht es im Leben gar nicht mehr.

DEMUT

Sie sind der einzige Mensch auf der Welt

Mit der beste Wunsch, der uns auf den Weg mitgegeben werden kann, lautet: »Erkenne deine eigene Stärke.«

Stellen Sie sich jemanden vor, der der Welt gegenübertritt, ohne die eigenen Fähigkeiten und Grenzen zu kennen, der irrigen Vorstellungen in Bezug auf sich selbst nachhängt, davon träumt, mächtig und reich zu sein und für eine Vielzahl von Talenten bewundert zu werden, die er gar nicht besitzt. Solch ein Mensch ist außerstande, sich zu beurteilen. Ausgestattet mit falschen Ideen, betritt er die große Arena der Welt, bereit, mit anderen zu konkurrieren und sie zu übertreffen. Allein der Gedanke an sein Schicksal lässt einen erschaudern. Er ist wie ein Kind, das glaubt, mehrere Kilometer weit gehen zu können, aber schon nach zweihundert Metern schlappmacht.

Die eigenen Schwachpunkte erkennen und akzeptieren, auch wenn das schmerzlich ist; ehrlich sein; die Gefahren richtig einschätzen; Illusionen verjagen und sich klar darüber werden, was man alles nicht weiß; die Lektionen des Lebens als wertvoll erachten – das ist Demut. Und Demut ist eine große Stärke.

Bernardo Bertoluccis Film *Der letzte Kaiser* erzählt die wahre Geschichte des chinesischen Kaisers, der in einem prächtigen Palast wie ein Gott aufwuchs, bedient und verehrt wurde als Zentrum der Welt. Man hielt ihn von allem äußeren Leben fern, in einem Zustand völliger Abgeschiedenheit und Unbewusstheit. Doch massive gesellschaftliche Umbrüche in der chinesischen Gesellschaft setzten diesem Privileg ein Ende. Am Wendepunkt der Geschichte, als der Kaiser fliehen muss, ist er gezwungen einzusehen, dass er nicht göttlich ist, sondern menschlich, den anderen nicht überlegen, sondern ihnen gleich. Der eindrucksvolle Herrschaftsapparat, der ihn von der Außenwelt isoliert, ihn glauben gemacht hatte, ein Gott zu sein, und ihn in seinem unwirklichen Zustand behütet hatte, zerbröckelt. Der Kaiser merkt, dass er ein Mensch ist wie alle anderen, dem Schmerz ebenso ausgesetzt wie der Ungewissheit. Indem er so zu einer demütigen Einstellung findet, entdeckt er allmählich sein wahres Wesen. Und diese Einsicht, sosehr sie ihn auch schmerzt, ist keine Niederlage, sondern ein unverhoffter Sieg.

Wenn man die eigenen Grenzen kennt, ist man bereit, noch einmal von vorn anzufangen. Ein Zen-Spruch besagt, dass im Geist des Anfängers unendlich viele Möglichkeiten vorhanden sind, im Geist des Experten jedoch nur sehr wenige. Es ist also weitaus besser, ein Anfänger zu sein – selbst auf dem Gebiet, wo wir uns für kompetent halten. Sicherlich machen wir als Experten einen vorzüglichen Eindruck, wir riskieren weniger, schützen uns durch unseren guten Ruf und fühlen uns sicher. Aber wir lernen auch nur wenig, weil wir meinen, bereits alles zu wissen. Als Anfänger hingegen sind wir stets gewillt, etwas dazuzulernen und naive, ja sogar dumme Fragen zu stellen.

Eine kürzlich veröffentlichte Untersuchung hat gezeigt, dass man gerade durch Demut die besten Lernerfolge erzielt. Die demütigsten Studenten, die am wenigsten zu wissen glauben, führen, wenn man sie mit einem bestimmten Problem konfrontiert, mehr Tests durch, stellen mehr Nachforschungen an und erweisen sich dadurch als leistungsfähiger im Vergleich zu jenen, die die richtige Lösung bereits gefunden zu haben meinen. Das ist kaum überraschend. Ein Student, der seine Kenntnisse überschätzt, wird durch das Examen fallen. Und eine Sportlerin, die ihre Konkurrentinnen unterschätzt, wird den Wettkampf verlieren. Demütig sein heißt, dass man härter arbeitet und sich besser vorbereitet.

Demnach ist die Demut mit Lernen und innerer Erneuerung verknüpft. Doch oft erreichen wir in unserem Leben einen Punkt, an dem wir, anstatt für das Lernen offen zu bleiben, sichere und übersichtliche Pläne haben wollen. Wir ziehen das Prestige des Lehrers der Demut des Lernenden vor. Also verschließen wir uns der Wirklichkeit, erachten alles als selbstverständlich, hören auf, Fragen zu stellen, und gestehen uns nicht mehr ein, dass unser Wissen vielleicht überholt ist und dass unser kulturelles Rüstzeug allmählich veraltet. Aufgrund unseres Hangs zur Bequemlichkeit verzichten wir auf die Anstrengung, die mit einer skeptischen Einstellung ebenso verbunden ist wie mit einer genaueren Nachprüfung. Im Extremfall verwandeln wir uns in Zombies. Wie schade, wo doch alles ganz anders sein könnte! Eine von Goyas Radierungen zeigt einen altersschwachen Mann und darunter die beiden Worte: *Aun apriendo* – Ich lerne immer noch dazu. Das ist geistige Vitalität par excellence. Das ist Demut.

Eine ähnliche Tendenz zeichnet sich in den zwischenmenschlichen Beziehungen ab. Wir können von vornherein die Möglichkeit ausschließen, dass andere uns etwas Neues beibringen. Aber wir haben auch die Wahl, uns deutlich zu machen, dass sich rings um uns Menschen bewegen, die mit ihren Erfahrungen, Gefühlen und Vorstellungen, mit ihren Träumen und Idealen unser Leben bereichern können – wir müssen nur hinschauen und zuhören. Wir brauchen den Mut, uns selbst zu fragen: Was kann ich von dieser Person lernen? *Aun apriendo ...*

Infolgedessen bereitet uns die Demut manchmal Mühe, ja Kummer. Trotzdem ist sie immer von Vorteil. Die Gabe der Demut erwartet uns gerade in unseren schwierigsten Augenblicken. Nach einem Misserfolg werden wir oft demütiger. Wir begreifen, dass wir nicht so klug oder so stark waren, wie wir dachten. Wir erkennen unsere Conditio humana: Wir sind fehlbar und verletzlich. Gelingt es uns, von den kleinen und großen Niederlagen nicht erdrückt zu werden, weisen sie uns darauf hin, was wir können und was nicht. Wenn wir ständig nur Erfolge feiern, stimmt etwas nicht. Dann haben wir nämlich unsere Maßstäbe aus den Augen verloren.

Sind wir uns also der eigenen Stärken und Schwächen bewusst, neigen wir weniger dazu, mit unserer Klugheit zu prahlen. Zugleich aber wirken viele unsichere Menschen gleichsam wie Werbeagenturen in eigener Sache. Mit viel Eifer wollen sie beweisen, wie gut sie sind. Unzufrieden mit sich selbst, müssen sie besser sein als andere, und diese Aufgabe wird dann zu ihrem Lebenszweck. Da sie dauernd mit Konkurrenzkämpfen beschäftigt sind, haben sie weniger Kraft für das, was wirklich zählt – für das Lernen und die schöpferische Tätigkeit, für die Beziehungen zu anderen, für eine wirklich offene Einstellung gegenüber einer Welt voll interessanter Gelegenheiten.

Es gibt zahlreiche Untersuchungen darüber, dass wir umso weniger leistungsfähig und empfänglich für Lernprozesse, ja auch weniger kreativ sind, je mehr wir mit anderen wetteifern, weil die daraus resultierende Angst uns von der jeweiligen Aufgabe ablenkt. Die Demut bewirkt genau das Gegenteil. Sie hindert uns daran, nur den Sieg ins Auge zu fassen. Ein demütiger Mensch braucht nicht zu triumphieren, um seine Existenz zu rechtfertigen. Er weiß sehr wohl, dass einige besser sind als er, und akzeptiert es auch. Diese grundlegende Tatsache hat weitreichende Konsequenzen. Wenn ich nicht versuche, so zu sein, wie ich nicht bin, erlaube ich mir, so zu sein, wie ich bin.

Eines Tages suchten die Beamten des chinesischen Kaisers (eines anderen Kaisers in viel früherer Zeit, nämlich im 4. Jh. v. Chr.) Chuang-Tzu auf, den taoistischen Philosophen, der zwar in Armut lebte, aber allein und frei war. Der Kaiser hatte gehört, dass Chuang-Tzu sehr weise sei, und wollte ihn als Berater an seinen Hof verpflichten. Er war bereit, ihm jede Ehre, jedes Vermögen oder Privileg zu gewähren. Chuang-Tzu aber erwiderte: »Denkt an eine Schildkröte. Was bevorzugt sie Eurer Meinung nach? Lebendig zu sein und sich im Schlamm zu wälzen – oder tot zu sein und mit ihrem polierten und vergoldeten Panzer als Schmuckschatulle zu dienen?« – »Lebendig zu sein«, antworteten die Beamten. – »Nun, dann lasst mich in Frieden, damit ich mich im Schlamm wälzen kann.«

Chuang-Tzu lehnte die schweren Ketten einer ihm zugedachten Rolle ab. Der Begriff »Rolle« geht auf die lateinische *rotula* zurück, eine Schriftrolle, die antike Schauspieler in Händen hielten und von der sie ihren jeweiligen Part ablasen. Rollen bezeichnen all das, was in uns von vornherein festgelegt und vorhersehbar ist. Wenn sie wichtig sind, helfen sie uns, die eigenen Schwächen zu verbergen, und verleihen uns eine trügerische Stärke. Wenn ich das Amt des Präsidenten innehabe, bin ich nicht mehr der mürrische, schlecht gelaunte Mann, der mit seiner Frau nicht auskommt. Wenn ich Professor bin, kann ich meine Depressionen oder Rückenschmerzen eine Zeit lang vergessen, meine Studenten beeindrucken und wichtig tun.

Zu Beginn meiner beruflichen Laufbahn hatte ich Gelegenheit, das Gefangensein in Rollen – ebenso wie die Befreiung von ihnen – kennen zu lernen. In jener Zeit wurde mein Lehrer Roberto Assaglio in den Vereinigten Staaten immer bekannter, und von dort kamen zahlreiche Besucher, um ihm zu begegnen. Unter ihnen war eine Gruppe von VIPs auf dem Gebiet der Psychotherapie und der Spiritualität. Assaglio würde sie nachmittags treffen, während ich im Laufe des Vormittags eine Reihe von Gruppensitzungen mit ihnen durchführen sollte. Ich, ein Berufsanfänger, musste diese bemerkenswerten Menschen in mehreren Psychosynthese-Übungen anleiten. Wie würden sie reagieren? Würden sie meine Schwachpunkte erkennen, mich und meine Belehrungen geduldig ertragen – oder mich mit irgendeiner schwierigen Frage beziehungsweise boshaften Bemerkung in Verlegenheit bringen? Mir war bange ums Herz. Zum Glück ging alles gut: keine Schnitzer, keine Katastrophen, wie ich zunächst befürchtet hatte. Trotzdem bemerkte ich, dass sich sämtliche Teilnehmer, so charmant und witzig sie auch waren, mit ihrer jeweiligen Rolle identifizierten. Sie stellten Fragen und gaben Erklärungen ab, die man aufgrund ihrer öffentlichen Rolle erwartete.

Nur eine Person in der Gruppe unterschied sich von den anderen: Virginia Satir, die berühmte amerikanische Familientherapeutin. Sie verhielt sich wie eine Anfängerin – machte die Übungen und sprach über ihre spontanen Reaktionen und Gedanken, vergaß völlig ihr fachmännisches Können und ihre besondere Stellung. Ich erinnere mich noch gut an die Erleichterung und Dankbarkeit, die ich in Gegenwart dieser Frau empfand. Ungeachtet ihres hohen Ansehens war sie gewillt, ihr Image auszuklammern und ganz von vorn anzufangen.

In der Tat habe ich meine Vorbehalte gegen das Wort »Image«, wie es manchmal gebraucht wird. Politiker, Schauspieler, ja sogar gewöhnliche Sterbliche pflegen ihr »Image«. Dieses Gebaren setzt einen Unterschied voraus zwischen ihrem Bild in der Öffentlichkeit und ihrem wahren Charakter. Bei Veranstaltungen sieht man jenes Image, das die Experten bewusst kultivieren: Hier bin ich, lächelnd, sportlich, gewandt, bestens gekleidet und erfolgreich. Aber was verbirgt sich dahinter? Ich möchte gerne wissen: Woraus besteht der *Kern*? Dort, im Dunkeln, ist eine kleine, verängstigte Person, die geliebt und bewundert werden will, sich aber vor Einsamkeit und Misserfolg fürchtet.

Wo Erscheinung und Wesen zusammentreffen, begegnen wir der Demut. Dann versuchen wir nicht mehr, anders zu erscheinen, als wir sind, und fühlen uns auch mit unseren Fehlern und Schwächen wohl. Welche Art von Mensch möchten Sie um sich haben? Und wer – der Stolze oder der Demütige – wird Ihrer Meinung nach freundlich und zudem eine angenehme Gesellschaft sein? Ich hege keinen Zweifel daran, dass jemand, der seine angeblich so große Klugheit zur Schau stellt, nicht wirklich freundlich sein kann. Seine Freundlichkeit wird als herablassend empfunden werden. Nur ein demütiger Mensch ist zur Freundlichkeit fähig, weil er das Spiel, dem Anderen immer um eine Nasenlänge voraus zu sein, ablehnt und dadurch Freude hat an einer Beziehung, in der keiner triumphiert und folglich beide gewinnen.

In einer afghanischen Geschichte regiert ein König sein Land auf diktatorische und grausame Weise. Er schikaniert seine Untertanen, zermürbt sie mit ungerechten Steuern, kümmert sich nicht um sie – in seinen Augen sind sie nichts als gesichtslose Marionetten. Eines Tages geht er auf die Jagd und verfolgt eine Gazelle. Sie rennt schnell davon, führt den König an immer andere unbekannte Orte, bis zum Rand der Wüste, so dass er sich verirrt. Bald sieht er die Gazelle, bald entschwindet sie ihm, dann erspäht er ihre Gestalt für einen Moment in der Ferne; schließlich verliert er völlig den Überblick.

In seiner Enttäuschung beschließt der König, zum Palast zurückzukehren, doch da er so weit vom Weg abgeschweift ist, kann er sich nicht mehr orientieren. Es erhebt sich ein schrecklicher Sandsturm, der drei Tage lang wütet. Der König ist eingehüllt in peitschenden Staub. Er wandert umher, ohne zu wissen, wohin er eigentlich geht. Als der Sturm sich legt, ist er allein in der Wüste, verloren. Seine Kleidung ist in Fetzen zerrissen, sein Gesicht nicht wiederzuerkennen, verzerrt von Angst und Erschöpfung. Er trifft einige Nomaden. Als er ihnen sagt, dass er ihr König sei, lachen sie; doch sie helfen ihm, geben ihm zu essen und zeigen ihm die Richtung. Mit äußerster Mühe findet er zum Palast zurück, aber die Wachen – seine Wachen – erkennen ihn nicht und verwehren ihm den Eintritt. Sie halten ihn für einen armen verrückten Narren. Vor den Toren stehend, sieht er seinen Stellvertreter: einen geheimnisvollen Geist, der seinen Platz eingenommen hat, vorgibt, er zu sein, und so regiert wie er – voller Hochmut und Bösartigkeit.

Nach und nach lernt der König, in Armut zu leben. Das gelingt ihm immer nur mit der Hilfe von anderen. Einmal bietet ihm jemand Trinkwasser an, dann gibt ihm jemand Nahrung, Unterkunft oder Arbeit. Auch er unternimmt einige Anstrengungen, leistet Beistand, wo immer er kann. Er rettet ein Kind aus einem brennenden Haus, versorgt einen noch Hungrigeren mit Essen. Langsam begreift der König, dass seine Untertanen Menschen sind wie er und dass der Eine sich um den Anderen kümmern muss. Er lernt, dass das Leben schöner und interessanter ist, wenn wir einander lieben und unterstützen. Am Ende erkennt er, dass der regierende König eine Illusion ist, hervorgerufen vom Engel der Demut. Da kommt für ihn die Zeit, in seinen Palast zurückzukehren und die Regierung erneut anzutreten. Doch dieses Mal ist er ein weiser und freundlicher Herrscher, da er die unschätzbar wertvolle Lektion der Demut gelernt hat.

Die Geschichte des Königs beleuchtet einen wesentlichen Aspekt der Demut: Ich bin nicht der oder die Einzige – es existieren auch noch andere Menschen. Jeder würde dieser Binsenwahrheit zustimmen, aber wie viele leben tatsächlich ihr gemäß? Aus der Kindheit übernehmen wir uneingestandene Überzeugungen, die, wenn sie deutlich zum Ausdruck gebracht werden, absurd erscheinen. Dennoch sind sie aktiv, wie ein altes Programm, das nie deaktiviert wurde. Unsere stillschweigende und unsinnige Überzeugung, dass wir anders und besonders sind, ist ein Überbleibsel aus Kindheitstagen – weshalb wir uns so verhalten, als wären wir allgemeinen Gesetzen und Regeln nicht unterworfen.

Die Demut löscht diese heimliche Überzeugung aus. Es handelt sich um eine Art kopernikanische Revolution: Wir merken, dass wir nicht das Zentrum der Welt sind. Die Einsicht, weniger wichtig zu sein, als wir dachten, mag uns schmerzen, doch sie hat auch etwas Befreiendes. Der amerikanische Präsident Theodore Roosevelt ging nachts oft nach draußen, um die Sterne zu betrachten und sich die Unermesslichkeit des Weltalls zu vergegenwärtigen. Er stand zwar einer großen Nation vor, hatte aber ein völlig anderes Gefühl in Bezug auf Galaxien.

Hier offenbart sich eine wesentliche Bedingung der Freundlichkeit. Wie können wir freundlich sein, wenn wir tief im Innern glauben, eine Ausnahme zu sein, die im Unterschied zu allen anderen keine Gesetze einhalten muss? Wir haben geparkte Autos gesehen, die jeweils zwei Stellplätze einnahmen, obwohl doch in Großstädten einer davon so wertvoll ist wie das Gewicht des Autos in Gold; oder Passagiere in überfüllten Zügen, die ihre Beine auf den Sitz gegenüber legten und sich schlafend stellten, so dass andere während der Fahrt stehen mussten; oder Leute, die dort rauchten, wo niemand ihren Qualm einatmen wollte. Wenn man diese Menschen fragt: Existieren andere wirklich?, schauen sie einen verblüfft an und erwidern: Ja, natürlich. Aber offenbar haben sie die weitreichenden und unliebsamen Konsequenzen dieser einfachen Tatsache nie in Erwägung gezogen.

Akzeptieren zu müssen, dass wir uns mit jedermann auf der gleichen Ebene befinden, dass wir – unsicher, möglicherweise oberflächlich – andere brauchen, eben weil wir in einer nicht perfekten Welt nicht perfekt sind, kann uns unangenehm berühren. Also wehren wir uns gegen diese Einsicht mittels zahlreicher Fantasievorstellungen und Erwartungen. Doch gerade indem wir unsere Schwächen verstehen und annehmen, werden wir zu ganzen Menschen: Das ist unsere Realität, so sind wir wirklich. Damit verfügen wir über eine solide Grundlage, auf der wir mit anderen Leuten in Kontakt treten können. Wer so denkt und fühlt, ist demütig. In Gesellschaft einer solchen Person geht es einem gut, weil sie jene seltsame Mischung aus Gelassenheit und Ironie hat, die nur die Demut bieten kann. Ist das nicht die beste Art und Weise, freundlich zu sein?

Die Demut wohnt auch der Fähigkeit inne, mit Wenigem auszukommen. Das ist eine wertvolle Einstellung in einer Zeit wie der unseren, da die wirtschaftliche Entwicklung auf dem Prinzip der Verschwendung beruht, die Habgier zu einem Lebensstil und die Forderung nach neuen Privilegien zur gesellschaftlichen Pflicht geworden ist. Jene, die sich mit dem behelfen, was ihnen zur Verfügung steht, gelten oft als Verlierer. Dennoch sind sie am ehesten imstande, gelassen und glücklich zu sein.

Ich erinnere mich an einen Abend in einem chinesischen Restaurant, als unsere Freunde nach dem Essen ihre Weihnachtsgeschenke für unsere Kinder herausholten – schöne, wohl überlegte Gaben, darunter eine Kompaktkamera samt Film. Plötzlich merkte ich, dass ein kleines chinesisches Mädchen uns beobachtete. Sie gehörte zu der Familie, die das Restaurant führte. Ich bekam nicht heraus, was sie dachte, fühlte mich jedoch ein wenig unbehaglich bei dem Gedanken, dass sie sich vielleicht ebenfalls solche Geschenke wünschte. Bald lenkte mich das Gespräch am Tisch davon ab und kurz darauf verließen wir das Restaurant. Während wir draußen auf denjenigen in der Gruppe warteten, der den Wagen holte, sah ich durch das Fenster, dass das chinesische Mädchen zu unserem Tisch gegangen war und entzückt mit dem leeren Filmbehälter spielte, einem einfachen Plastikzylinder. Dann schaute sie auf, in unsere Richtung, und lächelte, als sie unsere Blicke erwiderte.

Das war eine Lektion in Demut. In der Epoche der Hast, da wir oft nicht einmal Zeit haben, die Geschenke des Lebens zu genießen, stattdessen dauernd neue Erzeugnisse und Reize suchen, da uns nichts zu genügen scheint, verschafft es enorme Erleichterung, jemanden zu sehen, der mit fast nichts glücklich ist. Dieses Beispiel prägt sich tief ins Gedächtnis ein.

Fassen wir zusammen: Die Demut versetzt uns in einen Zustand, in dem Lernen möglich wird. Sie verleiht uns einen Sinn für das Einfache; und wenn wir einfacher sind, sind wir auch authentischer. Praktizierte Demut erlaubt uns, mit der Wirklichkeit selbst in Berührung zu kommen: keine Träume mehr, keine Fantasien oder Illusionen. Ich bin Einer unter Vielen, sterblich und begrenzt, ein Mensch unter Menschen. Ich brauche nicht so zu tun, als wäre ich irgendjemandem überlegen. Andere existieren – mit je eigenen Bedürfnissen, Umständen, Hoffnungen und Dramen; ich gehöre zu den sechs Milliarden Menschen, die auf diesem Planeten leben, der wiederum nichts ist als ein Staubkorn im Kosmos; gemessen an der unermesslichen Weltzeit dauert mein Leben nicht länger als einen Augenblick.

Machen wir uns diese Tatsachen bewusst, werden wir anders – demütiger, fähig zu wohlwollender Ironie, eher gewillt, am eigenen Platz zu bleiben und Raum zu schaffen für andere. Die Demut hilft uns, den passenden Ort unter den Sternen zu finden.

GEDULD

Haben Sie Ihre Seele zurückgelassen?

Die folgende Geschichte spielt in Äthiopien. Ein Mann und eine Frau, beide verwitwet und noch immer jung, treffen sich und verlieben sich ineinander. Sie beschließen, eine Familie zu gründen. Allerdings taucht ein Problem auf: Der Mann hat einen kleinen Jungen, der weiterhin zutiefst betrübt ist über den Tod seiner Mutter. Das Kind steht der neuen Frau feindlich gegenüber und lehnt sie als Mutter ab. Sie bereitet spezielle Gerichte für ihn zu, näht ihm wunderschöne Kleidungsstücke, bemüht sich, immer freundlich zu sein. Aber er spricht nicht mit ihr und schließt sie dadurch völlig aus.

Sie wendet sich an den Zauberer: »Was kann ich tun, um als Mutter akzeptiert zu werden?« Der Zauberer ist sehr klug – er findet für jedes Problem eine Lösung und alle haben Vertrauen in ihn. »Komm wieder mit drei Schnurrhaaren vom Löwen«, fordert er sie auf. Die Frau ist skeptisch. Wie kann jemand einem Löwen drei Schnurrhaare ausreißen, ohne von ihm verschlungen zu werden? »Komm wieder mit drei Schnurrhaaren vom Löwen!«

Die Frau sucht nach einem Löwen. Das nimmt viel Zeit in Anspruch, aber schließlich entdeckt sie einen. Sie bleibt auf Distanz, denn er wirkt äußerst furchterregend. Lange beobachtet sie ihn nur aus der Ferne. Er kommt und geht. Sie wartet und wartet.

Dann beschließt die Frau, ihm Nahrung anzubieten. Sie geht ein Stück weit auf ihn zu, lässt etwas Fleisch zurück und entfernt sich wieder. Jeden Tag tut sie das Gleiche. Allmählich gewöhnt sich der Löwe an die Frau, die irgendwann zu einem Teil seines Lebens wird. Der Löwe verhält sich ihr gegenüber friedlich – inzwischen weiß er, dass er von ihr nur Gutes zu erwarten hat – und sie empfindet weniger Angst. Eines Tages, als der Löwe schläft, entfernt sie mühelos die drei Schnurrhaare.

Die Frau braucht nicht zum Zauberer zurückzukehren. Sie hat begriffen. Im Laufe der vergangenen Monate ist eine Veränderung in ihr vorgegangen. Sie erkennt jetzt den Wert der Geduld. Mit dem Jungen verfährt sie genauso wie mit dem Löwen. Sie wartet gewissenhaft und nähert sich ihm Schritt um Schritt, respektiert seinen Rhythmus und seinen Lebensbereich, ohne ihn zu vereinnahmen, aber auch ohne aufzugeben. Am Ende akzeptiert er sie als Mutter. Dank ihrer Geduld hat diese Frau sein Herz erobert.

Die Tugend der Geduld erweist sich zuallererst im Umgang mit schwierigen Menschen: mit jenen, die für vernünftige Argumente nicht empfänglich sind, leicht in Wut geraten oder sich weigern, mit anderen auszukommen. Wie bei dem Kind in der Geschichte halten ihre tiefen Wunden sie davon ab, mit einem Minimum an Offenheit und geistiger Gesundheit Beziehungen aufzubauen. Darüber hinaus gibt es solche Menschen, die einem ganz offensichtlich zur Last fallen. Machen wir uns nichts vor, in unserem Alltag sind wir förmlich dazu verdammt, ihnen andauernd über den Weg zu laufen: denen, die uns das Wort abschneiden, die uns kritisieren um des Kritisierens willen, die hartnäckig unsere Zeit, unsere Aufmerksamkeit oder unser Geld beanspruchen, die immerzu jammern oder ein Projekt sabotieren, die uns in ein Gespräch verwickeln und nicht gehen lassen, obwohl sie wissen, dass wir in Eile sind … Alles ist dem Wandel unterworfen; also nimmt jede(r) von uns zu unterschiedlichen Zeiten jeweils die Rolle des Opfers und – bis zu einem gewissen Grad – die des Peinigers ein. Wir alle haben schwierige Menschen getroffen und waren selbst irgendwie schwierig für andere – auch wenn uns das vielleicht gar nicht zu Bewusstsein kam.

Doch einige Leute sind hierbei wahre Meister. Sie erhalten den ersten Preis dafür, dass sie uns ständig auf die Nerven gehen. Darauf reagieren wir gereizt – und entweder bringen wir dann unseren Ärger zum Ausdruck oder leiden still und heimlich. Es besteht aber auch die Möglichkeit, die Kunst der Geduld einzuüben und diesen Personen zu helfen, damit sie sich in ihrer Haut wohler fühlen. Dass dies möglich ist, erlebte ich während eines Flugs. Zunächst einmal ist das Flugzeug für viele von uns ein äußerst frustrierender Ort. Stundenlang mit anderen in eine ohrenbetäubende, wackelige Maschine gepfercht zu sein, kommt einer Strapaze gleich. Aber was passiert, wenn zudem noch der Nachbar oder der Hintermann ein Quälgeist ist? Nun, hinter mir saß ein Mann, der eindeutig betrunken war und mit jedem weiteren Schluck lauter und aggressiver wurde. Irgendwann fiel sein Tablett mit den Speisen zu Boden: Pommes frites, Pilze und Makkaroni rollten den Gang hinunter. Dann stellte ich mit Entsetzen fest, dass er eine riesige Kröte in einer Kiste bei sich hatte. (Fragen Sie mich nicht, wie es ihm gelungen war, sie durch die Sicherheitskontrolle zu schleusen.) Bald schritten die Stewardessen ein. Doch anstatt ihm Vorwürfe zu machen – was ich insgeheim erhoffte –, begannen sie mit ihm zu sprechen und zu scherzen, schenkten sie ihm (ein wenig) mehr Wein ein, bewunderten seine Kröte und räumten alles auf, ohne ein Wort darüber zu verlieren. Der Betrunkene beruhigte sich und schlief kurz danach ein.

Das ist eine der härtesten Bewährungsproben für unsere Geduld: mit einer unerträglichen Person fertig werden zu müssen. Jene Stewardessen haben sich Höchstnoten verdient. Mir scheint, dass der Versuch, den Störenfried mit seinen eigenen Mitteln zu schlagen, nichts bringt, dass man ihn vielmehr geschickt und freundlich behandeln muss. Schwierige Menschen sind eine solche Behandlung nicht gewohnt, denn normalerweise werden sie von niemandem gemocht oder ertragen. Und was geschieht, wenn man dauernd verärgert auf sie reagiert? Dann fallen sie in ihre

Rolle als Plagegeist zurück. Durch die eigenen Reaktionen bestärkt man sie unbewusst in ihrem Verhalten. Oft sind sie unglückliche Menschen, die – glauben Sie es oder nicht – auf ebenso unbeholfene wie verzweifelte Weise akzeptiert werden möchten.

Darüber hinaus ist Geduld die Fähigkeit, sowohl den eigenen Rhythmus als auch den der anderen zu verstehen und zu achten. Wir alle sind schon einmal das Opfer der Ungeduld gewesen: Druck durch Abgabetermine; der aggressive Raser auf der Autobahn, der plötzlich in unserem Rückspiegel auftaucht und die Scheinwerfer aufblendet; der Fahrgast im Bus, der sich an jedem vorbeidrängt, um als Erster auszusteigen, obwohl dazu alle die Möglichkeit haben. Derartige Situationen bereiten uns Unbehagen. Wenn jemand uns einen Rhythmus aufoktroyiert, der nicht der unsere ist, fühlen wir uns gestört oder gar verletzt.

Aber wir sind auch schon auf der Seite der Ungeduldigen gewesen. Wir mussten dringend einen Anruf tätigen, derweil der Mann in der Telefonzelle unbekümmert weiterplauderte. Ausgehungert saßen wir ewig lange im Restaurant und warteten darauf, dass ein verdrießlicher Ober uns endlich wahrnehmen würde. Am Postschalter stellte eine geschwätzige Frau viele unsinnige Fragen und verschwendete damit die Zeit derer, die in der Schlange standen.

Ich bin überzeugt, dass wir wesentliche Aspekte im Leben anderer Menschen deutlicher sehen, wenn wir uns in Geduld üben. Auf diese Weise können wir ihren Rhythmus nachvollziehen, ihre Schwächen besser begreifen und dabei mit ihrem Charakter näher vertraut werden. Außerdem ist Geduld die Tugend aller guten Lehrer, die wissen, wie sie den Schüler langsam heranreifen lassen, anstatt ihn fast gewaltsam zu höheren Leistungen anzutreiben, bevor er innerlich bereit ist.

In der Hast können wir uns selbst abhanden kommen. Doch wir sind derart gewohnt, immer schneller zu machen, dass wir diesen Verlust gar nicht bemerken. Eine Gruppe von Wissenschaftlern musste an einem entlegenen, fast unzugänglichen Ort in Mexiko eine Untersuchung durchführen. Die einheimischen Träger, die sie begleiteten, trugen ihre Ausrüstung. Unterwegs blieben diese aus unerklärlichen Gründen plötzlich stehen. Die Wissenschaftler waren zunächst verblüfft, dann irritiert und schließlich wütend. Warum gingen sie nicht weiter? Sie vergeudeten wertvolle Zeit. Die Mexikaner schienen auf etwas zu warten. Nach einer Weile setzten sie alle sich wieder in Bewegung. Einer von ihnen erklärte den Wissenschaftlern, was vorgefallen war: »Da wir so schnell marschiert sind, hatten wir unsere Seelen zurückgelassen. Wir haben Halt gemacht, um auf unsere Seelen zu warten.«

Allzu oft lassen wir unsere Seelen zurück. In unseren Zwängen gefangen, vergessen wir, worauf es im Leben wirklich ankommt. Vorwärts gepeitscht vom Dämon der Eile, vergessen wir unsere Seele – unsere Träume, unsere Warmherzigkeit, unser Staunen.

Von diesem Standpunkt aus ist klar, dass Geduld ein Bestandteil der Freundlichkeit ist – denn wie könnten wir freundlich sein, wenn wir den Rhythmus der anderen ignorieren? Wir vergessen die Seele – die ihre und die unsere. Wenn Sie sich also das nächste Mal dabei ertappen, wie Sie Ihr Kind zur Eile mahnen oder in Erwartung des verspäteten Zuges aufgeregt den Bahnsteig hinauf- und hinunterlaufen oder in Ihrer Hektik vergessen, tief durchzuatmen, sollten Sie sich fragen, wo Sie Ihre Seele gelassen haben.

Der Freundlichkeit eignet ein langsames Tempo. Gewiss, die Geschwindigkeit hat durchaus ihre Vorteile. Dank ihrer sind wir leistungsfähiger und empfinden ein Gefühl von Macht und Kontrolle. Und nicht nur das: Schnelligkeit erhöht den Adrenalinspiegel und wirkt wie eine Droge. Sobald wir einmal die dadurch ausgelöste Erregung genossen haben, erscheint uns die langsamere Gangart langweilig, ja demütigend. Wenn man für die Strecke von A nach B das Flugzeug nehmen kann, warum sollte man dann wieder das Schiff benutzen? Doch der buddhistische Gelehrte Lama Govinda erzählte mir einmal, dass er die Reise auf dem Schiff – und damit die allmähliche Annäherung an das Ziel – vorziehe. Dieser alte Weise sagte mir im Vertrauen, dass ihm und seiner Frau eine Flugreise unwirklich erschiene. Man wird zu abrupt vom einen Ort an den anderen, von einer Kultur und Atmosphäre zur nächsten befördert. Unter einem ziehen Flüsse, Seen, Berge, Städte, Länder, Menschen rasend schnell vorbei und man ist sich dieser Überfülle kaum bewusst. Wenn man dagegen langsam über das Land oder das Meer fährt, kann man den Wechsel besser verstehen und sich ihm leichter anpassen. Um von seiner Heimat am Fuße des Himalaja zu den toskanischen Hügeln zu gelangen, hatte Lama Govinda fünf Monate gebraucht. In späteren Jahren, wenn ich in einem leistungsstarken Flugzeug heftig hin und her geschüttelt wurde oder zu schnell an einem weit entfernten Ort eintraf, der mir völlig fremd vorkam, dachte ich oft an Lama Govinda. Nicht alle können seinem Beispiel folgen, aber es gemahnt uns an eine andere Einstellung zum Leben.

Die Freundlichkeit bedarf der Zeit. Martin Buber sprach von dem Unterschied zwischen der Ich-Du-Beziehung und der Ich-Es-Beziehung. Die letztere verwandelt den Anderen in ein Ding, wohingegen die erstere die wahre Beziehung darstellt, die Vereinigung zweier Seelen. Ich-Es-Beziehungen entfremden uns einander, machen uns zu jemandem, der wir nicht sind. Dann fühlen wir uns einsam und unglücklich, den anderen fern. Nur zwischen Ich und Du findet die wahre Begegnung statt, offenbart sich der eigentliche Kern unseres Lebens. Damit diese Beziehung möglich wird, darf es, so Buber, keine Erwartungen und Wünsche geben, sonst fallen wir in die Ich-Es-Beziehung zurück und benutzen das Gegenüber als Mittel, um unsere Ansprüche zu befriedigen. In den seltenen Augenblicken der Ich-Du-Beziehung besteht keine dringende Notwendigkeit, ein bestimmtes Ereignis herbeizuführen, kein Zwang, den Anderen zu drängen oder zu überzeugen. Falls es doch dazu kommt, wird sie sofort zu einer Ich-Es-Beziehung. Erst wenn wir langsamer machen, sind wir imstande, einander wirklich zu begegnen und kennen zu lernen.

Meiner Überzeugung nach geht die globale Abkühlung Hand in Hand mit einer Beschleunigung in allen Bereichen des modernen Lebens. Wir sind ständig unter Druck, können es uns nicht leisten, auch nur eine Sekunde zu vergeuden. Unsere Kinder sollen schnell aufwachsen, und wir sind stolz, wenn sie heute schon den Lehrstoff vom nächsten Jahr beherrschen. Computer arbeiten mit ständig wachsender Leistung immer schneller. Käufe werden unverzüglich getätigt – wir können fast sofort haben, was wir wollen. Angestellte müssen in jeder Minute Arbeitszeit ihre Aufgaben erfüllen. Autos werden schneller gemacht und Geschwindigkeitsbegrenzungen höher gesetzt. Um den Profit zu steigern, bringt man in zunehmend kürzeren Abständen neue Ausführungen von Konsumartikeln auf den Markt. Zweckfreie Tätigkeiten hingegen – zum Beispiel ein kleiner Plausch, eine angenehme Begegnung auf einem öffentlichen Platz oder in einem Park, der Müßiggang im Kreise gleichgesinnter Menschen – werden oft missbilligt. Angesichts solcher Tendenzen gibt es zwangsläufig immer weniger Möglichkeiten, der Warmherzigkeit Ausdruck zu verleihen.

Robert Levine, ein Experte in Sachen Lebenstempo, hat untersucht, wie die Zeit in verschiedenen Kulturen erfahren wird. Er maß drei veränderliche Größen: die Zeit, die man braucht, um eine Briefmarke im Postamt zu kaufen; die Geschwindigkeit, mit der Fußgänger die Straße überqueren, sowie die Genauigkeit der Uhren in Banken. Auf diese Weise fand er heraus, dass es schnellere Kulturen gibt, in denen Pünktlichkeit und Präzision belohnt werden, und langsamere Kulturen, in denen diese Werte weniger vorherrschen. Der Westen und Japan sind am schnellsten, Brasilien, Indonesien und Mexiko am langsamsten. Natürlich behauptet Levine nicht, die eine Zeitwahrnehmung sei besser als die andere. Kulturen sind einfach so, wie sie sind. Doch aus seiner Studie scheint sich ein gewichtiger Nachteil des beschleunigten Lebens zu ergeben. In Kulturen nämlich, die das Tempo steigern, sind Herzgefäßkrankheiten weiter verbreitet (mit Ausnahme von Japan, wo sozialer Zusammenhalt und gegenseitige Unterstützung die gesundheitsschädlichen Auswirkungen des Zeitdrucks neutralisieren). Dieses Ergebnis deckt sich mit den zahlreichen Untersuchungen über die »Typ-A-Persönlichkeit«. Demnach ist eine solche Persönlichkeit – ungeduldig, vom Konkurrenzdenken geprägt, reizbar – den gleichen Risiken ausgesetzt wie die »schnelllebigen« Kulturen.

Levine entdeckte keinen direkten Zusammenhang zwischen Lebenstempo und Hilfsbereitschaft – bei ihm waren verschiedene Faktoren mit im Spiel, die einen solchen Schluss nicht zuließen. Aber aufgrund anderer Nachforschungen wurde festgestellt, dass wir umso weniger bereit sind zu helfen, je mehr wir uns beeilen. Ich persönlich mag besonders jenes Experiment, bei dem mehrere Theologiestudenten einem Vortrag über Nächstenliebe lauschten und danach einzeln zu einem benachbarten Gebäude gehen mussten. Auf dem Weg dorthin trafen sie einen Mitarbeiter der Versuchsleiter. Er lag auf dem Boden und gab vor, infolge eines Sturzes verletzt zu sein. Die meisten der künftigen Priester halfen ihm. Doch wenn sie unter Druck gesetzt worden waren und vom einen Gebäude schnell zum nächsten laufen mussten, nahm die Zahl der barmherzigen Samariter drastisch ab. Einer stieg in seiner Hast sogar über den unglücklichen, um Hilfe rufenden Schauspieler hinweg und strebte direkt seinem Ziel zu. Das heißt: Wir sind freundlicher, wenn wir mehr Zeit haben.

In dieser Epoche beschleunigten Tempos und sofortiger Befriedigung ist die Geduld eine unbeliebte und offenbar langweilige Eigenschaft. Dennoch haben viele Studien gezeigt, dass jene Menschen, die eine Befriedigung aufschieben können, größere Erfolgschancen haben – sowohl in ihren Unternehmungen als auch in ihren Beziehungen. Dieses Thema wurde bereits in einem früheren Kapitel angeschnitten, aber es ist durchaus lohnenswert, ihm hier erneut Beachtung zu schenken. Kinder, die eine Befriedigung (etwa ein Eis) zugunsten einer größeren, später erfolgenden Befriedigung (ein üppigeres Eis am nächsten Tag) aufzuschieben vermögen, haben eine höhere Intelligenz, neigen weniger zu Straftaten und erweisen sich auch nach mehreren Jahren als besser geeignet für jede Art von Beziehung. Außerdem besitzen sie einen stärker entwickelten Sinn für Kontrolle; das heißt, anstatt sich den Ereignissen machtlos, ohne jedes Mitspracherecht ausgeliefert zu fühlen, wissen sie, dass sie selbst über ihr Leben bestimmen. Das ist das beste Heilmittel gegen Depression.

Sofortige Befriedigung ist einer der populärsten Mythen des heutigen gesellschaftlichen Lebens. Wir wollen nicht warten, sondern alles auf der Stelle haben und werden aggressiv, wenn uns das nicht gelingt. Im Zeitalter der Ungeduld ist uns die Kunst des Wartens abhanden gekommen. Ich bin überzeugt, dass wir, wenn wir diese Kunst wiederentdecken und sie unseren Kindern beibringen, ihnen damit eines der größten Geschenke überhaupt machen.

Die dafür mit am besten geeignete Methode ist die Meditation, die als eine Technik aufgefasst werden kann, das eigene Tempo zu verlangsamen und den Geist für andere Arten der Zeitwahrnehmung zu öffnen. Sie ist ein Hilfsmittel, die Ungeduld und die Hast zu überwinden. In der Tradition des tibetanischen Buddhismus etwa besteht eine Übung darin, nacheinander 500 kleine Flaschen mit Wasser zu füllen – und zwar geduldig, ohne jede Eile. In diesem Augenblick fülle ich diese eine Flasche, ohne daran zu denken, dass ich noch 499 weitere vor mir habe. In Zeiten, da wir immer rastloser werden und unsere Konzentration mehr und mehr nachlässt, könnte das eine großartige Übung sein, die wir machen – und auch an Schulen unterrichten – sollten.

Geduld zu haben ist nicht so schwer und ermüdend, wie wir vielleicht meinen. Es bedeutet einfach, die Zeit anders wahrzunehmen. Diese verschlingt unerbittlich unser Leben und beraubt es schließlich jeden Sinns. Sie ist unser Körper, der älter wird und seine Kraft verliert; der stets drohende Tod, der wie ein Damoklesschwert über uns schwebt und unsere Existenz auslöscht, unser Werk in Staub verwandelt und uns für immer dem Vergessen anheim gibt. Also bemühen wir uns, nicht an ihn zu denken und so schnell wie möglich alles Erdenkliche zu machen, ehe die ewige Finsternis uns einhüllt. Was für ein grausamer Scherz! In dieser Perspektive kann die Person vor uns in der Schlange, die mit dem

Schalterbeamten ausgiebig über Banalitäten redet, derweil unsere Zeitbombe ständig weitertickt, tatsächlich nur mörderische Instinkte in uns wachrufen.

Aber was wäre, wenn wir unsere missliche Lage in einem anderen Licht sähen? Vielleicht würden wir dann erkennen, dass die Zeit eine verstandesmäßige Konstruktion ist; dass es keine Notwendigkeit gibt, ängstlich zu sein oder sich abzuhetzen, eben weil nichts uns wegläuft. Auf diese Weise hätten wir ein ruhigeres Gemüt und betrachteten die großen und kleinen Räuber der Zeit mit einem milderen Blick.

Die Vorstellung, dass die Zeit eine Illusion ist, wird in allen großen spirituellen Traditionen unterschiedlich zum Ausdruck gebracht. Vielleicht ist diese Einsicht nicht nur den Erleuchteten vorbehalten, sondern weiter verbreitet, als wir glauben. Jede(r) von uns hatte schon einmal eine Ahnung von der Ewigkeit. Wenn wir die Sterne am Nachthimmel betrachten, wenn wir völlig aufgehen in erhabener Musik oder in der Gegenwart eines geliebten Menschen, ist uns das Vergehen der Zeit nicht mehr bewusst.

Ein indischer Mythos handelt von einem Mann, der Krishna bittet, ihm seine Illusion *(maya)* zu offenbaren. Auf diese Frage scheint es keine Antwort zu geben – doch von da an wird sein Leben, das vorher friedlich und ereignislos war, unruhiger, ja äußerst dramatisch. Er begegnet einer Frau, verliebt sich und heiratet sie, baut ein Haus, arbeitet eifrig und wird reich. Seine Geschäfte laufen zunächst immer besser, aber irgendwann geht er Bankrott; zudem wird das Land von einer schrecklichen Überschwemmung heimgesucht – und gerade als diese Katastrophe ihn mit sich zu reißen droht, erwacht er wie aus einem Traum und sieht, wie der göttliche Krishna lächelnd vor ihm steht: Nur ein einziger Moment war vergangen. Dieses ganze Leben voller Träume und Alpträume hatte nicht länger als einen Augenblick gedauert. Der Fluss der Zeit ist eine geheimnisvolle Illusion. Der Weise Ramana Maharshi muss daran gedacht haben, als er, im Sterben liegend, erstaunt seinen wehklagenden Schülern lauschte und sagte: »Was meinen sie wohl, wohin ich gehe?« Wenn man im ewigen Jetzt verweilt, eilt man nicht weg an einen anderen Ort.

All das scheint nur wenig mit Geduld zu tun zu haben. Doch diese besteht gerade in der Fähigkeit, dem unaufhörlichen Fluss der Zeit ohne Angst entgegenzutreten – und in der täglichen Routine die überraschenden Blitze der Zeitlosigkeit zu erspähen. Graben wir etwas tiefer, wird uns klar, dass unsere Hast durch die Angst vor dem Tod verursacht wird. Sobald wir uns frei machen können von dem Bedürfnis, immer der Erste zu sein, immer mehr zu arbeiten und immer mehr Geld zu verdienen, erscheinen uns die anderen nicht länger als Hindernisse für die angeblich so dringenden Angelegenheiten auf unserem Weg. Dann sind wir ihnen freundlicher gesinnt und lernen sie als wahre Menschen kennen – in der Gewissheit, dass wir alle Zeit der Welt zur Verfügung haben.

GROSSZÜGIGKEIT

Die eigenen Grenzen neu definieren

An einem Herbstnachmittag kam ich in einen heftigen Sturm. Zum Glück hatte ich das Auto. Auf der Heimfahrt erblickte ich ein Mädchen, das im Gewitterregen stand und mich bat, sie mitzunehmen. Ich hielt an und ließ sie einsteigen. Als ich sie nach ihrem Ziel fragte, stellte sich heraus, dass es von meinem Wohnort weit entfernt lag; aber da ich sie nicht im Regen stehen lassen wollte, beschloss ich, sie nach Hause zu fahren – im Gefühl, ziemlich großzügig zu sein. Doch als ich den Zündschlüssel umdrehte, um den Wagen zu starten, tat sich nichts. Der Regen hatte den Anlasser beschädigt. Indem ich das Auto an der Stelle zurückließ, wo ich es geparkt hatte, musste nun auch ich im Unwetter anderweitig nach Hause gelangen. Am nächsten Tag kehrte ich zu meinem Wagen zurück, um ihn wieder in Gang zu bringen. Dort angekommen, sah ich, dass er die Straße versperrte. Irgendjemand war darüber offenbar wütend gewesen und hatte einen Reifen aufgeschlitzt. Wegen der Reparaturen verlor ich viel Zeit, weil der Mechaniker wie gewöhnlich viel Arbeit hatte. Und als ob das noch nicht genug wäre, musste ich später entdecken, dass mich während meiner Abwesenheit jemand angerufen hatte, um mir ein wichtiges Projekt vorzuschlagen. Da ich nicht sofort hatte reagieren können, war mir diese Gelegenheit entgangen.

Diese alltägliche Schreckensgeschichte nährt einen bestimmten Verdacht – nämlich dass wir für unsere Großzügigkeit am Ende bezahlen müssen. Wenn ich eine Hilfeleistung anbiete, kommt mich das möglicherweise teuer zu stehen. Ich kann eine einmalige Gelegenheit verpassen und mir hinterher sagen: Vielleicht hätte ich besser daran getan, mehr an mich selbst zu denken. Was ist schon dabei, wenn das Mädchen draußen nass wird? Wenigstens verliere ich keinen ganzen Vormittag, kein Geld und keine Arbeit, die für mich von Vorteil gewesen wäre.

Aber das ist nicht der springende Punkt. Der eigentliche Wert der Großzügigkeit besteht für den, der sie zum Ausdruck bringt, nicht in einem materiellen Nutzen, sondern in einer tief greifenden inneren Veränderung. Er wird flexibler und geht bereitwilliger Wagnisse ein. Er legt den Akzent weniger auf seinen Besitz als auf das Wohl der Menschen. Und die Grenzen zwischen ihm und den anderen werden fließender, so dass er sich als Teil eines Ganzen empfindet, in dem er seine Talente, Gefühle, ja seine Persönlichkeit mit ihnen teilen kann.

Gewiss, die Großzügigkeit ist riskant. Man überschreitet eine Linie, ab der es kein Zurück mehr gibt. Ich erinnere mich, wie mir mein Patensohn Jason im Alter von vier Jahren eines seiner bevorzugten Spielzeugautos schenkte. Obwohl ich wusste, dass es ihm besonders am Herzen lag, nahm ich das Auto an und steckte es in meine Tasche. Eine Zeit lang war alles in Ordnung, aber plötzlich wurde Jason klar, dass er, wenn er ein Geschenk machte, es für immer hergeben musste, dass er sein Spielzeugauto nie mehr wiedersehen würde. Er geriet kurz in Panik – und wollte es zurückhaben. Es war die Panik, einen unermesslich wertvollen Gegenstand zu verlieren, ohne den das Leben nie mehr so sein wird wie vorher. Natürlich war ich bereit, ihm das Spielzeugauto wiederzugeben. Doch als er sich beruhigt hatte, beschloss er, mir das Auto zu überlassen. Er lernte, dass das Geben eine nicht rückgängig zu machende Verpflichtung darstellt. Sobald man in die Leere gesprungen ist, gibt es kein Zurück mehr.

Unsere Gaben sind ganz unterschiedlich gewichtet. Wir können etwas Zeit erübrigen, ein kleines Geschenk machen, ein Buch hergeben, das wir schon gelesen haben – oder aber unser Blut beziehungsweise unser Knochenmark spenden, eine enorme Anstrengung unternehmen, einen großen Teil unserer Ersparnisse verschenken. Eine Vorbedingung muss dabei jedoch stets erfüllt sein: dass wir uns im Augenblick des Gebens voll und ganz einbringen. Denn unwillige oder kaltherzige oder sorgenvolle Großzügigkeit ist ein Widerspruch in sich. Wenn man freigebig ist, spart man sich selbst nicht aus.

Die Großzügigkeit berührt die tiefsten Schichten unseres Wesens. Wann immer unser Sinn für Eigentum in Frage gestellt wird, reagieren wir empfindlich. Eine uralte Angst bemächtigt sich unseres Unbewussten. Sie stammt aus vergangenen Jahrtausenden, in denen Knappheit und Unsicherheit, Armut und Hunger vorherrschten. Tief im Innern sind wir eifersüchtig besorgt um unsere Besitztümer, vielleicht sogar entsetzt bei dem Gedanken, sie einzubüßen. Warum fällt es uns derart schwer, das herzugeben, was uns am liebsten ist oder was uns nützlich sein könnte? Nicht nur weil wir wissen, dass es uns fehlen wird, sondern weil wir befürchten, einen unersetzlichen Verlust zu erleiden. Wir verlieren einen Teil unserer selbst. Es ist, als würden wir sterben.

Großzügig sein heißt, diese alten Ängste zu überwinden und die eigenen Grenzen neu zu definieren. Für den freigebigen Menschen sind Grenzen durchlässig. Was dein ist – deine Leiden, deine Probleme –, ist auch mein: Damit bezeuge ich mein Mitgefühl. Was mein ist – mein Besitz, mein Körper, mein Wissen, meine Fähigkeiten, meine Zeit, meine Mittel und meine Energie –, ist auch dein: Damit bezeuge ich meine Großzügigkeit.

Wenn wir jene unbewussten Kräfte besiegen und unsere bisherigen Grenzen überschreiten, vollzieht sich eine innere Wandlung. Es hat keinen Zweck, zu leugnen, dass noch der entspannteste und fröhlichste Mensch der Welt im Grunde an seinem Besitz hängt. Diese emotionalen Muskeln sind fest angespannt – was uns gehört oder was wir als unser Eigentum betrachten, halten wir fest: eine andere Person, eine gesellschaftliche Stellung, einen

Gegenstand, unsere Sicherheit. Hinter diesem Zugriff verbergen sich Angst und auch Überheblichkeit. Wir gleichen den Kindern in einer buddhistischen Parabel, die Sandschlösser am Strand gebaut haben. Jedes hat sein Schloss, sein Territorium und kommt sich wichtig vor: »Das ist meins! Das ist meins!« Sie kämpfen sogar darum, bekriegen sich. Dann kommt der Abend, die Kinder kehren nach Hause zurück, vergessen ihre Sandschlösser, gehen ins Bett und schlafen ein. In der Zwischenzeit spült die Flut all ihre Werke fort. Selbst unsere kostbarsten Güter sind nichts anderes als Sandschlösser. Wollen wir uns wirklich so wichtig nehmen? Die Großzügigkeit lockert unseren Zugriff auf Besitztümer und erlaubt uns, loszulassen.

Dennoch waren wir nicht immer so besitzergreifend. Anthropologen erklären uns, dass die Institution des Eigentums, wie wir sie kennen, nicht in allen Kulturen gleich ist. Während der Altsteinzeit unterschied sie sich von der unseren in beträchtlichem Maße. Nomadische Gesellschaften, die heute noch das tun, was wir alle in jener Frühzeit taten, nämlich jagen und Nahrung sammeln, sind ganz anders organisiert als die unseren. Ihre Mitglieder besitzen viel weniger, produzieren viel weniger und teilen viel mehr. Ich frage mich, wie sie uns sehen würden – vielleicht als Karikaturen, die sich an ihre Besitztümer klammern, alle möglichen Verrenkungen machen, um sie zu verteidigen, sie zählen, sie vermehren wollen und andere um sie beneiden.

Es ist ein Paradox. In wenige Stücke Fell gehüllt, der Kälte ausgesetzt, in feindlicher Umgebung überlebend, ständig von Raubtieren bedroht, kleine Gruppen bildend – in solch einer Situation sind wir Menschen wahrscheinlich großzügiger und hilfsbereiter. In einem Supermarkt dagegen, in leicht hypnotisiertem Zustand, bei optimal eingestellter Temperatur, mit beruhigendem Bankkonto und vollem Magen, gänzlich anonym, überflutet von Reizen, die zu rufen scheinen: »Berühr mich! Nimm mich! Kauf mich!« – in solch einer Situation sind wir wahrscheinlich weniger großzügig und hilfsbereit.

Wir betrachten die Großzügigkeit als eine plötzliche Regung

des Herzens. Nichts ist nobler und schöner als eine spontane Gabe. Doch bei diesem Akt spielt auch die Intelligenz eine Rolle. Indem wir geben, können wir jemanden verletzen oder Schaden anrichten. Ein Bier mag für den Alkoholiker ein ebenso tödliches Geschenk sein wie ein Motorrad für den Raser.

Ein Geschenk enthält unter Umständen auch eine Ideologie, eine Anweisung oder ein Urteil. Ein Gebetbuch für einen Atheisten, ein Abonnement im Fitnessclub für einen fettleibigen Menschen oder ein Deodorant für jemanden mit Körpergeruch – all das sind keine Beispiele von Großzügigkeit, sondern als Geschenke verpackte Urteile oder Druckmittel. Der Geber mag einwenden, dass er ausschließlich das Wohlergehen, die Sicherheit oder die Verfeinerung des Empfängers im Auge habe. Sein Vorsatz ist vielleicht gut, aber die Aktion selbst findet in seinem eigenen Wertesystem statt. Wie nimmt der Empfänger das Geschenk auf? Wahrscheinlich mit einem Gefühl des Unbehagens. Und er muss nicht nur den auf ihn ausgeübten Druck ertragen, sondern soll sich auch noch bedanken. Da ist weder Herzenswärme noch Freiheit; es geht allein um Kontrolle.

Der Akt des Gebens kann den Empfänger aber noch auf andere Weise in Verlegenheit bringen – nämlich als Zurschaustellung eigener Überlegenheit und moralischer Noblesse: »Schau, wie großzügig ich bin.« Vielleicht auch macht man ein Geschenk mit der unterschwelligen Absicht, im Anderen ein Gefühl von Abhängigkeit oder Schuld hervorzurufen, etwa nach dem Motto: »Ich schenke dir das, damit ich dich später um einen Gefallen bitten kann.« Außerdem mag zwar das Herz beteiligt sein, aber der Kopf bleibt gleichsam ausgeschaltet: Der Impuls, zu geben, ist vorhanden, doch das Geschenk erweist sich als lästig und unnütz. Was empfindet derjenige, der in einer kleinen Wohnung lebt, wenn ihm ein riesiger Hund geschenkt wird? Oder ein Liebhaber von Rockmusik, der eine Beethoven-Symphonie erhält? Viele Präsente sind unangemessen und allzu aufdringlich.

Dennoch besitzt jede(r) von uns etwas, was für andere von Interesse, wenn nicht von entscheidender Bedeutung ist: Geld,

Zeit, notwendige Lebensmittel wie Wasser oder Nahrung, die Fähigkeit, dem Gegenüber Achtung und Aufmerksamkeit entgegenzubringen. Wollen wir derlei teilen oder nicht? Unser Leben ist so gestaltet, dass wir ersehnen, was andere haben, und dass wir haben, was andere ersehnen – wie in einem Kartenspiel, bei dem jeder Spieler jene Karten in Händen hält, die die Mitspieler benötigen.

Echte Großzügigkeit setzt Hellsicht voraus. Sie lässt den Menschen das zuteil werden, was sie für ihren nächsten Schritt nach vorn wirklich brauchen. Vielleicht geht es ihnen einfach darum, zu überleben – oder eine neue Lektion zu lernen, ein Interesse zu entwickeln, innerlich zu genesen, eine Arbeit zu finden, ein Talent zum Ausdruck zu bringen. Die Gabe wird weder durch ein Schuldgefühl oder eine Verpflichtung noch durch den Wunsch erzwungen, ein Abhängigkeitsverhältnis zu erzeugen oder zu prahlen. Sie kennt keinerlei Beschränkung und schafft eben dadurch Freiräume. Das ist Freundlichkeit *par excellence.*

Man kann nicht nur mit materiellen Gütern großzügig umgehen, sondern auch mit geistigen Qualitäten. Vor allem aber kann man großzügig gegenüber sich selbst sein. Das ist eine subtilere Form der Großzügigkeit. Wir alle verfügen über Mittel, deren wir uns manchmal gar nicht bewusst sind. Wir haben Ideen, Vorstellungen, Erfahrungen und Erinnerungen. Bisweilen mischen wir uns nur allzu bereitwillig in die Angelegenheiten anderer Menschen ein, erteilen ihnen Ratschläge und verkünden unsere Ansichten. Aber oft zeigen wir nicht, was uns zutiefst berührt. Wir behalten diese Erfahrungen für uns, sprechen bloß über die alltäglichen, einfachen Dinge. Doch gerade indem wir über unser Innenleben, den reichhaltigsten und fruchtbarsten Teil unserer selbst, Auskunft geben, werden unsere Beziehungen wertvoll und angenehm. Sie definieren sich dadurch, wie viel wir von uns einbringen.

Vor einiger Zeit wurde ich von einem australischen Radiosender interviewt. Ich habe Interviewer getroffen, die hastig und unaufmerksam waren, belanglose Fragen stellten oder das Gespräch nur führten, um ihr eigenes Loblied zu singen. In diesem Fall jedoch verhielt es sich anders. Die Interviewerin ging auf die wesentlichen Punkte ein. Anhand ihrer Fragen wurde mir allmählich bewusst, wie gut sie über meine Arbeit und meine Bücher informiert war. Nach und nach schürfte sie tiefer, stellte immer genauere Fragen über mein Innenleben, meine Ideen, meine Vorlieben. Das Gespräch war äußerst befriedigend, weil ich den Eindruck hatte, das Beste von mir gegeben zu haben. Am Ende fühlte ich mich großartig – wie nach einer gelungenen Meditation oder psychotherapeutischen Sitzung.

Wenige Wochen später wurde das Interview gesendet. Freunde von mir, die zu jener Zeit im Auto unterwegs waren, hatten zufällig das Radio eingeschaltet. Völlig unerwartet hörten sie auf der Straße meine Stimme, die von geistig-seelischen Themen sprach und, davon ergriffen, vibrierte. Meine Freunde waren überrascht – weniger über den Zufall, plötzlich meine Stimme zu vernehmen, sondern eher darüber, wie anders ich in diesem Gespräch war, verglichen mit meinem üblichen Verhalten ihnen gegenüber. Im Grunde widerstrebt es mir, meine Gefühle in Worte zu fassen. Ich tue das nur, wenn ich dazu gedrängt werde, und ziehe mich dann, so gut es geht, aus der Affäre. Ich bin nie ein guter Unterhalter gewesen. Und so erlebten mich meine Freunde bei dieser Gelegenheit als jemanden, den sie nicht kannten und umso mehr mochten: Warum hast du uns diese Seite von dir nicht schon früher gezeigt?

Ja, warum? Weil ich nicht wusste, dass ich ein solches Interesse erregen würde. Und weil ich – aus Faulheit und falscher Bescheidenheit – dazu neige, mich selbst völlig zurückzunehmen. Mir war nicht klar, dass ich, wie jeder Mensch, viele wertvolle Eigenschaften besitze. Alles, was uns lieb und teuer ist, was Empfindungen in uns auslöst, ist wichtig und wunderbar – nicht nur für uns, sondern auch für andere Menschen, wie begabt oder unbegabt wir auch sein mögen. Denn kein Leben ist banal, wir alle sind interessant und haben, selbst wenn es uns gar nicht bewusst ist, eine Geschichte zu erzählen. Die Großzügigkeit beginnt mit ebendieser Fähigkeit – zu erkennen, dass wir Geschichten, Empfindungen, Vorstellungen, Träume in uns tragen, die nicht nur uns interessant erscheinen, sondern auch andere Personen ermutigen und beflügeln können.

Außerdem können wir durch unsere geistige Kraft großzügig sein, indem wir unsere Überlegungen und unsere Aufmerksamkeit mit einbringen. Als ich mein erstes Buch schrieb, erschien es mir selbstverständlich, dass einige angesehene Personen die Zeit finden würden, das Manuskript zu lesen und ihre diesbezüglichen Ansichten mitzuteilen, die dann auf dem Umschlag zitiert werden sollten. In dem Augenblick, da ich ein wenig bekannter geworden war und die gleichen Anfragen an mich gerichtet wurden, erkannte ich, dass diese Aufgabe Zeit und geistige Energie erfordert – zwei Ressourcen, von denen wir nie genug haben. Dann entsann ich mich der entsprechenden Gefallen, die mir erwiesen worden waren; und wo ich zuvor bloße Höflichkeit gesehen hatte, entdeckte ich nun echte Großzügigkeit. Unser Geist kann alle möglichen Aufgaben bewältigen: eine sachkundige Ansicht formulieren und zum Ausdruck bringen; Untersuchungen anstellen; nachdenken; einen Fehler korrigieren; wenig bekannte, doch zugleich wertvolle Informationen liefern; auf eine glänzende Idee kommen. Sind wir großzugig genug, diese Mühen auf uns zu nehmen?

Darüber hinaus können wir anderen Menschen ungeahnte Perspektiven eröffnen. Stellen Sie sich vor, dass Sie in der Lage sind, für Ihre Firma Personal anzuwerben. Es taucht ein Mann auf, der eine undurchsichtige Vergangenheit hat und vielleicht gerade aus dem Gefängnis entlassen wurde. Er möchte ein neues Leben beginnen – aber wer könnte mit Sicherheit sagen, dass er nicht wieder in seine früheren Gewohnheiten zurückfällt, Diebstähle verübt und Lügengeschichten erzählt? Sind Sie bereit, ihm eine Chance zu geben? Auch das ist Großzügigkeit: Auf eigenes Risiko bieten Sie jemandem die Möglichkeit zur Wiedergutmachung. Selbst wenn wir nicht mit ehemaligen Gefängnisinsassen zu tun haben, beurteilen wir Menschen oft aufgrund ihres früheren Verhaltens. Dennoch sind wir vielleicht gewillt, ihnen genügend Spielraum zu lassen, damit es diesmal anders laufen kann. Das ist geistige Großzügigkeit.

Eine generöse Einstellung mag auch im Hinblick auf die eigene Arbeit zum Vorschein kommen. Wir können nur das Notwendige tun, ohne zusätzliche Leistungen zu vollbringen, wie ein Student, der sich mit einer bestandenen Prüfung zufrieden gibt und keine besonderen Anstrengungen unternimmt – oder aber mehr von uns einbringen. Ich war einmal beeindruckt von einer Kassiererin in einem Lebensmittelgeschäft, die eine Schachtel mit Eiern öffnete, um nachzusehen, ob eines davon zerbrochen war. Niemand hatte sie dazu aufgefordert. Der Automechaniker, der Ihnen an seinem freien Tag hilft, Ihren Wagen zu reparieren; der Ladenbesitzer, der Ihnen mitteilt, wo Sie den bei ihm ausverkauften Artikel finden können; der Lehrer, der sich die Zeit nimmt, Ihnen nützliche Hinweise zu geben, obwohl er nicht dazu verpflichtet ist; der Arzt, der nicht nur ein Medikament verschreibt, sondern Ihnen genau erklärt, woran Sie eigentlich leiden – all das sind Menschen, die mehr geben, als von ihnen verlangt wird. Sie sind großzügig.

Es erscheint fast anstößig, über die Vorteile der Großzügigkeit zu sprechen, denn diese ist definitionsgemäß uneigennützig. Warum sollten wir von Gewinn reden, wenn die Großzügigkeit ihren Zweck ganz und gar in sich selbst hat? Weil wir sie dadurch noch besser begreifen können. Es ist gut zu wissen, dass die Großzügigkeit mit der Selbstachtung in Wechselbeziehung steht. Jene, die eine hohe Selbstachtung haben, neigen zur Großzügigkeit, wie auch umgekehrt diejenigen, die großzügiger sind, sich selbst mehr achten. Zum Beispiel wurde im Rahmen eines riskanten biomedizinischen Experiments festgestellt, dass die Selbstachtung der Versuchspersonen sich erhöht hatte und dann zwanzig Jahre lang unverändert blieb. Aufgrund telefonischer Umfragen fanden die Interviewer heraus, dass die 52 freiwilligen Knochenmarkspender die Überzeugung vertraten, durch ihre Spende einen wesentlichen Charakterzug zum Ausdruck gebracht zu haben, und dass infolgedessen ihre Selbstachtung gestiegen war.

Überdies wissen wir, dass glücklichere Menschen dazu tendieren, großzügiger zu sein. Wenn wir eine tiefe Zufriedenheit empfinden, gehen wir wahrscheinlich freundlicher mit anderen um. So ergab sich aus einem weiteren berühmten Experiment, dass jene Probanden, die in einer Telefonzelle zufällig Geld gefunden hatten, bereitwilliger einem Passanten dabei halfen, den von ihm fallen gelassenen Stapel Papiere aufzuheben. Ein Mensch, der Befriedigung gefunden hat, ist eher imstande, großzügig zu sein und einem Anderen in Not beizustehen. Aber das Umgekehrte trifft ebenfalls zu: Wer großzügiger ist, wird aller Voraussicht nach auch glücklicher sein. Großzügigkeit hebt die Stimmung. Wie Mutter Teresa zu jemandem sagte, der in ihrer Gruppe von Helfern eine ebenso fröhliche wie freundliche Atmosphäre bemerkte: »Nichts macht einen glücklicher, als jemandem zu helfen, der sich unwohl fühlt.«

Vielleicht erlangen wir ein tieferes Verständnis von der Großzügigkeit, wenn wir sie in ihrer unechten Form betrachten. Denken Sie nur einmal an jene Geschenke, die Kunden in verschiedenen Werbungen versprochen werden: »Sammeln Sie diese Punkte, dann erhalten Sie KOSTENLOS eine herrliche Schüssel!« Also sammelt jeder fleißig kleine Rabattmarken, klebt sie auf die entsprechende Karte und erwartet den Tag, an dem er gratis seine Schüssel bekommt. Es spielt keine Rolle, dass die Schüssel in Wirklichkeit hässlich ist oder dass man schon eine hat. Wichtig ist, etwas umsonst zu kriegen. Als gäbe es nichts Besseres zu tun, sammelt man geduldig und leidenschaftlich seine Punkte – bis zu dem großen Tag. Meiner Meinung nach liegt der Wert hier nicht in dem Gegenstand selbst, sondern in der Tatsache, ihn unentgeltlich zu bekommen. Das ist eine völlig künstliche Großzügigkeit. Wir alle wissen, dass es sich dabei um eine ausgeklügelte Werbemaßnahme handelt, unsere Aufmerksamkeit zu erregen. Und dennoch fasziniert uns dieser Geist, zieht uns diese scheinbare Großzügigkeit in ihren Bann.

Wie traurig: Die Großzügigkeit ist in so geringem Maß vorhanden, dass schon die Aussicht, ein wenig – selbst etwas Unechtes – zu erhalten, einen besonderen Reiz auf uns ausübt.

Wie wunderbar: Die Großzügigkeit ist gewissermaßen zum Greifen nah, ist Teil unserer Physiologie und unserer Herkunft. Sie bildet ein äußerst wertvolles Potenzial in uns allen.

Als der schreckliche Angriff auf die Zwillingstürme des World Trade Center in New York verübt wurde, erfuhr die ganze Welt davon in kürzester Zeit. Aber einige Menschen bekamen es erst viel später mit. Ein Stamm im südlichen Kenia, in einem von der westlichen Technologie weitgehend unberührten Gebiet, erhielt die Nachricht sieben oder acht Monate danach. Ich weiß nicht, wie diese Menschen, die mit unserer Welt nicht im Mindesten vertraut sind, sich die Katastrophe vorstellten und was sie davon begriffen. Jedenfalls war ihnen bewusst, dass eine Tragödie stattgefunden hatte. In ihre vielfarbigen Gewänder gekleidet, hielten sie eine feierliche Versammlung ab und beschlossen, ihren kostbarsten Besitz – sechzehn Kühe – an die Bewohner New Yorks zu schicken, um ihnen in diesem schwierigen Augenblick beizustehen. Die Stammesangehörigen, die Hungersnöte erlebt hatten, waren bereit, auf ihre Nahrung zu verzichten und so ihre Solidarität mit anderen Menschen zu bekunden, mit denen sie nie Kontakt gehabt hatten.

Genau das ist Großzügigkeit: zu geben, was einem am teuersten ist. Diese Handlung verändert uns tief greifend. Danach werden wir ärmer sein, aber uns bereichert fühlen. Vielleicht meinen wir dann, weniger gut ausgerüstet und gefährdeter zu sein, zugleich aber sind wir freier. Wir haben die Welt, in der wir leben, ein bisschen freundlicher gemacht.

RESPEKT

Hinschauen und zuhören

Wir alle wissen, wie es sich anfühlt, geringer eingeschätzt zu werden, als es uns gemäß ist. Dann werden wir so behandelt, als wären wir jemand anders – ein dürftigeres, nicht wiederzuerkennendes Abbild unserer selbst. Man ignoriert unsere Qualitäten und lastet uns Charakterfehler an, die nicht die unseren sind. Das ist eine unangenehme Erfahrung, die uns verunsichert und ärgert. Derlei kommt nur allzu häufig vor, einfach deshalb, weil die Menschen träge sind. Wer nimmt sich schon die Zeit, den Anderen wirklich kennen zu lernen? Kaum jemand. Dazu bedarf es nämlich einer enormen Anstrengung. Viel einfacher ist es, ihn in eine bestimmte Schublade zu stecken und als geistig minderbemittelt zu betrachten. Das Unvorhersehbare und Neue an ihm wird übersehen, weil es zu große Mühe macht, genau darauf zu achten.

Noch schlimmer ist, wenn wir überhaupt nicht wahrgenommen und wie Luft behandelt werden. Das Leben scheint ohne uns stattzufinden: Die Menschen sind untereinander ins Gespräch vertieft, setzen ihre üblichen Tätigkeiten fort, scherzen, lachen, essen, hängen Tagträumen nach, lösen Kreuzworträtsel, als wären wir gar nicht da. In einem Geschäft oder Büro mag das normal sein; zu Hause aber oder mit Freunden ist es schon beunruhigender. Geht das die ganze Zeit so weiter, bahnt sich eine Tragödie an.

Malen wir uns nun die umgekehrte, zweifellos seltenere Situation aus. Jemand hat tatsächlich die schwierige Aufgabe in Angriff genommen, uns näher kennen zu lernen und so zu behandeln, wie es unserer Wesensart entspricht. In den Augen dieser Person haben wir eine echte, einzigartige Präsenz. Wir sind nicht mehr unsichtbar, noch kommen wir uns wie ein Abziehbild oder eine stereotype Figur vor: Wir stellen ein Gegenüber dar, das Interesse und Anerkennung erfährt. Wir haben das Gefühl, einen Wert zu besitzen – nicht nur weil wir auf eine Forderung eingehen, sondern aufgrund unserer ureigenen Persönlichkeit. Wir sind nicht länger gefangen in der abschätzigen oder falschen Vorstellung, die jemand von uns hat, sondern werden willkommen geheißen als der Mensch, der wir im Grunde sind, und im Hinblick auf unsere mögliche Entwicklung gesehen. Welch eine Erleichterung! Jemand hat uns bemerkt, hat festgestellt, dass wir existieren, hat unseren Wert bestätigt.

Das ist Respekt, abgeleitet aus dem lateinischen *respicere,* Rücksicht nehmen. Respekt mag uns – ähnlich wie Geduld – als eine abgedroschene, altmodische Tugend erscheinen. Doch wenn wir ein wenig darüber nachdenken, wird uns bewusst, dass sie zahlreiche Möglichkeiten birgt. Unser Blick auf andere ist nie neutral, denn wir formen um, was wir sehen. Wir sind nicht wie jene Videokameras in Banken und an anderen öffentlichen Orten, die alles in objektiver und anonymer Weise aufzeichnen. Indem wir hinschauen, schenken wir Leben. Unsere Aufmerksamkeit erzeugt Energie, wohingegen mangelnde Aufmerksamkeit sie verringert. Anthropologen sprechen von »stummer Behandlung«, einer Form von Ächtung, durch welche das Opfer so behandelt wird, als existierte es gar nicht. Niemand hört ihm mehr zu, niemand schaut es an, niemand bestätigt sein Dasein. Das ist eine fürchterliche Strafe, auch wenn man dem Opfer kein Haar krümmt und seine Freiheit nicht im Mindesten einschränkt – ja eine Art Todesstrafe. Zwar wird die stumme Behandlung in unserer Gesellschaft nie so weit getrieben und von keiner ganzen Gemeinschaft gezielt an einem Einzelnen vollzogen, doch selbst eine geringe Dosis davon kann verheerende Auswirkungen haben – Zerstörung der Selbstachtung, extreme Unsicherheit, schwere Depression.

Das bewusste Sehen bedarf nur eines Augenblicks. Mir fällt da zum Beispiel die Lehrerin an der Schule meines Sohnes ein, die jeden Morgen die Kinder in der Tür begrüßt und beim Namen nennt: »Ciao, Jonathan. Ciao, Cosimo. Ciao, Sofia. Ciao, Irene.« Sie vergisst niemanden. Und ich stelle mir vor, wie es im umgekehrten Fall einem Kind ergehen mag, das einen Raum betritt, wo niemand Notiz von ihm nimmt. Es empfindet sich als anonymen Teil einer Menge, der nicht zählt, der völlig überflüssig ist. Und doch braucht jemand es nur beim Namen zu rufen, sobald es hereinkommt. Es ist, als würde man ihm damit zu verstehen geben: Hier, an diesem Ort, kommt es auf dich an. Hier bist du wer. Die Ureinwohner Südafrikas begrüßen einander mit Namen, wünschen sich einen guten Tag, sagen aber auch: »Sawu Bona«, was so viel heißt wie: »Da bist du«, worauf der oder die Andere erwidert: »Sikhona« – »Ich bin da.«

Ich fühle mich respektiert, wenn ich so gesehen werde, wie ich bin. Aber wie bin ich eigentlich? Bin ich so, wie andere mich in meinem Alltag sehen? Das ist ein begrenzter Aspekt meiner selbst, mein Äußeres. Wenn ich aufrichtig und offen bin, wird viel von mir sichtbar, jedoch nicht das Ganze. Wer also bin ich? Bin ich das, was ich nicht von mir preisgebe, jene geheime innere Welt mit meinen Träumen, meiner verletzlichsten Seite, die ich nur selten oder niemals zeige, meinen Fantasien, die ich nicht eingestehen kann? So kommen wir dem Kern näher, haben ihn aber noch nicht erreicht. Gut, bin ich mein Unbewusstes, mein Schatten – all das, was sogar mir unbekannt ist? Vielleicht, doch das reicht nicht aus. Wer möchte schon für das bekannt sein, was er selbst überhaupt nicht kennt? Versuchen wir es einmal damit: Ich bin das, dessentwegen ich gerne geschätzt und erinnert würde – bin das Beste von all dem, was sich in mir befindet: das Einzigartige, Liebevolle, Starke. Vielleicht kommen diese Merkmale nur selten zum Vorschein, ja vielleicht sind sie noch nie sichtbar geworden, aber sie können sich trotzdem irgendwann manifestieren. Gewiss, ich bin die Wirklichkeit meines täglichen Lebens und Fühlens – Wut, Sehnsucht, Hoffnung, Schmerz. Das sind meine wesentlichen, konkretesten Aspekte. Doch ich bin auch – und vielleicht in erster Linie – das, was ich sein kann und bislang noch nicht (oder nur in meinen besten Momenten) war.

Wenn dieser Teil meiner selbst ignoriert wird, bin ich verletzt. Tom Yeomans spricht von der *Seelenwunde* und meint damit das Gefühl, das wir in der Kindheit hatten, da wir nicht so gesehen wurden, wie wir sind – eine Seele voll wunderbarer Fähigkeiten zur Liebe, zur Intelligenz und Kreativität –, sondern als schwieriges, eigensinniges Kind oder als reizendes »Paradestück« oder als schlimmer Quälgeist – oder überhaupt nicht gesehen wurden. Wenn unser wahres Selbst nicht wahrgenommen wird, leiden wir, und diese Wunde begleitet uns dann ins Erwachsenenalter. Um akzeptiert zu werden, lösen wir die enge Verbindung zu unserer Seele, zu all dem, was uns am Herzen liegt, und machen immer so weiter. Wir überleben zwar, leben aber nicht wirklich.

Sehen ist ein ebenso subjektiver wie kreativer Akt. Subjektiv, weil es sich verändert gemäß unserer jeweiligen Gemütsverfassung und Denkungsart sowie gemäß unserer früheren Erfahrungen und in die Zukunft gesetzten Hoffnungen. Kreativ, weil es die Menschen nicht in ihrem Zustand belässt, sondern sie berührt und damit auch verändert.

Eine nahöstliche Geschichte handelt von einem Mann, der von seiner Familie unterdrückt wird. Seine Frau beherrscht und peinigt ihn. Seine Kinder verspotten ihn. Er fühlt sich als Opfer und glaubt, dass die Zeit gekommen ist, aufzubrechen und den Himmel zu finden. Nach mühevoller Suche begegnet er einem alten Weisen, der ihm genaue Anweisungen gibt, wie er dorthin gelangt: Du musst lange gehen, aber schließlich wirst du dein Ziel erreichen. Der Mann macht sich auf den Weg. Tagsüber marschiert er, und abends kehrt er, erschöpft, in einem Gasthof ein, um zu schlafen. Als gewissenhafter und methodisch vorgehender Mensch beschließt er, vor dem Einschlafen seine Schuhe gen

Himmel zu richten, wie um dadurch sicherzustellen, dass er sich am nächsten Morgen nicht verlaufen wird. Doch während der Nacht, da er schläft, schleicht sich ein böswilliger kleiner Teufel in sein Zimmer und dreht die Schuhe in die entgegengesetzte Richtung.

Am nächsten Morgen wacht der Mann auf und setzt seinen Weg fort, diesmal in der umgekehrten Richtung – auf seinen Ausgangspunkt zu. Als er dahinschreitet, kommt ihm die Umgebung zunehmend vertrauter vor. Er trifft in der Stadt ein, in der er immer schon lebte, hält sie jedoch für das Paradies: »Wie sehr das Paradies doch meiner alten Stadt ähnelt!« Aber da es das Paradies ist, fühlt er sich wohl und mag alles ganz besonders. Er erblickt sein altes Haus, das ihm paradiesisch erscheint: »Wie es doch meinem alten Haus ähnelt!« Aber da es das Paradies ist, gefällt es ihm sehr. Seine Frau und seine Kinder begrüßen ihn: »Wie sie doch meiner Frau und meinen Kindern ähneln. Hier im Paradies sieht alles so aus wie vorher.« Doch da es das Paradies ist, ist alles wunderbar. Seine Frau ist eine entzückende Person, seine Kinder sind außergewöhnlich – reichlich ausgestattet mit Qualitäten, die er in seinem täglichen Leben nie bei ihnen vermutet hätte. »Seltsam, wie hier im Paradies alles so genau dem ähnelt, was früher in meinem Leben war, und doch ist alles völlig anders!«

Wir können gedanklich das gleiche Experiment durchführen. Wir wählen eine Person aus, die wir gut kennen, und ziehen all ihre Qualitäten in Betracht – nicht nur die, welche uns aufgrund unserer Kenntnis der Person am augenfälligsten erscheinen, sondern auch jene, die latent vorhanden sind oder kaum zum Vorschein kommen. Vielleicht können wir die Seele dieser Person, ihren innersten und wunderbarsten Kern intuitiv erfassen. Die Seele sehen heißt, das wahre Wesen sehen, aus dem ein Mensch besteht, anstatt bei den oberflächlichen Aspekten Halt zu machen. Das ist *respicere,* wirklich sehen.

Manchmal geschieht diese Transformation aus Versehen. Eines Tages war ich im Begriff, einen Workshop zu leiten, als jemand mich auf Mr X (einen Mann mit weißem Bart) hinwies und sagte: »Du kannst dir nicht vorstellen, wie lustig dieser Typ ist! Er hat einen großartigen Sinn für Humor.« Ich schaute ihn an, und er erschien mir wie ein gutmütiger Elf, der herumging und Fröhlichkeit verbreitete. Vor Beginn der Gruppenarbeit sagte ich hallo zu ihm und fügte hinzu: »Ich höre, dass Sie das Talent haben, Leute zum Lachen zu bringen.« Dieser kleine, scheue Mann wirkte überrascht, als ob noch nie jemand ihm so etwas gesagt hätte. Während des Workshops fiel mir auf, dass er sich zu freuen schien und oft vor sich hin lächelte. Ich erwartete, dass er Scherze machen würde – und bald erzählte er einen Witz nach dem anderen, jeder besser als der letzte. Am Ende des Vormittags sagte ich zu der Person, die ihn anfangs als einen Menschen mit ausgeprägtem Sinn für Humor charakterisiert hatte: »Du hattest Recht – Mr X ist sehr lustig.« Worauf sie erwiderte: »Wart mal, von wem redest du eigentlich? Ich hab den Typen da drüben gemeint.« Sie deutete auf Mr Y, einen großen dünnen Mann mit verdrießlicher Miene, der die ganze Zeit über still gewesen war.

Indem ich Mr X einen großen Humoristen nannte und so tat, als wäre dies die passende Bezeichnung für ihn, gab ich ihm unabsichtlich die Erlaubnis, einen seiner Charakterzüge zum Ausdruck zu bringen, den andere normalerweise nicht wahrnahmen oder bestätigten. Durch einen zufälligen Irrtum sah ich seine verborgene Qualität – und aktivierte sie. Hätte ich in diesem Mann die Fähigkeit sehen wollen, zu fliegen oder Altpersisch zu sprechen, hätte er derlei gewiss nicht getan. Aber ich sah eine bestimmte Möglichkeit und diese wurde – aufgrund der Tatsache, dass sie gesehen wurde – zur Wirklichkeit.

Es mag seltsam erscheinen, dass ich, indem ich einen Gedanken in meinem Kopf ändere, eine Eigenschaft bei einem anderen Menschen ändern kann. Doch dieser seltsame Eindruck entsteht nur dann, wenn wir die Bedeutung unseres Geistes unterschätzen und vergessen, auf welch mannigfaltige Weise wir ständig mit anderen interagieren. Verschiedene Studien haben das so genannte »Pygmalion-Phänomen« belegt: Wenn ich meine Wahrnehmung von dir ändere, wirst du dich ändern. Jene Schüler, die in den Augen des Lehrers am intelligentesten sind, werden auch die intelligentesten sein. Jene Angestellten, die ihr Chef für die sachkundigsten und leistungsfähigsten hält, entwickeln sich so, dass sie tatsächlich die sachkundigsten und leistungsfähigsten sind. Unsere Wahrnehmung gleicht einem Lichtstrahl, der auf eine Pflanze fällt – er lässt sie deutlicher hervortreten, nährt sie, fördert ihr Wachstum. Denken Sie nur einmal daran, wie viele Eigenschaften und Talente in jedem von uns nicht voll zur Entfaltung kommen, eben weil sie nicht gesehen werden.

Wenn dagegen jemand diese Fähigkeiten anerkennt, können sie in Erscheinung treten. Das ist Respekt. Es liegt auf der Hand, dass ohne ihn die Freundlichkeit inhaltsleer ist – oberflächlich und zerstreut, blind gegenüber dem Wert eines Menschen, der dadurch herabgewürdigt wird.

Diese behutsame, durchdringende Aufmerksamkeit verändert jedoch nicht nur den Empfänger, sondern auch den, der sie zeigt. Der schöpferische Prozess beruht auf einer Wechselbeziehung. Wenn wir uns dazu anhalten, die Menschen ringsum aufmerksamer und einfühlender zu betrachten und ihre wichtigsten Eigenschaften (verdeckt vielleicht von auffälligeren, oberflächlicheren Aspekten) zu erkennen, werden auch wir uns ändern. Warum? Weil wir aus unseren Wahrnehmungen bestehen. Was wir Tag für Tag sehen oder zu sehen glauben, gestaltet unsere Persönlichkeit und beeinflusst unser ganzes Leben. Wenn unser Blick müde und verbraucht ist, wenn alles uns leer erscheint, werden wir am Ende selbst zu leeren Schalen. Halten wir dagegen die Menschen für interessant und besonders, entpuppt sich unsere eigene Welt als anregend und offen.

Außerdem werden wir entspannter. Bei einem Experiment, das darauf abzielte, die Wirkung der Gefühle auf das Nervensystem zu untersuchen, fanden die Forscher heraus, dass Wut und Wertschätzung gegensätzliche Effekte hatten (was im Grunde nicht überraschend ist). Die Versuchspersonen der Gruppe A wurden gebeten, Wutgefühle heraufzubeschwören, während die der Gruppe B Wertschätzung für andere Menschen empfinden sollten. In der ersten Gruppe erhöhte sich sowohl die Herzfrequenz wie auch der Blutdruck der Teilnehmer. In der zweiten Gruppe hingegen fielen die Resultate völlig anders aus: Hier war die parasympathetische Aktivität (die nach allgemeiner Auffassung eine schützende Funktion ausübt) stärker und die elektromagnetischen Muster des Herzens kohärenter.

Indem wir anderen Menschen Wertschätzung entgegenbringen, fühlen wir uns besser. Eine alte chassidische Geschichte handelt vom Leben in einem Kloster, das immer mehr entartet; der religiöse Eifer lässt zusehends nach. Die älteren Mönche sterben nacheinander und werden nicht durch jüngere ersetzt. Es herrscht eine Atmosphäre der Dekadenz – und manchmal auch der Verzweiflung. Eines Tages kommt ein Rabbi am Kloster vorbei. Nachdem er mit den Mönchen ein wenig Zeit verbracht hat, sagt er: »Leider kann ich euch keinen Rat geben. Aber vergesst nicht, dass der Messias unter euch ist.« Dann geht er fort. Seine Bemerkung verblüfft die Mönche. Während die Tage vergehen, hallen jene Worte in ihren Köpfen wider. Sobald sie einander anschauen, fragen sie sich: »Wer ist der Messias unter uns? Vielleicht diese gutmütige Plaudertasche oder dieser Faulpelz, der offenbar nie etwas tun will, oder dieser schweigsame Miesepeter oder der dort, der alles weiß und ständig Recht haben muss ...« Nach und nach betrachten sie die vermeintlichen Charakterfehler als positive Eigenschaften: Möglicherweise liegt im Schweigen ein tiefes Wissen, dient das Plaudern dazu, Menschen bei guter Laune zu halten, ist Faulheit nichts anderes als Gelassenheit. »Einer von uns ist der Messias.« Und so behandeln sie einander mit dem größten Respekt, mit jener außergewöhnlichen Freundlichkeit, die einem Messias gebührt, dem Göttlichen, das sich im Alltäglichen verbirgt. Einer von uns wurde von Gott gesandt, dem wir unendlichen Respekt schulden. Die gegenseitige Achtung, welche die Mönche empfinden (nur für den Fall, dass einer von ihnen tatsächlich der Messias ist), verändert allmählich ihre Beziehungen – und damit die Atmosphäre im Kloster. Sie nehmen einander völlig anders wahr, nämlich als freiere und glücklichere Menschen. Mit der Zeit kommen weltliche Besucher und dann auch Novizen. Eine wunderbare geistige Erneuerung setzt ein, durch die Freude und Staunen wiederkehren. Die Mönche hatten gelernt, die Welt mit neuen Augen zu sehen, und so veränderte sich ihr Leben.

Der Respekt hängt allerdings nicht nur vom Sehen ab, sondern auch vom Zuhören. Er existiert nicht ohne lauschendes Ohr. Das ist alles andere als selbstverständlich, zumal in unserer lauten Welt. Nie zuvor wurden wir derart von Geräuschen bedrängt, die uns zerstreuen und stören: Verkehr; Maschinen; die geistlose Musik, die wir in Restaurants und Einkaufszentren mit anhören müssen; Flugzeuge, die über unsere Köpfe hinwegdonnern; U-Bahnen, die unter unseren Füßen dahinrauschen; der Fernseher des Nachbarn; das örtliche Rockkonzert. Wir alle sind der Lärmverschmutzung ausgesetzt: einem Getöse, das wir nie hören wollten. Diese ohrenbetäubenden Töne dringen in uns ein, vibrieren im Innern und richten ebenso langsam wie unmerklich Schaden an.

Vielleicht machen wir deshalb so viel Lärm, weil uns nicht nach Zuhören ist. Das Lauschen findet allein in der Stille statt. Ich kann dich nur hören, wenn kein Krach von außen kommt und wenn ich vor allem jene inneren Stimmen zum Schweigen gebracht habe, die mich von dem ablenken, was du mir sagen möchtest. Versuchen wir jemandem wirklich zuzuhören, wird uns bewusst, wie sehr wir miteinander konkurrieren. Wir mögen zwar hinhören, aber dabei gehen uns alle möglichen Gedanken – Ideen, Vorstellungen, Wörter – durch den Kopf, von denen ein jeder nur darauf wartet, dass der andere verstummt und er selbst nun gedacht werden kann; außerdem können *wir* es einfach nicht erwarten, endlich zu sprechen. Wenn wir unser Gegenüber nicht mit unserer Stimme unterbrechen, so tun wir es gewiss mit unseren Gedanken.

Bisweilen habe ich in meinen Workshops eine Methode angewandt, mit der man das Zuhören einüben kann (keine Ahnung, wer sie ersonnen hat): Man legt eine Muschel oder einen anderen Gegenstand in die Mitte des Teilnehmerkreises. Wer immer sprechen möchte, nimmt die Muschel und sagt, was ihm auf dem Herzen liegt. Die anderen hören zu, niemand darf sprechen – außer der Person, die die Muschel in der Hand hält. Sobald sie ihre Rede beendet hat, legt sie die Muschel in die Mitte zurück; nach einem kurzen Schweigen, in dem jeder das Gesagte innerlich verarbeitet, nimmt jemand anders die Muschel. So geht es weiter, bis jeder einmal an der Reihe war.

Das ist eine nützliche Methode, eben weil sie erkennen lässt, wie stark unser Drang ist, das Wort zu ergreifen, ohne zuzuhören, mit welch leidenschaftlichem Verlangen wir reden wollen. Außerdem macht sie deutlich, dass das Zuhören uns zwingt, das eigene Tempo zu verlangsamen und in meditativer Weise nachzudenken, denn wahres Verständnis erfordert Schweigen und Anteilnahme.

Bald jedoch bekommen die Teilnehmer die Übung satt. Sobald die Muschel wieder in der Mitte liegt, stürzen sich gleich mehrere darauf; während jemand spricht, sind sie schon auf dem Sprung, denken an all die wichtigen Dinge, die sie zu sagen haben – und vergessen zu lauschen.

Das Zuhören bedarf jedoch nicht nur des Schweigens, sondern auch der Fähigkeit, genau darauf zu achten, *wie* etwas gesagt wird. Oft sind die Worte selbst gar nicht so wichtig, kommt es vielmehr auf den Tonfall an. Das »Ja« zum Beispiel, das jemand zu Ihnen sagt – klingt es gezwungen oder enthusiastisch, scharf oder widerwillig? Einfache Sätze wie: »Ich mache jetzt einen Spaziergang« oder »Wo hast du die Zeitung hingelegt?« können Wut, Missfallen, Protest, Zuneigung beinhalten; wir brauchen nur aufmerksam hinzuhören. Einmal sah ich ein Gemälde: Ein Fenster mit flatternden Vorhängen öffnete sich auf einen Himmel voll dunkler Sturmwolken. Darunter stand: »Ich weiß nicht mehr, *was* du gesagt hast, aber ich weiß noch, *wie* du es gesagt hast.«

Das Zuhören ist eine großartige Kunst, die das Gegenüber neu belebt und anregt. Es empfindet einen inneren Frieden, weil jemand ihm wundersamerweise lauscht, ohne das Mikrofon an sich reißen zu wollen oder seine Bemerkungen anzweifeln oder etwas Klügeres zu sagen oder das Thema zu wechseln. Das Zuhören verleiht allem, was gesagt wird, und der Person, die spricht, einen besonderen Wert. Beim aufmerksamen Zuhören vernehmen wir auch, was nicht offen beim Namen genannt wird. Wir hören die Stimme der Seele, vielleicht sogar ihren Schrei.

Das Zuhören verschafft auch dem Zuhörer Erleichterung, weil es ihm jene Ruhe schenkt, die aus dem Schweigen kommt. Um zu lauschen, muss man das eigene Ich loslassen und leer werden. Eine Zeit lang gibt es keine persönlichen Schwierigkeiten und Ängste mehr. Der innere Lärm ist abgestellt. Im Zuhören ist man frei.

Folglich hat Respekt ebenso viel mit Sehen wie mit Hören zu tun. Sind die Augen der Spiegel der Seele, so scheinen dagegen die Ohren nichts von uns zu offenbaren; sie sind der am wenigsten ausdrucksfähige Teil unseres Gesichts. Doch wenn man ihre merkwürdig komplexe Form einmal näher betrachtet, sieht man ein außergewöhnlich sensibles Organ – mit einer Empfänglichkeit, die wir in unserem hastigen, verkrampften Leben oft zu verlieren drohen. Das Ohr ist das Inbild unserer Offenheit für die Welt.

Die gute Nachricht lautet, dass das Zuhören keine langweilige Pflicht ist, sondern ein aufregendes Abenteuer – denn wenn wir ganz Ohr sind, hat jeder etwas Interessantes zu sagen, selbst der gewöhnlichste und unfähigste Mensch.

In einer afrikanischen Geschichte erhält die Spinne Ananse vom Himmelsgott den Auftrag, alle Weisheit der Welt zu sammeln und sie ihm zurückzubringen. Dafür soll sie dann »die Weiseste aller Zeiten« genannt werden. »Kein Problem«, erwidert Ananse. »Ich erledige das in drei Tagen.«

Sie sammelt alle Weisheit der Welt, tut sie in einen großen Topf, befestigt ihn auf ihrem Rücken und fängt an, zum Himmel emporzuklettern; sehr langsam ersteigt sie eine hohe Kokospalme, deren Wipfel sich in den Wolken verliert. Sobald ihr jemand Hilfe anbietet, lehnt sie ab: Sie will die Herausforderung allein bestehen und die einzige Hüterin der Weisheit sein. Sie ist sehr stolz auf ihre Aufgabe. Vom Boden aus folgen ihr alle mit angehaltenem Atem. Am Ende schafft sie es: Mit der ganzen Weisheit der Erde kommt sie im Himmel an. Sie hat ihr Ziel erreicht! Welch ein Triumph! Sie hebt ihre acht Beine hoch zum Zeichen des Sieges. O weh! Plötzlich verliert sie den Halt und stürzt kläglich zu Boden. Der Topf bricht entzwei und die Weisheit zersplittert in tausend Teile. Jeder möchte diese kostbaren Bruchstücke haben und rennt los, um sie aufzusammeln: Sie sind so interessant, so schön. Und von jenem Tag an hat niemand ein Monopol auf die Weisheit. Jeder besitzt einen Teil von ihr. Noch die Unwissendsten, Geknechtetsten, Dickköpfigsten oder offenbar weniger Begabten verfügen über ein bestimmtes Maß an Weisheit. Jeder hat etwas Interessantes und Originelles mitzuteilen.

Respekt ist eine notwendige Voraussetzung zur Lösung von Konflikten. Spannungen und Streitigkeiten sind stets gegenwärtig: in der Familie, in der Schule, im Beruf, zwischen sozialen Gruppen und unter Menschen. Von der belanglosen Auseinandersetzung zwischen Freunden bis zum Atomkrieg sind sie fast immer eine absurde Verschwendung von Kraft und Zeit – und die Ursache endlosen Elends. Aggressivität und Herrschaft erweisen sich als ebenso primitive wie bemerkenswert ineffektive Mittel, Probleme zu bewältigen, insofern sie mehr Schaden anrichten, als sie abwenden können. Wenn Konflikte nicht in zerstörerischer Weise zum Ausbruch kommen, bestehen sie unterschwellig fort, verbrauchen Energie und Ressourcen. Nur ein Beispiel: In den Vereinigten Staaten gehen 65 Prozent aller Probleme bezüglich der Arbeitsleistung auf Konflikte zwischen Angestellten zurück; und in den 500 größten amerikanischen Unternehmen verbringen hochrangige Manager 20 Prozent ihrer Arbeitszeit mit Angelegenheiten, die Konflikte und Rechtsstreitigkeiten betreffen.

Die Bereinigung solcher Zwistigkeiten kann sich auf die Beziehungen innerhalb der Firmen ebenso günstig auswirken wie auf deren Effizienz. In Schulen mag sie das allgemeine geistige

Niveau heben. Dazu muss zunächst einmal jede Partei ihre Position deutlich zum Ausdruck bringen und dann die Standpunkte und Forderungen der gegnerischen Partei anerkennen. Das ist Respekt: die volle Anerkennung des eigenen Selbst und des Anderen. Konfliktlösung durch Rücksichtnahme und Zuhören ist die wirksamste und eleganteste Methode, Querelen beizulegen. Damit behaupte ich nicht, dass sie immer funktioniert, denn Unvernunft, Streitsucht und Halsstarrigkeit sind nur allzu weit verbreitet. Aber zumindest macht man damit einen sinnvollen Anfang.

Die bisherigen Ausführungen können folgendermaßen zusammengefasst werden: Respekt haben heißt, anderen jenen Raum zu gewähren, den sie verdienen. Oft aber gelingt uns das nicht. Zuallererst fällen wir nämlich Urteile über sie. Als voreilige und voreingenommene Richter ziehen wir rasch unsere Schlüsse. Selbst ohne ein einziges Wort auszusprechen bilden wir uns eine Meinung über jedwede Person, die wir vor uns haben: »Er ist zwar angenehm, im Grunde jedoch anmaßend«; »Sie scheint ganz nett zu sein, ist aber unaufrichtig« usw. Urteilen kostet nichts, geht schnell und macht keinerlei Mühe. Es gibt uns ein trügerisches Überlegenheitsgefühl hinsichtlich des Menschen, den wir taxieren. Ob unser Urteil zutrifft oder nicht – es beeinträchtigt die Beziehung. Der Andere spürt es, wird dadurch beeinflusst, möglicherweise gekränkt oder tief verletzt.

Urteile wecken in uns häufig den Wunsch nach Kontrolle. Wir wollen dem Anderen einen Rat erteilen, ihm nahe legen, wie er sein Leben gestalten soll, ihn retten. Wie oft hat Ihnen schon jemand zu erläutern versucht, welche Nahrungsmittel Sie zu sich nehmen, welche Filme Sie sehen, welche Bücher Sie lesen, wie Sie Ihre Zeit nutzen, wen Sie heiraten beziehungsweise nicht heiraten, an welchen Gott Sie glauben sollen?! Und dieser Rat diente nicht nur dazu, Ihnen bestimmte Einsichten zu übermitteln, sondern auch als Druckmittel. Dahinter verbarg sich der Gedanke, dass Sie es allein nicht schaffen, dass Sie Unterweisung brauchen und sich bessern müssen.

Das mythische Bild von Prokrustes' Bett ist äußerst vielsagend. Dieser schreckliche Riese lauerte Wanderern auf und zwang sie, sich auf sein Bett zu legen. Wenn ihr Körper dessen Maßen genau entsprach, hatten sie Glück. Doch wenn sie zu groß waren, hackte er ihnen die Füße ab, und wenn sie zu klein waren, zog er ihre Glieder in die Länge, bis sie passten. Die Grausamkeit des Prokrustes verweist auf die von Menschen, die sich in die Angelegenheiten anderer Leute einmischen und sie in ein Schema zwingen wollen. Wahrscheinlich sind wir nie so weit gegangen wie dieser Riese, aber irgendwann erliegen wir alle der Versuchung, andere nach unseren Vorstellungen und Wünschen zu formen.

Um zu begreifen, welchen Schaden solche Urteile und Kontrollmechanismen anrichten, brauchen wir uns nur ein extremes Beispiel vor Augen zu führen: das totalitäre Regime, unter dem jeder bevormundet und gezwungen wird, sich in bestimmter Weise zu kleiden, einen Bart oder Schnurrbart zu tragen, das Gesicht zu verhüllen, die gleichen Bücher zu lesen, die gleichen Auffassungen zu vertreten oder irgendeine andere Sitte zu pflegen, die man den Bürgern aufoktroyiert, um das Leben aller zu kontrollieren. Ein rumänischer Musiker erzählte mir, dass man in seinem Land während der Diktatur Ceauşescus keinen Jazz spielen durfte, eben weil dieser als Symbol der dekadenten amerikanischen Gesellschaft galt. Nur klassische Musik war erlaubt. Falls er es doch einmal wagte, mit einigen Freunden zu jazzen, kam bald die (von Spitzeln verständigte) Polizei, um ihn zu verhaften. Wenn Musik Ausdruck der Seele ist, dann zielt ihre Unterdrückung darauf ab, die Seele abzutöten. Dieses extreme Beispiel macht eines deutlich: Der Schrecken begann, weil jemand zu wissen glaubte, was für alle am besten ist.

Die Toleranz ist eine große Tugend. Ohne sie gibt es keine Kreativität, keine Liebe und keine Möglichkeit für Entwicklung oder Veränderung – weder bei einem Individuum noch in einer Gesellschaft. Zugleich aber dürfen wir die Toleranz nicht übertreiben. Ungerechtigkeit, Tyrannei, Gewalt – um nur einige Schreckgespenster beim Namen zu nennen – müssen bekämpft werden.

Wir müssen dem Bösen ins Auge sehen, anstatt ihm auszuweichen. Wie die Geschichte zeigt, breitet es sich oft deshalb aus, weil es stillschweigend geduldet oder nicht weiter beachtet wird. Wer allzu tolerant ist, mag eines Tages Panzer vor seiner Tür stehen sehen.

Demnach gibt es eine Zeit für Toleranz und eine Zeit für Intoleranz. Jedenfalls ist ein hohes Maß an Respekt eines der einfachsten Mittel, eine Beziehung offen zu gestalten – eben indem wir die anderen so sein lassen, wie sie sind, ohne sie (nicht einmal in Gedanken) zu bedrängen mit Urteilen, Ratschlägen, Zwängen und Hoffnungen, sie mögen doch so oder so sein. Wir tun gut daran, ihnen zuzutrauen, dass sie ihr Schicksal selbst bestimmen können. Durch Unterdrückung wird die Freundlichkeit erstickt, im Freiraum lebt und atmet sie. Das ist der Respekt, den wir erfahren möchten – und den auch wir uns aneignen können, um ihn Menschen entgegenzubringen.

FLEXIBILITÄT

Pass dich an oder geh unter

Alles ist dem Wandel unterworfen. Unser Körper verändert sich, ebenso unsere Vorstellungen, unsere Stimmungen – wie auch die der Menschen, denen wir nahe stehen. Unsere Liebesbeziehungen und Freundschaften ändern sich, desgleichen unsere Lebensplanungen und finanziellen Verhältnisse. Die Ursachen unseres Leidens oder unseres Glücks ändern sich. Die politische Situation ändert sich. Mode und Wetter ändern sich. Sogar die Veränderung selbst ändert sich.

In einer Welt, wo nichts gleich bleibt, ist es schwierig, irgendein Bollwerk zu finden, das uns Sicherheit und Schutz gewährt. Die einzige Möglichkeit, zu überleben, besteht in der Kunst, sich den Ereignissen anzupassen, die uns ständig überraschen. Wer sich anpasst, überlebt. Wer inmitten veränderlicher Bedingungen auf der Stelle verharrt, geht unter.

Die Evolution selbst wie auch jedes winzige Detail in der lebendigen Welt ist eine Hymne auf die Anpassungsfähigkeit: Das Auge eines Insekts, das Gefieder eines tropischen Vogels, die Flosse eines Delphins, die Knochenstruktur eines Flughundes, die Strategie eines Reptils oder die Funktionen des menschlichen Gehirns – all das sind Zeugnisse der Anpassung an ein ständig wechselndes Leben. Jenen, die sich nicht anpassen, ergeht es am Ende wie den Dinosauriern.

Flexibilität und Anpassungsfähigkeit sind Eigenschaften, die Wissenschaft und Technologie zu verstehen und nachzuahmen suchen. Ein gutes Beispiel dafür sind die Teleskope der Zukunft, die auf einer anpassungsfähigen Optik beruhen. Die Erdatmosphäre ist ein Filter, der die Bilder aus dem Weltraum trübt und verzerrt. Die neuen Teleskope, die auf weit entfernte Sterne gerichtet sind, werden die Atmosphäre berücksichtigen und ihre Spiegel gemäß deren Perturbationen einige Hundert Mal pro Sekunde ein klein wenig anders einstellen. Auf diese Weise werden wir in der Lage sein, scharfe Aufnahmen selbst von extrasolaren Planeten zu erhalten, die sich bislang nicht erfassen ließen. Das ist eine Erfindung mit einer eigenen Symbolik: Wir werden noch tiefer in den Raum blicken können – nicht indem wir das Hindernis überwinden, sondern indem wir uns ihm anpassen.

In der Kriegsführung behält derjenige die Oberhand, der sich als flexibler erweist. Deshalb hatten die leichteren und schnelleren englischen Schlachtschiffe einen entscheidenden Vorteil gegenüber den langsamen und schweren Galeonen der scheinbar unbesiegbaren spanischen Armada. Und auch in der Geschäftswelt ist Anpassungsfähigkeit eine Geheimwaffe: Dort führt Unnachgiebigkeit unweigerlich in die Niederlage. Der Verkauf von Regenschirmen während einer Trockenperiode oder von Schulbüchern am Anfang der Ferien hat noch nie jemanden reich gemacht. Wer dagegen die Nachfragen eines ständig sich ändernden Marktes zu erahnen vermag, überlebt und wird wohlhabend.

Flexibilität ist eine Form von praxisbezogener Klugheit, von Intelligenz, die in der Gegenwart gründet und schon die geringfügigsten Anzeichen des Wandels richtig zu deuten weiß – um dann jene Geschicklichkeit und Geschmeidigkeit zu bewirken, die für eine Anpassung an die neuen Bedingungen erforderlich sind. Diese Art von Klugheit resultiert aus der Einsicht, dass wir nicht jedes Detail unseres Lebens kontrollieren können. Die momentane Situation meistern zu wollen ist durchaus legitim, zumal wenn wir Chirurgen, Piloten oder Seiltänzer sind. Doch die totale Kontrolle über das eigene Leben ist eine Fiktion, eben weil zu viele Variablen mit im Spiel sind. Ein Versuch in dieser Richtung würde uns wahnsinnig machen und dem Risiko aussetzen, das Gegenteil dessen zu erhalten, was wir ersehnen. Oft ist es ratsamer, das Unerwartete zu akzeptieren.

Tun wir das nicht, sind wir in Schwierigkeiten. Genau dies musste ich einmal am eigenen Leibe erfahren: Ich befand mich in einer Lage, die ich völlig kontrollieren wollte. Ein wichtiger Radiosender hatte mich um ein Live-Interview gebeten. Meine Worte würden ausgestrahlt werden, ohne dass ich die Möglichkeit hätte, sie zu korrigieren oder zu löschen. Das Gespräch sollte telefonisch geführt werden, und allein schon die Vorstellung, dabei von einem meiner singenden oder schreienden Kinder unterbrochen zu werden, beunruhigte mich. Also vereinbarte ich, dass der Interviewer mich in meinem Büro anruft, einem ruhigen Zimmer im obersten Stockwerk, weit entfernt sowohl von häuslicher Umgebung wie von Verkehrslärm. Dort eingetroffen, erfuhr ich, dass der Klempner an den Rohrleitungen des Gebäudes arbeitete, doch darüber machte ich mir keine Gedanken. Nach einer Weile läutete das Telefon und das Interview begann. Als wir einen entscheidenden Abschnitt der Diskussion erreichten und die erhabenen Themen des Geistes in Angriff nahmen, geschah das Unvorhersehbare: Obwohl ich niemanden erwartete, klingelte es an der Tür. Ich schenkte dem keine Beachtung und sprach weiter, aber das Klingeln hörte nicht auf. Es war der Klempner. Er wusste, dass ich mich in meinem Büro aufhielt, und da ich nicht antwortete, rief er mit lauter Stimme durch die geschlossene Tür: »Dr. Ferrucci, benutzen Sie in den nächsten zwei Stunden nicht Ihre Toilette, sonst richten Sie ein schönes Chaos an!« Die prosaische Aufforderung des Klempners wurde just in dem Augenblick gesendet, als Tausende von Hörern das Radio eingeschaltet hatten, um meinen tiefsinnigen Ausführungen zu lauschen. Da wurde mir klar, dass ich den Ablauf der Ereignisse keineswegs kontrollieren konnte. Nicht die Außenwelt passt sich mir an: Ich bin derjenige, der sich jeder Situation neu anpassen muss. Das ist einfacher und auch praktischer.

Demnach müssen wir alle lernen, weniger starr zu sein. Die psychotherapeutische Arbeit kann als Aneignung oder Wiedergewinnung der inneren Flexibilität definiert werden. Therapeuten helfen Menschen, die die heutige Situation weiterhin mit den Strategien von gestern bewältigen wollen. Jene Methoden, die sich in der Vergangenheit bewährt oder zumindest unser Überleben gewährleistet haben, sind heute überholt, manchmal sogar verhängnisvoll. Wer zum Beispiel in der Kindheit misshandelt wurde, lebt in ständiger Anspannung, kapselt sich vielleicht von den anderen ab wie ein verschrecktes Kind. Oder er wird zu einem unterwürfigen beziehungsweise verführerischen Menschen, der sich bei einem potenziellen Feind einzuschmeicheln versucht. Solche Einstellungen, wie adäquat sie früher auch gewesen sein mögen, haben heute keinen Sinn mehr. Die Gefahr ist vorbei – es wird Zeit, die Masken fallen zu lassen und wirklich zu leben. Ein weiteres Beispiel: Ein Elternteil hat sich viele Jahre lang der Pflege der Kinder gewidmet; darauf geachtet, dass sie gesund bleiben; sie zur Schule gefahren; ihnen zugehört, als sie über ihre Träume oder ihre Probleme sprachen; sich mit Leib und Seele für ihr Wohlergehen eingesetzt. Die Kinder werden größer, ziehen schließlich von zu Hause aus und all die Arbeit und Hingabe hat ein Ende. Der Elternteil gleicht einer veralteten Maschine, die keinen Zweck mehr erfüllt und in einer Ecke vor sich hin rostet. Das äußere Szenario ist vollkommen neu. Wird auch die innere Einstellung sich ändern?

Es geht darum, uns allen dabei zu helfen, die gegenwärtige Wirklichkeit zu erkennen. Denn diese ist mit ihren harten, unangenehmen Eingriffen in unser Leben die große Lehrmeisterin. Die Wirklichkeit folgt ihrem eigenen Rhythmus, ohne unsere Hoffnungen und Träume zu berücksichtigen. Derlei Vorstellungen sind zwecklos, wenn sie nicht dazu beitragen, dass wir den jeweiligen Tatsachen ins Auge sehen.

Deshalb ist Flexibilität nicht nur eine erfolgversprechende Strategie, sondern auch eine geistige Qualität. Sie bewirkt die Loslösung aus starren Bindungen, die Wachsamkeit im Hier und Jetzt, die Hinnahme dessen, was *ist*. Veränderungen in unserem Leben können unerfreulich, ja erschreckend sein: Vielleicht erwidern die Menschen unsere Liebe nicht so wie früher; lässt unsere berufliche Leistungsfähigkeit nach; wird unser Körper schwächer; verkaufen sich unsere Produkte nicht mehr so, wie es in der Vergangenheit der Fall war; vergessen uns Freunde, die uns einmal Beistand leisteten und menschliche Wärme entgegenbrachten; erscheinen uns Tätigkeiten nun langweilig und leer, denen wir vorher mit freudiger Erregung nachgingen. Angesichts des ständigen Wandels empfiehlt uns der Taoismus, so anpassungsfähig wie Wasser zu sein, das um und über Felsen fließt, seinen Lauf leicht abändert und ihn dann fortsetzt. Wenn wir imstande sind, noch unsere liebsten Überzeugungen loszulassen, können wir uns dem Neuen, dem Paradoxen und Absurden öffnen. Das ist Kreativität. Diese Einstellung wird dann zu einer Lebensform, ja zu einem geistigen Weg. Wir erlangen die Fähigkeit, uns von überkommenen Strukturen frei zu machen, und sind demütig genug, noch einmal von vorn zu beginnen.

Die Anpassung an die gegenwärtige Wirklichkeit erfordert auch, Frustrationen zu akzeptieren. Psychologen haben bei Kindern die Fähigkeit gemessen, eine kleine Enttäuschung zu verkraften – zum Beispiel ein M&M im Mund zu behalten, ohne es in den nächsten 10 bis 30 Sekunden zu essen; nicht zum Versuchsleiter zu schauen, während er, mit Papier raschelnd, eine Packung öffnet, die ein Geschenk für dieses Kind enthält; Spielsachen anzuschauen und einen Gegenstand davon auszuwählen, ohne die anderen zu berühren; am Flipperautomaten den Stab, der den Ball ins Spielfeld befördert, herauszuziehen, ihn aber erst loszulassen, wenn es erlaubt wird; mit einem anderen Kind abwechselnd Holzklötze zu einem Turm aufzuschichten, ohne ihn zum Einsturz zu bringen. Der Untersuchung zufolge erweisen sich jene Kinder, die die Frustration am leichtesten akzeptieren, als die stärksten und zugleich gewissenhaftesten; sie sind in Gesellschaft am angenehmsten und für neue Erfahrungen am meisten aufgeschlossen.

Jahre später werden diese Kinder Erwachsene sein, die mit den kleinen, so vertrauten Widrigkeiten des Alltags besser zurechtkommen: Man findet keinen Parkplatz; die Person, auf die man wartet, erscheint nicht rechtzeitig; der Computer streikt; das Wetter ist miserabel und der Ausflug wird gestrichen; die Schlange im Supermarkt ist lächerlich lang; man muss mit der nervigen Bürokratie fertig werden usw. Die Wirklichkeit weiß nichts von unseren Plänen und wartet mit immer neuen Störungen auf. Aufgrund einer kürzlich durchgeführten Untersuchung werden Sie heute zwangsläufig 23 Mal frustriert sein (im Vergleich zu 13 Mal vor zehn Jahren). Werden Sie dagegen ankämpfen oder gelassen darüber hinwegsehen?

Die Fähigkeit zur Flexibilität wirkt sich in vielerlei Hinsicht auf unsere Beziehungen aus. Wir mögen zwar über menschliche Wärme und einen guten Willen verfügen, aber wenn wir uns neuen Gegebenheiten nicht anpassen, sind wir gestresst, schlecht gelaunt, verärgert, feindselig oder fühlen uns von einer unerwarteten Situation völlig überfordert; dadurch steht uns weniger geistige und seelische Energie zur Verfügung, um unsere besten Seiten zum Ausdruck zu bringen. Wir sind nur zur Hälfte anwesend. Die andere Hälfte streitet, murrt, widersetzt sich.

Da flexible Menschen die Realität akzeptieren, sind sie auch umgänglicher. Mit wem würden Sie gerne zu Abend essen – mit jemandem, der sich beklagt, wenn es keine flambierten Garnelen zu einem 67er Riesling gibt, oder mit jemandem, den ein einfaches Nudelgericht mit Bohnen höchst zufrieden stellt? Wer wäre ein besserer Gast – ein Freund, der schon für einen erquickenden Nachtschlaf dankbar ist, keine besonderen Wünsche anmeldet und in Ihrem Zuhause gut allein zurechtkommt, oder ein Verwandter, der ständig Ihre Gesellschaft braucht, sich über die zu harte Matratze beschwert und Sie bittet, ihm bei der Suche nach einem Experten für japanische Briefmarken behilflich zu sein? Zweifellos sind unkomplizierte, lässige Menschen ein wahrer Segen.

Wünsche und Forderungen markieren den Bereich, in dem eine

Beziehung auf die Probe gestellt wird. Wenn die Bedürfnisse normal und berechtigt sind, wechselseitig erkannt und gestillt werden, ist alles in Ordnung. Die Beziehung funktioniert. Doch wenn sich Bedürfnisse in dringende, launenhafte Forderungen verwandeln, gerät die Beziehung in Schwierigkeiten. Dann erscheint diese uns eher wie eine Floßfahrt durch Stromschnellen als ein wohltuender Spaziergang übers Land.

Aber siehe da: Überzogene und willkürliche Forderungen können eine tiefere Ursache haben, als es zunächst scheint. Tatsächlich sind sie oft eine Art Vorwand, denn sie verleiten uns dazu, das Wichtigste in einer Beziehung auszuklammern – nämlich den Partner so zu sehen, wie er ist, miteinander zu kommunizieren und harmonisch zusammenzuleben. Viele Menschen, die insgeheim Angst haben vor Intimität, errichten eine Mauer zwischen sich und dem Anderen, die aus ständigen Forderungen und Pflichten besteht. Es gibt die Karikatur einer Frau, die einen diamantbesetzten Verlobungsring erhalten hat und ihn mit der Lupe genau untersucht. In diesem Augenblick ist ihr der Verlobte völlig egal. Sie sieht lediglich den Diamanten. Man stelle sich am entgegengesetzten Ende der Skala einen Menschen vor, der mit wenig zufrieden ist und sagt: »Ich brauche nichts; ich bin glücklich, einfach mit dir zusammen zu sein.« Welch tiefer Seufzer der Erleichterung!

Neben den aktiven Forderungen, die wir lautstark zum Ausdruck bringen, können auch die passiven Chaos verursachen. Das sind jene Forderungen, die wir als selbstverständlich erachten und nicht deutlich zu erkennen geben. Eine der am weitesten verbreiteten ist diese: »Ich erwarte, dass du immer gleich bleibst.« Selbst wenn wir die Hoffnung bekunden, dass die Menschen in unserer Umgebung sich ändern, neigen wir häufig zu perzeptiver Trägheit: Wir fahren fort, sie in der gewohnten Weise wahrzunehmen, und hegen unbewusst den Wunsch, dass sie so bleiben, wie wir sie sehen. Alles, was dieser fixen Idee zuwiderläuft, stört und ärgert uns.

Wir erwarten also, dass die Menschen ringsum weiterhin so

sind, wie sie immer waren. Wir etikettieren sie und bewahren sie gleichsam in einer geistigen Schachtel auf. Als Psychotherapeut bekomme ich manchmal Anrufe von den Verwandten einer Patientin, die dagegen protestieren, dass sie sich ändert – und vielleicht energischer auftritt oder einen neuen Charakterzug zum Ausdruck bringt. Infolgedessen wird das Leben mit ihr schwieriger. Natürlich wollen die Verwandten nur, dass die Frau nicht länger leidet und anderen kein Leid mehr zufügt, aber sie übersehen eines: Damit dies geschehen kann, muss sie sich ändern. Und wenn sie dann nicht mehr dem Bild entspricht, das die anderen von ihr haben, geraten sie außer Fassung. Ich erinnere mich noch gut an die Überraschung und Geringschätzung eines Vaters, als seine Tochter, die bis dahin depressiv, lustlos und gehorsam war, beschloss, ihren Job aufzugeben und eine Weltreise zu machen. Sie hatte sich verändert und beanspruchte ihre Freiheit. Er jedoch hielt an der Vergangenheit fest und bekämpfte ihren neuen Zustand mit all seinen schweren Geschützen.

Die folgende Geschichte ist wohl jedem schon einmal passiert. Eines Abends im Restaurant bestellte ich anstatt der üblichen Pasta mit Gemüse nebst Mineralwasser eine Pizza mit Wurst und ein Glas Bier. Sie hätten die Reaktion der übrigen Familienmitglieder am Tisch sehen sollen: Sie betrachteten mich als geradezu pervers, als ein Individuum ohne Geschmack, eine verlorene Seele, die künftig mit ernsten gesundheitlichen Problemen konfrontiert sein würde – obwohl es ihnen völlig gleichgültig gewesen wäre, wenn irgendjemand anders das Gleiche bestellt hätte. Sie konnten einfach nicht die Diskrepanz zwischen meiner Essenswahl und dem Bild ertragen, das sie sich von mir gemacht hatten, und mit der Vorstellung vertraut werden, dass ich die so gezogenen Grenzen überschritt. Sind wir eine besonders strenge Familie? Ich glaube nicht. Wir sind ganz normal. Aber ich entscheide mich immer für die Freiheit. Ideal wäre eine Welt, in der sich halbwüchsige Kinder und Eltern gegenseitig die Erlaubnis geben, sich das Haar zu färben; irgendeinen Ring an irgendeinem Körperteil zu befestigen; den eigenen sexuellen Vorlieben zu folgen; die Kleidung zu tragen, die einem gefällt; nach Gutdünken sein Geld auszugeben; frei über jede Art von chemischer Substanz zu verfügen, die man seinem Organismus zuführen will (nun, mit gewissen Ausnahmen); die Persönlichkeit zu ändern; plötzlich in ferne und geheimnisvolle Länder aufzubrechen …

Es herrscht allgemein die Vorstellung vor, dass wir mit zunehmendem Alter unnachgiebiger werden. Richtig ist aber auch, dass Kinder Gewohnheitstiere sind und die Veränderung oft scheuen. Ich denke mir, dass wir ihr Bedürfnis nach genau vorgegebenen Strukturen respektieren sollten. Einmal wollte ich meine Patentochter, die ich ein Jahr lang nicht gesehen hatte, damit überraschen, dass ich mich im Kleiderschrank versteckte und in dem Augenblick heraussprang, als sie das Zimmer betrat. Dieses Gespenst gefiel ihr überhaupt nicht und sie rannte schreiend davon. Sie hatte Recht: Paten kommen nicht aus Kleiderschränken. Kinder brauchen feste Bezugspunkte. In ihrer Gegenwart darf man die Flexibilität nicht übertreiben.

Bei Erwachsenen hingegen verhält sich die Sache anders. Wenn es uns gelingt, die Zügel ein wenig schleifen zu lassen und die eigenen Erwartungen nicht allzu ernst zu nehmen, geben wir anderen den Freiraum, so zu sein, wie sie es gerne möchten, neue Denk- und Verhaltensweisen zum Ausdruck zu bringen, uns unverhoffte Seiten ihrer Persönlichkeit zu zeigen und vielleicht reifer zu werden. Wenn man mit jemandem eine Beziehung eingeht und insgeheim hofft, dass der Andere stets gleich bleiben wird – denn schließlich hat man sich an seine Art gewöhnt –, dann steht man in Kontakt mit einer Subskription oder einer Versicherungspolice, aber nicht mit einer realen Person. Je mehr man ihm die Möglichkeit gibt, zu experimentieren und sich zu ändern, desto mehr wird die Beziehung zu einem Abenteuer, bei dem beide sich immer wieder verwundert fragen, was wohl als Nächstes geschehen mag.

Auch die Familie kann mehr oder weniger anpassungsfähig sein, mehr oder weniger die Fähigkeit besitzen, sich auf momentane Belastungen, Veränderungen und schwierige Phasen der kleinen und großen Kinder einzustellen. Untersuchungen haben gezeigt: Je größer die Anpassungsfähigkeit der Familie während der Adoleszenz, desto besser die Beziehungen zu den Kindern, wenn sie dann erwachsen sind.

Wenn wir flexibel sind, passen wir uns den Veränderungen der anderen leichter an und können dadurch auch die schwierige Aufgabe des Nachgebens besser bewältigen, ohne deprimiert oder wütend zu werden. Nachgeben heißt zum Beispiel anzuerkennen, dass jemand anders mehr weiß als man selbst, sich für einen Fehler zu entschuldigen, die eigenen Irrtümer einzugestehen, anderen Menschen den Vortritt zu lassen. Haben Sie sich mit Ihrem Wagen je an einer Kreuzung oder in einer Fahrspur befunden, während kein einziger Fahrer das Tempo drosselte, um Sie einscheren zu lassen? Vielleicht war auch ich unter ihnen. Wenn ich am Steuer sitze, gewähre ich anderen manchmal die Vorfahrt, manchmal aber nicht und dann muss ich das (wie ich gemerkt habe) vor mir rechtfertigen. Ich sage mir, dass ich in zu großer Eile bin, um anzuhalten, oder dass der betreffende Fahrer zu aggressiv nach vorn brauste oder dass der Hintermann möglicherweise auf meinen Wagen auffährt, wenn ich stoppe, um den Anderen in die Spur zu winken. Doch überlegen wir einmal: Wie fühlen Sie sich, wenn alle um Sie herum weiterfahren und so tun, als wären Sie gar nicht da, oder vielleicht sogar noch ein wenig beschleunigen, um die Lücke zu schließen und sie Ihnen zu verweigern? Und wie fühlen Sie sich, wenn jemand anhält, damit Sie die Spur wechseln können, und vielleicht sogar lächelt? Genau so fühlt sich Freundlichkeit an.

Das Autofahren ist unter Umständen der Bereich, in dem einem das Nachgeben am schwersten fällt. Ich erinnere mich an eine bedrückende Szene, die ich vor Jahren auf einer der schmalen Straßen in den Hügeln um Florenz beobachtete, die aus nur einer Spur bestehen. Zwei Autos fuhren direkt aufeinander zu. Normalerweise gibt der eine Fahrer nach, stoppt, fährt rückwärts bis zu einer Ausweichstelle und lässt den anderen vorbei. In diesem Fall aber tat das keiner der beiden. Sie standen da, Stoßstange an

Stoßstange, um miteinander zu streiten. Je mehr Gründe sie ins Feld führten, desto weniger waren sie bereit nachzugeben. Sie vergeudeten ihre Zeit und hielten andere Autofahrer auf, indem sie die Straße blockierten. Schlimmer noch, sie schadeten ihrer eigenen Gesundheit.

Einzulenken fällt uns nicht leicht, obwohl wir wissen, dass es oft die richtige Wahl mit den günstigsten Auswirkungen ist. Unsere Kultur schätzt die Selbstbestätigung und betrachtet eine nachgiebige Haltung als Ausdruck von Schwäche, ja als Niederlage. Das können wir beispielsweise bei Politikern beobachten, die lebhaft debattieren – und eine panische Angst davor haben, inkompetent zu erscheinen. Gewöhnlich sind diejenigen, die um jeden Preis die Stärksten sein wollen, im Grunde genommen die Schwächsten; bisweilen machen sie sogar einen lächerlichen oder mitleiderregenden Eindruck. Filmkomödien führen uns diese Tatsache mit großem Humor vor Augen. Ich denke da an jene berühmte Szene in Chaplins *Der große Diktator,* wo Hitler und Mussolini ihre Überlegenheit in Bezug auf den Anderen nur dadurch zeigen können, dass sie sich in eine immer höhere Sitzposition bringen. Indem sie ihre Stühle mehr und mehr erhöhen, stoßen sie schließlich mit dem Kopf an die Decke.

Der angenehmste Aspekt der Flexibilität, der zugleich am meisten mit Freundlichkeit zu tun hat, ist vielleicht die Verfügbarkeit. Menschen unterscheiden sich in dieser Hinsicht sehr voneinander, je nachdem, inwieweit sie diese Eigenschaft besitzen. Einige verstecken sich hinter Anrufbeantwortern, unpersönlichen Assistenten, Wartezimmern, Warteschlangen und Wartelisten. Manchmal sind sie wirklich bedeutende Menschen und das Warten ist durchaus gerechtfertigt. Doch ich vermute, dass es sich dabei häufig um eine Art Inszenierung handelt, durch die sie einen spüren lassen wollen, dass sie äußerst beschäftigt und viel bedeutender sind als man selbst. Einmal bat ich um einen Gesprächstermin mit einem Literaturagenten, der sich um eines meiner Bücher kümmern sollte. Die Sekretärin machte großen Wirbel und forderte mich auf, eine detaillierte Biobibliographie zu schicken;

nach einigen Monaten würde der Agent mir dann ein Gespräch gewähren. Dieses »gewähren« klang einfach zu herablassend, also verfolgte ich die Sache nicht weiter. Zum Glück! Denn die Agentin, die ich jetzt habe, ist immer verfügbar, und wenn es um den Verkauf meiner Bücher geht, ist sie eine Wucht.

Diese Verfügbarkeit kann natürlich auch ermüden und Menschen die Tür öffnen, die uns ausnutzen und die Zeit stehlen. Doch ein wenig mehr Freundlichkeit und gute Organisation trägt viel dazu bei, dass andere sich willkommen fühlen. Ich kenne Ärzte, die einen in überfüllten Wartezimmern schmoren lassen – neben leidenden Patienten, von denen manche heftig husten oder laut klagen, so dass man, wenn man selbst endlich an die Reihe kommt, kränker ist als vorher und diesen Ort des Schreckens schnellstens wieder verlassen möchte. Ich kenne aber auch Menschen, die sofort zur Verfügung stehen und einen empfangen, eben weil man da ist und sie in diesem Augenblick braucht – zum Beispiel eine Geigenbauerin in Florenz, deren Werkstatt sich hinter dem Palazzo Vecchio befindet. Sie ist berühmt für die außergewöhnliche Qualität ihrer Instrumente und hat damit schon einige der weltbesten Violinisten ausgestattet. Wenn ich ihr die kleine Geige meines Sohnes zur Reparatur bringe, lässt sie ihre momentane Arbeit ruhen und behebt den kleinen Schaden innerhalb weniger Minuten. In einem ganz anderen Bereich kenne ich einen Mann, der eine Firma namens *Fulmine* (»Blitz«, sie heißt wirklich so) gründete, die mit Rollläden zu tun hat. Einmal rief ich dort an und sprach mit der Sekretärin. Nachdem ich einige Details genannt hatte, fragte ich, wann er kommen und meinen Rollladen reparieren könne – in der Hoffnung, einen Satz zu hören wie: »In ein paar Tagen.« Die Sekretärin aber erwiderte: »Er ist schon auf dem Weg.«

Genau das meine ich mit Verfügbarkeit.

GEDÄCHTNIS

Haben Sie jemanden vergessen?

Sie gehen die Straße hinunter und treffen zufällig jemanden, den Sie seit zwanzig Jahren nicht mehr gesehen haben. Sie wissen nicht, welchen Wechselfällen des Lebens dieser Mensch inzwischen ausgesetzt war. In irgendeinem Teil des Gehirns bewahren Sie immer noch die Erinnerung daran, wie er vor langer Zeit gewesen ist. Gleich einer Wachsfigur im Kabinett Ihres Gedächtnisses ist er noch genau so wie damals. Unerwartet stehen Sie ihm nun gegenüber. Wie in einem Horrorfilm scheint er plötzlich gealtert zu sein. Das ist unheimlich. Als ob jemand den Hebel an der Zeitmaschine betätigt hätte und all diese Jahre im Nu vergangen wären. Auf sehr unsanfte Weise versetzt uns das Leben einen Schock und erinnert uns daran, dass die Zeit nicht stillsteht, dass nichts je so sein wird, wie es war.

So begegne ich also an einem schönen Herbstmorgen meiner ehemaligen Englischlehrerin wieder. Vor vielen Jahren hatte ich eine Zeit lang mit ihr zu tun gehabt: Ich sah sie einmal pro Woche für unsere öden Englischstunden. Dann zogen wir um und ich verlor sie aus den Augen. Nun stoße ich auf sie ohne Vorwarnung. Ich erkenne sie zuerst. Sie wirkt blässer und fülliger, aber ich würde sagen, dass sie mit Würde gealtert ist. Ich erzähle ihr Neuigkeiten aus meinem Leben und frage sie nach den ihren. Da nimmt ihr Gesicht einen traurigen Ausdruck an. Sie sagt: »Wir sind bis zum W gekommen.« Zunächst verstehe ich nicht, was sie meint. Dann fällt es mir ein: Diese Frau schrieb mit ihrem Mann an einem italienisch-englischen Wörterbuch. Sie stellten es auf die alte Art zusammen, gleichsam wie Kunsthandwerker, und gingen von einem Buchstaben zum nächsten über. Eine Weile konzentrierten sie sich zunächst ganz auf das A, und so zählten in ihrem damaligen Leben nur die Wörter, die mit einem A beginnen; dann auf das B usw. Als ich die Lehrerin das letzte Mal sah, hatten sie und ihr Mann das Projekt gerade begonnen.

Sie spricht mit mir über ihr Leben. Schon beim Buchstaben D gab es Anzeichen, *d*ass sich der Zustand ihres Mannes verschlechterte, aber sie machten sich darüber keine allzu großen Sorgen. Beim I trat ein *I*ntervall der Besserung ein, doch unterdessen schritt die Krankheit unmerklich fort. Das L zeigte an, dass es sich um eine *l*ebensgefährliche Krankheit handelte. Zugleich hatten sie einen Autounfall. Das P bezeichnete eine *p*essimistische Phase, in der er bei schwacher Gesundheit war und in die Klinik musste. S war die Zeit *s*chlimmen Leidens und tiefen Kummers; so ging es mit ihm immer weiter bergab, Buchstabe für Buchstabe, bis zum W. Die bereits verlangsamte Niederschrift endete mit dem Tod des Ehemannes. Danach hatte die Lehrerin nicht mehr die Kraft, weiterzumachen. Die Arbeit war unterbrochen, das Wörterbuch blieb unvollendet.

Ich finde diese Methode, sich aufgrund des jeweiligen Buchstabens an frühere Ereignisse zu erinnern, ziemlich merkwürdig; dennoch sollte sie mich nicht verwundern, denn wir alle assoziieren die Meilensteine unserer Existenz mit bestimmten Gedanken und Gefühlen. Was mich jedoch am meisten bewegt, ist der jahrelange Kummer dieser Frau, von dem ich nichts wusste. Ich hatte meinen Weg fortgesetzt, neue Erfahrungen gesammelt – und sie vergessen. In der Zwischenzeit hatte sie gelitten. Mit schmerzlicher Langsamkeit und gequälter Seele war sie durch die Seiten ihres Wörterbuchs gestreift und am Ende allein geblieben.

Ja, die uns bekannten Leute sind immer noch da, selbst wenn wir nicht an sie denken. Nach wie vor leiden sie, arbeiten, freuen sich, werden krank, genesen, sterben. Das ist eine unbestreitbare, augenfällige Tatsache. Aber sind wir uns ihrer wirklich bewusst? Für unseren narzisstischen Geist existieren andere Menschen nur, wenn wir sie sehen, berühren, hören oder zumindest an sie denken.

Begegnen wir ihnen nach vielen Jahren wieder, stellen wir überrascht fest, dass auch ihr Leben weitergegangen ist. Vielleicht fühlen wir uns schuldig, weil wir sie vergessen haben. Meine ehemalige Englischlehrerin hatte tief greifende Veränderungen durchgemacht und sich dabei von A nach W bewegt. Ich war vom Schicksal in eine andere Richtung getrieben worden. Zwar hätte ich ihr Leiden nicht verhindern, aber, wer weiß, durch einen gelegentlichen Anruf oder Besuch vielleicht lindern und ihr das Gefühl geben können, dass sie nicht allein ist, dass es auf der Welt jemanden gibt, der sich ihrer erinnert. Doch dazu ist es nicht gekommen.

Viele Menschen in unserem Leben scheinen mit der Zeit immer mehr in den Hintergrund zu treten. Eine Weile sind sie uns nützlich, interessieren und stimulieren sie uns. Dann verlieren sie an Bedeutung und wir vergessen sie. Dieser Prozess wird noch verstärkt durch die heute vorherrschende Einstellung, die zu unserem angeblichen Vorteil eine illusionäre Welt heraufbeschwört, in welcher Rhythmen schnell, Gefühle oberflächlich und Befriedigungen garantiert sind. Wir leben in einer Pseudo-Gegenwart, die weder mit der Vergangenheit noch mit der Zukunft verbunden ist. Es ist die Gegenwart des Konsums, in der wir ständig nach neuen Produkten Ausschau halten und uns der alten entledigen.

Das ist die so genannte Wegwerfmentalität. Was wir nicht mehr brauchen, wird beseitigt. So zynisch es klingen mag: Diese Einstellung übertragen wir in subtileren und weniger brutalen Varianten auf Menschen. Die Personen, für die wir uns nicht mehr interessieren, vergessen wir. Oft sind das ältere Leute, aber auch die Jüngeren bleiben nicht davon ausgenommen. Nur selten werden wir uns der folgenden Denkweise deutlich bewusst: Wir sind allzu beschäftigt und in Eile, rasen durch die Gegend, unfähig, sämtliche Verpflichtungen zu erfüllen, und da kann man nicht von uns erwarten, dass wir Zeit mit jenen verbringen, die – vom Standpunkt unseres geschäftigen Treibens aus betrachtet – völlig unwichtig sind. Wie Autos auf der Überholspur beschleunigen wir und lassen die langsameren Fahrzeuge hinter uns. Oder aber wir sind die Langsamen, die zuschauen, wie andere sie überholen und in der Ferne verschwinden.

Der Fall der betagten Menschen ist vielsagend. Wer zum Beispiel nach Alaska reist, stellt fest, dass die älteren, noch in der ursprünglichen Lebensweise verwurzelten Inuit respektiert und verehrt werden, weil sie genau wissen, wo das Loch ins Eis zu bohren ist, in dem man die für das Überleben notwendigen Fische findet. Und wer Stammesgemeinschaften in Nigeria besucht, begreift schon bald, dass die Älteren eine hohe Wertschätzung genießen, denn nur sie haben das Recht, Rat zu erteilen und Krankheiten zu kurieren. Im traditionellen Indien wiederum erfährt man, dass das Alter jenes Lebensstadium darstellt, in dem die Ausrichtung auf das Geistige und die Loslösung von weltlichen Beschäftigungen und Zielen im Vordergrund stehen. Hier im Westen dagegen verhalten sich die Dinge anders. Die Älteren werden oft ignoriert, sie büßen ihre Bedeutung und ihr Ansehen ein, schwinden dahin – sowohl in unserem Gedächtnis wie auch in der Wirklichkeit. Schlimmstenfalls sind sie überflüssig. Einmal fragte ich die Teilnehmer einer Gruppe, die ich unterrichtete, welche Begriffe sie spontan mit »Alter« assoziieren würden. Am häufigsten genannt wurden: »Alzheimer«, »Inkontinenz«, »Schwäche«, »Senilität«, »Sarg«.

Ein weiteres Zeichen unserer Zeit ist die Benutzung des Wortes »Gedächtnis« als Analogie. Man hört zum Beispiel, dass gewisse Materialien eine bestimmte Form behalten können: Sie haben ein »Gedächtnis«. Der Stoff meiner Hose »erinnert« die richtige Falte, »vergisst« die falsche. Der Computer hat einen Speicher, und wir nehmen viel Mühe auf uns, alle Dateien wieder und wieder zu sichern für den Fall, dass der Speicher sein »Gedächtnis«

verliert. Mein Steuerberater sichert in seinem Büro jeden Abend sämtliche Daten. Davon hängt seine berufliche Tätigkeit ab. Außerdem hörte ich von einem Mann, in dessen Computer alle geschäftlichen Daten gelöscht wurden: Adressen, Transaktionen, Konten usw. Er geriet derart außer Fassung, dass er erkrankte und bald darauf starb.

Auch wir fühlen uns manchmal wie schlechte Imitationen eines Computers und sind besorgt, wenn wir uns Namen und Telefonnummern nicht merken können. Aber sagt das schon etwas aus über unser Gedächtnis an sich? Ich glaube nicht. Meiner Meinung nach besteht es im Wesentlichen gerade nicht aus gespeicherten Informationen, sondern aus Gefühlen, die wir empfinden, aus Erinnerungen, denen wir eine bestimmte Bedeutung beimessen, aus Beziehungen, die lebendig bleiben, eben weil wir sie nicht vergessen. Die Freunde in meiner Kindheit, ein Abschiedsschmerz, die Begegnung mit einer bestimmten Person, ein wunderbarer Nachmittag im September usw.: all das sind nicht nur Daten, die ich »archiviert« habe, sondern wichtige Bestandteile meiner Lebensgeschichte. Mit Hilfe meines Gedächtnisses gestalte ich meine Existenz und meine Identität. Ich bin der, der ich dank der Erinnerung an meine bisherigen Erfahrungen bin: die Menschen, die ich getroffen, die Fehler, die ich begangen, die Triumphe, die ich genossen habe. Kurzum: Ich erinnere mich, also bin ich.

Sich erinnern heißt lebendig sein, vergessen heißt sterben. Wenn jemand, der nicht mehr da ist, in unserer Erinnerung lebt, wird er uns plötzlich wieder gegenwärtig. Eine Frau, die meine Mutter kannte, erzählte mir Jahre nach deren Tod einige Dinge über sie, die ich nicht gewusst hatte. Meine Mutter war ihr in einem Augenblick der Not zu Hilfe gekommen, hatte sich ihr anvertraut und auch über mich gesprochen. So war meine Mutter unversehens wieder gegenwärtig. Wenn ein Mensch stirbt, hilft man denen, die ihn liebten, vielleicht am meisten dadurch, dass man sich an Episoden aus seinem Leben und Begegnungen mit ihm erinnert. Im Andenken bewahren wir seine Seele im Innern.

Dank der Erinnerung können wir einen kleinen Sieg über die Unausweichlichkeit des Todes erringen.

Oft jedoch ist es einfacher, zu vergessen. Wir vergessen viel mehr, als wir im Gedächtnis behalten. Dieses geht äußerst selektiv vor. Wir konzentrieren uns auf jene Menschen, die uns nützlich sind, und kümmern uns nicht weiter um die übrigen. Wir können zwar nach Belieben in unserem Gedächtnis »herumstöbern«, aber viele Personen werden wir nie mehr auffinden. Demnach haben wir eine grundsätzliche Einstellung zu anderen, die uns nur selten bewusst ist: Grob ausgedrückt gibt es Menschen der Güteklasse A und der Güteklasse B. Diejenigen, die zählen, sind unterhaltsam, angenehm und nützlich für uns. Die übrigen betrachten wir dagegen als weniger angenehm oder nützlich, auch wenn wir das vielleicht nicht zugeben. Wer diese Einstellung ins Extrem treibt, übt eine subtile Form von Gewalt aus. Jemanden zu vergessen und zu übersehen ist ein unsichtbarer gewalttätiger Akt ohne Schläge und Schüsse. Nichtsdestotrotz handelt es sich dabei um Willkür, denn man überantwortet die betreffende Person der Bedeutungslosigkeit und der Einsamkeit.

Zum Glück kann man die Menschen auch anders betrachten – nämlich als gleich wichtig und gleich wertvoll. In seinem wunderbaren Buch erzählt Norman Cousins über einen Besuch bei Albert Schweitzer. Er hatte den Brief eines Kindes an Schweitzer bei sich, den er ihm dann übergab. Das Kind bat um einen Rat in Sachen Musik. Nachdem Schweitzer den Brief gelesen hatte, sprachen die beiden Männer über zentrale Themen: den Weltfrieden, die Beziehungen zwischen den USA und der UdSSR, Marschflugkörper und Atomwaffen, Medizin und Zauberkraft, Heilung, zwischenmenschliche Beziehungen – alles Themen von globaler Bedeutung. Diese Begegnung sollte konkrete Auswirkungen auf die Krisenherde in der Welt haben und zur Entspannung beitragen. Am Ende kam Schweitzer vom Allgemeinen auf das Besondere zurück. Er erinnerte sich an das Kind und schrieb ihm einen Brief. Es war für ihn ebenso wichtig wie John F. Kennedy und Nikita Chruschtschow. In dieser

Betrachtungsweise wird niemand ausgelassen, jeder ist einzigartig.

Vergessen zu werden, weil man nicht zählt, ist schrecklich – die Verbannung in ein soziales Exil. Erinnert und damit auch berücksichtigt und geschätzt zu werden wie jeder Andere, gibt einem das Gefühl, einen Wert zu haben. Aber der Akt des Erinnerns kommt auch dem zugute, der sich erinnert. Im Zustand der Amnesie, ohne Geschichte zu leben, ist tödlich, eben weil man nicht mehr weiß, wer man eigentlich ist. Der Roman *Nuova Grammatica Finlandese* von D. Marani handelt von einem Mann, der mit halb zerschmettertem Schädel gefunden, dann ins Krankenhaus gebracht und geheilt wird. Doch er hat sein Gedächtnis verloren. Er weiß nicht, wer er ist, ja nicht einmal, welche Sprache er spricht. Er hat keine Identität. Einige Anzeichen deuten darauf hin, dass er vielleicht Finne ist. Also beginnt er, die finnische Sprache zu erlernen, und versucht, seine Identität zu rekonstruieren. Es handelt sich um eine langwierige und äußerst anstrengende Aufgabe, die in der Dunkelheit ausgeführt wird, weil das Gedächtnis für immer verloren ist. Am Ende findet der Protagonist heraus, dass er in keinem Fall aus Finnland kommt. Die Anzeichen waren falsch gedeutet worden. Aber es ist zu spät. Er dient jetzt in der finnischen Armee, um Krieg für ein Land zu führen, das nicht das seine ist, ohne eine Ahnung zu haben, wer er ist.

Wir können diese Geschichte als eine Metapher für unser verlorenes Gedächtnis auffassen, denn wir alle leiden auf gewisse Weise an Amnesie. In dieser Epoche läuft das Weltgeschehen derart schnell ab, dass es schwierig ist, auf dem Laufenden zu bleiben. Ständig werden wir abgelenkt durch neue Reize, täglich wird die Gegenwart – Ereignisse, Menschen, Moden, Ideen, Gebäude, Orte, Dinge – neu erschaffen; alles dauert nur eine kurze Zeit und verschwindet dann. Da sich der Wandel in einem so schnellen Rhythmus vollzieht, können wir den Kontakt zu den Menschen in unserem Leben kaum aufrechterhalten. Jeder geht seiner Wege, einen Lebensstil pflegend, der weitaus vielschichtiger und wechselvoller ist als vor – sagen wir – hundert Jahren. Die große Gefahr besteht darin, dass wir sogar den Kontakt zu uns selbst verlieren, zur Kontinuität unserer eigenen Geschichte. Und dann versuchen wir – wie der Mann im oben genannten Roman –, uns eine Identität zu geben, aber sie ist eine Fiktion und daher nur schwach ausgeprägt. Schließlich wissen wir nicht einmal mehr, wer wir eigentlich sind.

Dagegen gibt es einige wenigstens teilweise wirksame Heilmittel. Im Rahmen meiner psychotherapeutischen Arbeit fordere ich jeweils zu Beginn der Sitzungen den Patienten auf, seine Autobiographie zu schreiben. Die Erinnerungen, die sich dabei einstellen, sind oft bruchstückhaft, bringen aber vergessene Gefühle, Ressentiments und Verletzungen zum Vorschein, mit denen er sich nicht mehr auseinander setzen will. Im Unbewussten jedoch bestehen sie weiter fort. Nach und nach kann ein Mensch sich seiner eigenen Biographie bewusst werden, da jedes Leben eine zusammenhängende Geschichte darstellt, selbst wenn es als wirre Mischung nicht abgeschlossener Ereignisse wahrgenommen wird. Er ist imstande, sich allmählich auszusöhnen mit der eigenen Existenz und einzusehen, dass seine Charaktereigenschaften ebenso wie seine Fähigkeiten gerade durch seine Geschichte geformt werden. Unsere Erinnerungen; die Lektionen, die wir gelernt; die Schwierigkeiten, die wir überwunden haben; unsere Erfolge und Misserfolge; die Menschen, denen wir näher gekommen sind – sie alle sind Teil unseres Lebens, sie alle helfen uns zu verstehen, warum wir so sind, wie wir sind.

Eine meiner Patientinnen wollte ihre Persönlichkeit erforschen, indem sie sich ihre Kindheit ins Gedächtnis zurückrief. Sie war in einer Kleinstadt in den österreichischen Bergen aufgewachsen, wo ihre Eltern sie vom zweiten Lebensjahr an in die Obhut von Nonnen gegeben hatten. Das war für sie eine harte Zeit. Mit vierzig Jahren kehrte sie an den abgelegenen Ort zurück, dessen sie sich nur sehr vage erinnerte, und traf dort jene Nonnen, die sich um sie gekümmert hatten – drei oder vier, da eine inzwischen verstorben war. Mit Hilfe von Fotografien war sie in der Lage, ihre frühen Jahre zu rekonstruieren. Die Schwestern konnten sich noch gut an sie erinnern und so hinterließ diese Begegnung bei ihr einen tiefen Eindruck. Aufgrund dieser Untersuchung änderte sich dann ihre innere Verfassung. Sie hatte die Kontinuität ihres Lebens wiederhergestellt, fühlte sich stärker und lebendiger.

Experten sprechen in diesem Zusammenhang von »autobiographischem Gedächtnis« und sind überzeugt, dass wir unsere Geschichte ständig neu schreiben und neu beurteilen gemäß dem mehr oder weniger umfassenden Bild, das wir von uns selbst haben. Darüber hinaus dient das Gedächtnis als gesellschaftliches »Bindemittel«. Wir fühlen uns besonders den Menschen nah, die Erinnerungen an eine vergangene Zeit mit uns teilen. Wie wir in einem früheren Kapitel gesehen haben, ist es grundlegend wichtig, bewusst in der Gegenwart zu leben. Aber ein Gedächtnis zu haben ist ebenso wichtig.

Wenn wir mit unserer Geschichte innerlich verbunden und mit all den früheren Problemen ins Reine gekommen sind, fühlen wir uns fester verwurzelt. Wenn wir dagegen in einem Zustand der Amnesie leben, abgetrennt von der Vergangenheit; wenn die eigene Geschichte uns belastet oder allmählich vergiftet oder gar völlig abhanden gekommen ist, haben wir es wohl schwerer. Die persönliche Vergangenheit ist das Gepäck, das wir auf unserer Reise durchs Leben mit uns tragen. Wir werden in unbekannte Gebiete vorstoßen, die vielleicht reizvoll, aber auch gefährlich sind und vielerlei Möglichkeiten bieten. Unter Umständen schleppen wir unnütze, bedrückende Dinge mit uns herum, die unseren Schritt verlangsamen und uns immer wieder zwingen, innezuhalten und Atem zu holen. Oder wir haben überhaupt kein Gepäck: Wir bewegen uns leichtfüßig fort, doch ohne zu wissen, wohin wir gehen, woher wir kommen – gleichsam ohne Essens- und Trinkvorräte. Oder wir haben einen Rucksack, der nur wenig wiegt und ausschließlich notwendige Dinge enthält: Essen und Getränke, Schlafsack, präzise Landkarten, Reisenotizen und Kompass.

Einige Erinnerungen lassen sich niemals löschen. Vielleicht hat gerade die frühe Vergangenheit für uns die größte Bedeutung, ist sie am tiefsten in das Gedächtnis unserer Zellen eingeprägt, selbst wenn wir uns ihrer nicht mehr entsinnen. Wie war unsere erste Beziehung – gewöhnlich die zur Mutter, zu der Person, die unser Überleben gewährleistete, uns beschützte und umsorgte? Viele Aspekte unserer Persönlichkeit hängen von dieser so wesentlichen Beziehung ab. Außerdem haben unsere dabei gemachten Erfahrung einen bestimmenden Einfluss auf den Umgang mit unseren eigenen Kindern. Stellen Sie sich ein Ehepaar vor, das ein Kind erwartet. Sie möchten gerne wissen, welche Art von Beziehung es mit ihm aufbauen wird. Was lässt die genauesten Voraussagen hinsichtlich dieser Beziehung zu, die erst noch Gestalt annehmen muss? Die Antworten des Ehepaares auf bestimmte Testfragen? Eine von beiden durchgeführte Bestandsaufnahme persönlicher Merkmale? Ihre weltanschaulichen oder religiösen Überzeugungen? Die Beziehung zwischen ihnen? Nein, nichts davon. Der wichtigste und ausschlaggebende Faktor ist die Art und Weise, wie die künftigen Eltern ihre jeweiligen Beziehungen zu den eigenen Eltern beschreiben. Was einmal in ihrem Leben war, wird sich aller Voraussicht nach in dem des Kindes wiederholen.

Wenn wir nun ein anderes Vorkommnis betrachten, entdecken wir ein merkwürdiges und verblüffendes Beispiel dafür, wie sehr die eigene Vergangenheit Teil unserer selbst ist. Ich meine damit das Sterbeerlebnis (near-death experience, NDE). Viele Menschen, die fast gestorben sind und dann ins Leben zurückkehrten, beschreiben diese Erfahrung mit überraschend ähnlichen Worten. Sie erinnern sich, ihr ganzes Leben in einem einzigen Augenblick gesehen oder einen dunklen Tunnel in Richtung eines übernatürlichen, erhaben schönen Lichts durchquert zu haben. Außerdem ist ihnen noch gegenwärtig, dass sie geliebten Menschen begegnet sind, die vorher gestorben waren und herbeikamen, um ihnen zu helfen, sie zu leiten und zu trösten. Eine derart ergreifende und heilsame Begegnung ist genau das, was wir in solch einem Zustand brauchen.

Sind diese Wesen tatsächlich die Seelen der Verstorbenen? Oder handelt es sich dabei um eine Notfallreaktion unseres Organismus, um eine explosionsartige Ausschüttung von Endorphinen, die uns dank wohltuender Biochemie und beruhigender Vorstellungen erlauben, mit extremem Stress fertig zu werden? Die Antwort ist für unsere Zwecke belanglos, denn beide Hypothesen lassen einen Punkt unberührt: Die Menschen, die zu unserer Geschichte gehören, sind ein Teil von uns, und wir benötigen ihre Gegenwart und ihre Unterstützung, um uns ganz und stark zu fühlen.

Folglich sind einige Menschen in unserer Weltanschauung, in unseren Zellen, in unserer Persönlichkeit gegenwärtig, ob wir es wollen oder nicht. Andere wiederum sind uns – zumindest dem Anschein nach – ferner, weniger wichtig. Aber alle, selbst die unbedeutenderen, haben an unserer Geschichte teilgehabt und uns zu dem Menschen gemacht, der wir heute sind. In gewisser Weise ähneln sie den Wurzeln der Bäume – auch die kleinsten und entferntesten spenden Nahrung.

Wenn wir unsere Wurzeln anerkennen, ändern wir uns. Dadurch fühlen wir uns authentischer. Viele Leute interessieren sich für ihre Familiengeschichte, was auf ihre Angst schließen lässt, keine Wurzeln zu haben, in einem Vakuum zu leben. Aber noch wichtiger als die Erforschung unseres Stammbaums ist die Wiederentdeckung der Verbindungen zu jenen Personen, die unseren Weg gekreuzt haben.

Jeder Elternteil kennt das. Man nehme irgendein wesentliches Ereignis im Leben des eigenen Kindes: die ersten Schritte, einen Geburtstag, eine Schulaufführung, einen Ferienaufenthalt. Zwangsläufig möchte man die Szene fotografisch oder filmisch festhalten. Außerdem haben Kinder ein unstillbares Verlangen danach, von Eltern und anderen Verwandten Geschichten aus deren Kindheit zu hören. Sie sind sehr neugierig, um zu erfahren, wie sie früher waren, was sie alles unternahmen, und können nicht genug kriegen von solchen Erinnerungen. Das kommt daher, dass sie vor der Aufgabe stehen, eine Geschichte zusammenzusetzen, nämlich die ihres eigenen Lebens, und einen ganzen Menschen aus sich zu machen. Eltern, die ihren Nachwuchs fotografieren und ihm Geschichten erzählen, sind so weit verbreitet, dass sie offenbar ein weltweites »Phänomen« darstellen, und handeln so automatisch, dass man wohl von Instinkt sprechen muss – wie im Falle der Pflege und des Schutzes der Kinder. Wer Erinnerungen bewahrt, gibt Kindern ein Gefühl von Identität und damit auch von Stärke. Wenn man weiß, woher man kommt, kann man leichter entscheiden, wohin man gehen möchte.

Das Gedächtnis hat auch eine soziale Dimension. Es gibt Orte und Landschaften, wo das Gedächtnis eines Volkes lebt, und das gilt nicht nur für antike Gesellschaften, sondern auch für die heutigen, ja für alle Menschen. Außerdem trifft es auf Feste, Rituale, Lieder, Erzählungen, Sitten zu. Sie bilden ein Vermächtnis, das zu bewahren sich lohnt. Des Weiteren auf die Sprache, ein echtes Meisterwerk der menschlichen Intelligenz, zu dem unzählige Individuen im Laufe der Jahrhunderte beigetragen haben. Und was ist mit der Nahrung, die vielleicht am unmittelbarsten mit der jeweiligen Kultur verbunden ist? Die Nahrung ruft nämlich eine ganze Reihe unterschiedlicher Gefühle wach. Wie die Sprache ist sie das Ergebnis einer langsam fortschreitenden Entwicklung: Die besten Gerichte haben ihre zahlreichen Variationen und Experimente stets überlebt. Man isst und kommt dadurch in Berührung mit einer besonderen Art und Weise, das Leben zu empfinden und zu genießen.

Doch Landschaften werden jetzt zunehmend durch neue, hässliche Gebäude entstellt; traditionelle Musikrichtungen, Erzählungen und Bräuche drohen auszusterben; die Sprache verarmt immer mehr; althergebrachte Speisen werden durch Massenware ersetzt, unbestimmbare Gerichte an nichts sagenden Orten verzehrt. Dieser Prozess erhöht zwar den Profit und die Effizienz, aber er erzeugt eine Welt, die kälter und ohne Charakter ist, eine Gegenwart, die schon tot ist, ehe sie überhaupt geboren wird. Der Mensch von heute steht damit vor einem gewaltigen Problem.

Dies erinnert mich an eine kleine Geschichte. Im Zentrum von Florenz wandte sich einmal ein junges Mädchen an mich: »He,

Sie, wo ist denn der Mac?« Hinter ihr hing eine Gruppe hungernder Kinder, die ihm glichen und den Eindruck erweckten, als müssten sie in irgendetwas beißen – und zwar schnell. In jenem Augenblick begriff ich, wie wichtig es ist, die Vergangenheit zu bewahren. Welch eklatanter Mangel an Respekt, vor sich hin zu leben und dabei zu ignorieren, was die Menschen vor uns sagten und taten, wie sie erlitten, was sie schufen – und auch wie sie aßen. Wer die Mühe auf sich nimmt, das schöpferischste und schönste Erbe in Ehren zu halten, das unsere Vorgänger uns überlassen haben, vollbringt einen Akt der Freundlichkeit. Die hungrigen Kinder wollten es mit einem Schlag auslöschen, indem sie in Massen produzierte, unpersönliche Speisen hinunterschlangen. Also erwiderte ich: »Nein, junge Frau, ich habe vergessen, wo der Mac ist, aber ich kenne ein Restaurant, wo großartige Nudelgerichte serviert werden.«

Wie hängen Gedächtnis und Freundlichkeit miteinander zusammen? Ein kleines Experiment genügt, um die Beziehung zwischen beiden zu erkennen. Erinnern Sie sich einmal an jene Menschen, die Sie mittlerweile aus den Augen verloren haben, die Ihnen also nicht so wichtig sind, und achten Sie darauf, was Sie dabei empfinden: Dankbarkeit, Ressentiment, Schuldgefühl, Glück, Mitleid, Gleichgültigkeit … Inwiefern sind diese Personen ein Teil Ihres Lebens?

Wir können nicht freundlich sein, wenn wir diejenigen vergessen, die uns nicht mehr nützlich sind. Weder in uns selbst noch im Umgang mit anderen werden wir je ganz und ausgeglichen sein, wenn wir Menschen in Güteklasse A und Güteklasse B einteilen. Wir werden die Beziehungen zwischen uns nicht verstehen, wenn wir nicht deutlich erkennen, wie sehr unsere Leben in Vergangenheit, Gegenwart und Zukunft verwoben sind, wie sehr wir aneinander teilhaben und wie sehr jeder von uns zugleich jeder Andere ist.

TREUE

Verlieren Sie nicht den Faden

Vor einiger Zeit brachte ein heftiges Erdbeben in Süditalien eine Reihe von Häusern zum Einsturz, die gerade wenige Jahre zuvor gebaut worden waren. Um des schnellen Profits willen errichtet und schlampig ausgeführt, zerfielen sie schon bei der ersten Erschütterung in ihre Einzelteile. Andere Häuser dagegen, welche die Normannen vor achthundert Jahren erbaut hatten, standen unter einem günstigeren Stern. Sie wurden geschaffen, um zu dauern, um eine sichere und behagliche Wohnstätte bereitzustellen, und blieben unversehrt.

Zwischenmenschliche Beziehungen sind genauso. Jene, die nur bestehen, um jemandem Vorteile zu bringen – Geld, Vergnügen, gesellschaftliche Kontakte, Prestige usw. –, haben brüchige Fundamente und halten nicht länger als die ihnen zugrunde liegenden Beweggründe. Andere wiederum haben – wie die normannischen Häuser – ein langes und gesundes Leben, weil sie aufgebaut wurden, um zu dauern, und weil die Menschen, die sie eingingen, nicht auf ihren sofortigen Vorteil bedacht sind. Deshalb bleiben sie bei den ersten Erschütterungen – finanzielle Engpässe, Krankheit, beruflicher Misserfolg, persönliche Probleme – widerstandsfähig und werden sogar (hier endet die Analogie zu den Häusern) noch stärker. In diesen Beziehungen geht es in erster Linie nicht um den Nutzen, den man aus dem Partner ziehen kann, sondern um jenes seltsam angenehme Gefühl, das daher rührt, ihm kontinuierlich die eigene Gegenwart, Unterstützung und Freundschaft zuteil werden zu lassen – was auch immer geschehen mag und selbst wenn dies zum persönlichen Nachteil ist. Eben weil es einem richtig erscheint, dergleichen zu tun. Die Fähigkeit, noch in heiklen und unerfreulichen Momenten zum Anderen zu stehen und auszuharren, ist ein wesentlicher Bestandteil der Freundlichkeit. Man bezeichnet sie als Treue.

Nun wollen wir uns einen Menschen vorstellen, der sich seiner Gefühle und Erinnerungen vollauf bewusst ist. Er hat Vorstellungen und Grundsätze nicht blind akzeptiert, sondern sie sich nach und nach angeeignet – durch Überlegung und bewusste Entscheidung. Er weiß, was in seinem Leben wirklich zählt, und kämpft darum, die gesteckten Ziele zu erreichen. Mit Enttäuschung und Leid setzt er sich mutig auseinander. Solch ein Mensch verfügt über die wesentlichen Eigenschaften, welche die Treue erfordert. Er hat Charakter.

Im Grunde gibt es einen Menschen ohne Charakter gar nicht. Aber viele sind nicht in der Lage, ihren inneren Wert zu erkennen, zu bekräftigen oder zu achten. Das liegt daran, dass sie verletzt wurden und es vorziehen, ein oberflächliches Leben zu führen, in dem ihnen größere Leiden eher erspart bleiben. Diese Leute ändern schnell ihre Meinung, der jeweiligen Mode oder den Umständen entsprechend. Ihre Beziehungen gründen auf persönlichem Nutzen und dauern deshalb nicht lange. Sie denken und handeln opportunistisch.

Es geht hier nicht um die Frage, was gut oder schlecht, sondern was haltbar oder brüchig ist. Einige Individuen haben ihre Integrität bewahrt und für sie sind Treue und Vertrauenswürdigkeit ganz selbstverständlich. Sie wissen, wie sie sich fühlen, was sie wollen und woran sie glauben. Ihre Loyalität wurzelt in fruchtbarem Boden und speist sich aus Klarheit und innerer Stärke.

Dagegen ist es illoyalen Menschen ein Gräuel, die eigenen Gefühle einmal genauer zu betrachten, weil sie Angst vor den Entdeckungen haben, die sie dann vielleicht machen. Eigene Ideen zu haben, erscheint ihnen schrecklich, denn dadurch würden sie sich allzu sehr exponieren. Ihre Selbstachtung ist gering, so dass sie wie Bettler überleben müssen, die hier und da, je nach Gelegenheit, um Unterstützung bitten. Es mangelt ihnen an Sicherheit und Charakterstärke; eben deshalb tun sie sich viel schwerer, sich selbst und anderen treu zu bleiben.

Wenn wir uns nicht mehr trauen, ein Wagnis einzugehen und uns zu engagieren, leben wir an der Oberfläche. Dann ist unser Leben chaotisch und sinnlos. Dante versetzt die Trägen in die Hölle – jene nämlich, die sich nicht entscheiden, die weder einem Ideal noch einem Menschen treu sein können; dort müssen sie dann immerfort hinter einem Banner herlaufen. Diese Strafe versinnbildlicht in karikierender Weise, was sie während ihres Lebens hätten tun sollen: sich wirklich zu etwas verpflichten. Sie sind äußerst zahlreich, womit Dante seinen größeren Respekt selbst für die Sünder zum Ausdruck bringt, die ein Unrecht begangen haben, aber wenigstens ihren eigenen Vorstellungen treu waren. Unter den Trägen befinden sich auch jene Engel, die nicht Stellung bezogen, als Luzifer sich hochmütig gegen Gott erhob und von diesem dann an den untersten Ort der Hölle verbannt wurde. Sie alle sind ohne Glaube, ohne Charakter – und bilden, laut Dante, eine so große Menge, dass sie die ganze Welt bevölkern.

Jede(r) von uns möchte als ein loyaler Mensch angesehen werden. Nichtsdestotrotz hören wir nicht viel über diese Eigenschaft. Treue ist der am wenigsten »modische« Charakterzug. Es gibt keine Untersuchungen darüber, wohingegen die »Treue zu einer bestimmten Marke« immer wieder erforscht wird. Da dieses Phänomen ein typisches Symptom unserer Zeit ist, lohnt es sich, es einmal genauer zu betrachten.

»Treue zu einer bestimmten Marke« ist die Neigung eines Konsumenten, stets die gleiche Marke eines Produkts zu benutzen. Der Begriff »Treue« ist durchaus gerechtfertigt, weil wir dazu tendieren, eine emotionale Beziehung zu einer Ware aufzubauen. Wir alle kennen Leute, die ganz begeistert sind von ihren Kameras oder freudig erregt ihr Lieblingsauto erwähnen oder nicht leben können ohne die Kleidungsstücke eines berühmten Designers. Das sagt nicht viel über die Qualität des jeweiligen Produkts. Auf die Marke kommt es an, weil sie eine Lebensweise und einen Stil repräsentiert. Vielleicht bietet sie einem auch die Garantie, einer bestimmten Gruppe anzugehören.

Darüber hinaus besitzt die Marke jene magische Eigenschaft, Fähigkeiten und Kräfte in sich zu vereinen, die wir alle gerne hätten. Kaufen Sie diese Schuhe und Sie werden sich fühlen, als hätten sie Flügel an den Absätzen. Kaufen Sie diesen Likör und Sie werden zum Aristokraten. Kaufen Sie dieses Parfum und Sie werden die Schönheit einer Göttin haben. Es ist leicht einzusehen, dass die Verkäufer eines Produkts auf jede erdenkliche Weise versuchen, sich unserer Treue zu versichern, und zu diesem Zweck alle möglichen Versprechungen machen. Der Verbraucher soll weiterhin *ihnen* sein Geld geben und nicht den Konkurrenten. Und je länger die Beziehung zu den Verbrauchern andauert, desto mehr festigt sie sich. Sie beginnt früh: Die Treue zu einer Marke wird schon bei Kindern geweckt, damit sie auch in künftigen Jahren erhalten bleibt.

Diese Art von Treue ist keineswegs ein rein oberflächliches Phänomen. Ich bin überzeugt, dass sie auf unserem verzweifelten Bedürfnis gründet, einer Person oder Sache zu vertrauen, zu lieben und geliebt zu werden, im Leben Sicherheit, Schutz, Zugehörigkeit und Sinn zu finden. Deshalb sind wir stolz auf eine Marke und gerade dadurch wird dann unser Bedürfnis kommerziell ausgebeutet. Deshalb sammeln wir Punkte, tragen wir Oberteile, Uhren, Hüte einer bestimmten Marke und machen kostenlos Werbung für sie. Deshalb ziehen wir einen emotionalen Gewinn einem materiellen, praktischen Gewinn vor. Wir sind förmlich darauf angewiesen, loyal zu sein.

Woher kommt dieses dringende Bedürfnis? Die Antwort ist einfach: Weil dauerhafte und intakte Beziehungen selten geworden sind. Wir leben im Zeitalter der Zerstreuung, das auch das Zeitalter der Unterbrechung ist, und werden ständig aufgefordert, an etwas anderes zu denken als an das, was uns gerade durch den

Kopf geht. Die vielleicht bezeichnendsten Symbole dieser Epoche sind die Fernbedienung und das Telefon. Die Fernbedienung erlaubt uns, fast mühelos von einem Sender zum nächsten umzuschalten, von einem Thema zum anderen zu wechseln: von einer Liebesgeschichte zu den Schrecknissen des Krieges und von dort zu einer Werbung für Windeln. Das Telefon wiederum (und insbesondere das Handy) besitzt die magische Kraft, jede Beziehung oder Tätigkeit – einen Liebesakt, ein Konzert, ein familiäres Abendessen, eine religiöse Zeremonie – mit beharrlicher Unverschämtheit zu unterbrechen: »Was du da gerade tust, ist mir völlig egal. Hör mir jetzt zu.« Und das ist noch nicht alles. Wir können ein Telefongespräch beginnen, es unterbrechen, auf einer zweiten Leitung ein weiteres beginnen und uns dann entscheiden, welches wir lieber mögen. Die Werbung der Firma, die diesen Service in Italien zuerst anbot, ist sogar berühmt geworden: Ein Mädchen flirtet am Telefon gleichzeitig mit zwei Jungen, von denen jeder meint, er sei der Einzige, der Ausersehene. Das ist der Inbegriff der Treulosigkeit. Einerseits macht das Mädchen einen ziemlich unangenehmen Eindruck, weil es falsch ist. Andererseits aber ist es amüsant und verführerisch, eben weil dieses Leben an der Oberfläche ihr gestattet, sich alle Möglichkeiten offen zu halten für den Fall, dass sie zurückgewiesen oder verletzt wird.

Zerstreuung verursacht ständig Verluste. »Worüber haben wir gerade gesprochen? Ich hab's vergessen. Na ja, ist sowieso unwichtig. Ich hab den Faden verloren, also wechsle ich einfach das Thema.« Auf diese Weise nivelliert und bagatellisiert die Unterbrechung unsere zwischenmenschlichen Beziehungen. Wenn ich dich unterbreche, hole ich dich auf meine Ebene herunter und mache dich mir gleich. Wahrscheinlich gab es immer schon Unterbrechungen, aber in der heutigen Zeit werden sie durch eine noch ausgeprägtere Oberflächlichkeit, durch neue Technologie und die damit verbundene Beschleunigung in fast allen Lebensbereichen enorm begünstigt. Ich behaupte, dass das Zeitalter der Unterbrechung so richtig anfing, da der englische Dichter Samuel Taylor Coleridge *Kubla Khan* schrieb. Er war in einem Zustand schöpferischer Träumerei und stellte sich einen unaufhörlichen Fluss wunderbarer Bilder und poetischer Gedanken vor, als unerwartet ein Bekannter aus der Geschäftswelt eintraf: Das war der Einbruch des prosaischen Lebens in das Reich der Poesie. Coleridge verlor den Faden und schaffte es nie mehr, das Gedicht so zu beenden, wie er es entworfen hatte. Über ein Jahrhundert später hatte der französische Schriftsteller René Daumal, krank im Bett liegend, sein Meisterwerk *Mount Analogue* fast zu Ende geschrieben. In diesem Roman ist die Besteigung des Berges eine Metapher für geistige Erhebung. Der Protagonist hat soeben den Gipfel erreicht und ist im Begriff, die große Erleuchtung zu erfahren. Da klopfte jemand an der Tür und Daumal wurde unterbrochen. Sein Buch blieb unvollendet. Bald darauf starb er.

Tatsächlich leben wir in einer Zeit mannigfacher Zerstreuungen und Unterbrechungen, da unser Bedürfnis, gewissenhaft und treu zu sein, keinen Ausdruck in zwischenmenschlichen Beziehungen findet, zugleich jedoch für kommerzielle Zwecke verdreht und ausgenutzt wird. Wir führen ein Leben, in dem uns die Kontinuität von Beziehungen allmählich abhanden zu kommen droht. Wir verlieren den Faden.

Die Treue ist dieser Entwicklung diametral entgegengesetzt, insofern sie auf ein »Miteinander« verweist. Sie zielt darauf ab, den Faden *nicht* zu verlieren und den Zerstreuungen oder Unterbrechungen Einhalt zu gebieten. Sie respektiert, was am meisten zählt – auch dann, wenn es durch neue Ablenkungen in Frage gestellt wird. Ein befreundeter Schriftsteller erzählte mir einmal folgende merkwürdige Episode: Er hatte einen Wissenschaftler getroffen, einen Mann von umfassender Bildung und geistiger Spannkraft. Ihr höchst abwechslungsreiches und anregendes Gespräch wurde durch einen heftigen Sturm unterbrochen. Die beiden Männer trennten sich hastig und jeder fuhr in einem Taxi davon. Fünf Jahre später begegneten sie sich zufällig wieder. Ohne den Schriftsteller überhaupt zu begrüßen, nahm der Wissenschaftler den Faden des Gesprächs genau an der Stelle wieder auf, wo es fünf Jahre vorher unterbrochen worden war. Gewissenhaftigkeit und Treue haben die gleiche Wirkung – nicht nur auf den Geist, sondern auch auf das Herz.

Ein weiteres Beispiel. Ich erinnere mich, dass ich als Junge mit meiner Familie nach Amerika reiste. In jenen Tagen, den fünfziger Jahren, benutzte man dafür den Ozeandampfer. Wir wollten nur einige Monate dort bleiben, aber es befand sich auch eine Gruppe von Emigranten an Bord, die ihre Heimat für immer verließen. Die Überquerung des Atlantiks war damals eine nicht alltägliche, ziemlich kostspielige Angelegenheit. Das Schiff legte ab und setzte sich sehr langsam in Bewegung, während eine Kapelle auf dem Kai sentimentale Melodien spielte. Von der Reling aus sahen wir, wie die Familien der Emigranten zum Abschied winkten, wohl wissend, dass sie ihre Angehörigen lange Zeit, ja vielleicht gar nicht mehr wiedersehen würden. Ich werde ihre Gesichter niemals vergessen. Doch in diesen zutiefst traurigen Mienen konnte man eine große Stärke erkennen. Obwohl ich keine Beweise dafür habe, bin ich sicher, dass jene Familien zu dauerhaften Beziehungen fähig waren, dass ihre Gefühle selbst nach zwanzig oder dreißig Jahren, in denen sie alle möglichen Wechselfälle des Lebens durchmachten, unverändert blieben.

Wie man sich getrennt hat, so findet man wieder zusammen. Vor einigen Jahren berichteten die Zeitungen über jenes außergewöhnliche Ereignis, dass eine ausgewählte Gruppe von Bürgern Nordkoreas nach fünfzig Jahren die Erlaubnis erhalten hatte, ihre Familien in Südkorea wiederzusehen. Eltern, Söhne, Töchter, Tanten, Onkel, Nichten und Neffen, die durch die erzwungene Teilung zwischen Nord- und Südkorea voneinander getrennt worden waren, durften sich einige Stunden lang in einem großen Raum treffen. Die Fotos, die den Ausdruck äußerst intensiver Gefühle zeigten, sagten mehr – ja riefen mehr – aus, als irgendeine wissenschaftliche Untersuchung oder Studie mitteilen kann. Sie hielten ein für alle Mal fest, dass die tiefsten Regungen, wenn diese nicht verdrängt oder missachtet werden, im Herzen verankert und unauslöschlich sind.

Kehren wir nun zu unserer früheren Frage zurück: Warum verspüren wir ein so dringendes Bedürfnis nach Treue und suchen sogar im Zeitalter der Zerstreuung weiter nach ihr? Eine mögliche Antwort lautet, dass die Treue uralte, vorgeburtliche Ursprünge hat. Sie ist mit der Beziehung zu unseren Eltern, besonders zu unserer Mutter, verknüpft. Sie war mit uns auf einzigartige Weise verbunden, hat uns buchstäblich »gemacht« und monatelang in ihrem Leib behalten. Sie hat uns gepflegt, beschützt und aufgezogen. Sie war der erste Mensch, der uns liebte. So zumindest hätte es sein sollen und haben wir es immer erwartet. In dieser Beziehung war – im Idealfall – Treue in reinster Form vorhanden: dauerhafte Unterstützung, weder um irgendeines Vorteils willen noch wegen eines Talents oder einer Begabung, die wir vielleicht hatten. Ob wir schön oder hässlich, gesund oder krank, intelligent oder dumm waren – unsere Mutter liebte uns; wenigstens erwarteten und brauchten wir das. Dieses Bedürfnis ist ein integraler Bestandteil unseres Organismus. Wir sind darauf programmiert, einander die Treue zu halten.

Wir alle wissen, dass diese Hoffnungen enttäuscht werden – wenn nicht durch die Mutter, dann durch andere Menschen: Freunde, Geliebte, Ehepartner, Kinder usw. Wir sind uns darüber im Klaren, dass die Gefühlswelt sich ständig wandelt und dass die heutige Begeisterung schon morgen in Gleichgültigkeit oder Abneigung umschlagen kann. In einer Episode von Attars großartiger Dichtung *Die Konferenz der Vögel* erblickt eine schöne, aber zugleich kapriziöse Prinzessin einen armen jungen Mann auf der Straße. Er ist auf einer Steinplatte am Straßenrand eingeschlafen. Die Prinzessin findet Gefallen an ihm und befiehlt, den jungen Mann zu ihrem Palast zu bringen. Die Dienerinnen helfen ihm auf, führen ihn in den Palast, waschen und massieren ihn mit kostbaren Ölen, legen ihm Kleidung aus feinster Seide an und geleiten ihn, der noch immer nicht weiß, wie ihm geschieht, zu der Prinzessin. Die beiden nehmen gemeinsam ein Mahl ein. Für den jungen Mann, der wie gewohnt Hunger hat, ist die Speise ein Segen. Hinterher schlafen sie miteinander und genießen eine ekstatische Nacht. Schließlich hat die Prinzessin genug und gibt, während der Mann neben ihr schläft, ihren Dienerinnen den Befehl, ihn zu der Steinplatte zurückzubringen, wo sie ihn gefunden hat. Als der arme Mann erwacht, sind ihm die himmlischen Freuden der letzten Nacht im Geiste noch ganz gegenwärtig. Es ist, als wäre er aus einem wunderbaren Traum erwacht und nun erneut mit der rauen Wirklichkeit des Alltags konfrontiert. Die Prinzessin hat ihn bereits vergessen. Oder vielleicht hat sie nie existiert. Dennoch duftet seine Haut weiterhin nach den edlen Parfums.

Die Geschichte der Prinzessin soll die göttliche Gnade versinnbildlichen. Wenn diese uns geistige Erleuchtung beschert, kommt sie unerwartet, doch wenn sie sich entzieht, lässt sie uns in einem finsteren, bedrückenden Zustand zurück. Außerdem erinnert sie uns an die Unbeständigkeit menschlicher Beziehungen. Auf Treue gibt es keine Garantie, Enttäuschungen sind die Regel. Im Zeitalter der Zerstreuung ist sie noch seltener geworden. Eben deshalb erscheint sie so kostbar, wenn man ihrer doch einmal teilhaftig wird.

Abgesehen von der Beziehung zur Mutter finden wir Treue wohl am ehesten in der Freundschaft. »Bewahre mich in deinem Herzen«, sagt Horatio zu Hamlet. Das ist ein Satz, der – laut Stuart Miller und seinem schönen Buch über dieses Thema – Freundschaft am besten definiert. Einen Freund im Herzen bewahren – ohne Urteile über ihn zu fällen, ohne Forderungen an ihn zu stellen –, sich einfach um diesen Menschen kümmern, weil man interessiert ist, was er von den eigenen Auffassungen hält, und sicher sein, dass er einem bereitwillig Gehör schenkt, Verständnis entgegenbringt und zur Seite steht. Obwohl in einer Freundschaft auch andere Faktoren eine Rolle spielen, beruht sie im Wesentlichen doch auf Treue.

Die Freundschaft heilt Wunden und gibt neue Kraft. Das wissen wir alle. Und falls wir eine wissenschaftliche Untersuchung als Beweis dafür brauchen, hier ist sie: Mehrere depressive Frauen wurden gebeten, sich einmal pro Woche einem Freund oder einer

Freundin anzuvertrauen, anstatt an den psychotherapeutischen Sitzungen teilzunehmen. Bei den meisten Frauen verschwand die Depression im gleichen Maße wie bei den Versuchsteilnehmerinnen in der Vergleichsgruppe, die wöchentliche Therapiesitzungen hatten. Andere Studien haben gezeigt, dass freundschaftliche Beziehungen Kindern helfen, sich dem Schulalltag besser anzupassen und überdurchschnittliche Leistungen zu erzielen. Darüber hinaus führte man Experimente durch, die belegen, wie wichtig Freundschaften für unsere Gesundheit und unser Wohlbefinden sind. Großartig. Doch selbst wenn wir all diese Studien beiseite lassen, ist uns völlig klar, dass wir, wenn wir einen echten Freund finden, einen wahren Schatz entdecken.

Zuverlässigkeit und Gewissenhaftigkeit gehen mit der Treue Hand in Hand. Diese Eigenschaften wiederum sind unauflöslich verknüpft mit Beständigkeit und aufrichtiger Zuneigung. Im Berufsleben zum Beispiel sprechen wir von Zuverlässigkeit. Hier bestehen zwar nicht die gleichen Gefühle wie in den Beziehungen zwischen Eltern und Kindern oder zwischen Freunden, aber Zuverlässigkeit ist dennoch höchst wünschenswert. Wenn ich an jene Phasen in meinem Leben denke, da ich eher unzuverlässig beziehungsweise eher zuverlässig war, fallen mir zwei Situationen ein. Die eine ergab sich zu Beginn meiner beruflichen Laufbahn, als ich an einem Institut einen fünftägigen Workshop abhalten sollte. Ich war müde und erschöpft, bevor es überhaupt losging, und beschloss deshalb an dem Tag vor der ersten Sitzung, im Institut anzurufen und den Workshop abzusagen. Da dort niemand abhob, hinterließ ich eine Nachricht auf dem Anrufbeantworter, fest davon überzeugt, mit der ganzen Sache nichts mehr zu tun zu haben. Dadurch verursachte ich erhebliche Probleme, was mir allerdings wegen meiner sehr eingeschränkten Berufserfahrung nicht wirklich bewusst war. Ungeachtet der Tatsache, dass ich mich damals mehrfach entschuldigte, empfinde ich, sobald die Erinnerung daran wieder wach wird, selbst heute noch ein Unbehagen.

Dagegen war ich zuverlässiger, als ich während einer grimmigen Kälteperiode in Florenz einen Vortrag halten musste. Ein heftiger Schneesturm hatte das Leben in der Stadt praktisch zum Erliegen gebracht. Wenn es in Florenz schneit, tritt zwar immer eine Art Stillstand ein, diesmal aber war alles viel schlimmer. Es herrschte eine polare Kälte, die Leute konnten fast nicht ihre Wohnungen verlassen, die öffentlichen Transportmittel verkehrten nicht und die Straßen waren unbefahrbar. Trotzdem beschloss ich, mein Vorhaben zu verwirklichen, und ging zu Fuß durch den Schnee. Ich brauchte zwei Stunden, um mein Ziel zu erreichen, und hielt dann den Vortrag vor einer Hand voll Leuten. Wenn ich daran zurückdenke, bin ich froh, die Mühe auf mich genommen zu haben. Ich weiß, dass ich das Richtige tat, und mag mich dafür, dass ich es tat.

Zuallererst sind wir uns selbst treu. Zuverlässigkeit bezeugt in erster Linie eine Übereinstimmung im Innern, Gewissenhaftigkeit die Treue zu den eigenen Gefühlen. Wenn wir zuverlässig und gewissenhaft sind, fühlen wir uns zutiefst integer, wodurch sich dann ein Wohlbehagen einstellt. Sind wir dagegen unzuverlässig und gewissenlos, verschaffen wir uns vielleicht kurzfristig einige Vorteile, doch früher oder später werden wir uns zerrissen und schuldig fühlen. In früheren Kapiteln haben wir gesehen, dass wir durch eine unversöhnliche Haltung ernsthaft krank werden können und durch Lügengeschichten einem starken seelischen Druck ausgesetzt sind. Ähnlich ergeht es uns, wenn wir unsere Versprechen nicht halten, jemanden betrügen oder eine Beziehung ausnutzen: Wir eignen uns dabei eine Einstellung an, die nicht nur den anderen schadet, sondern vor allem uns selbst.

Treue ist ein so wichtiger Wert, dass wir, wenn wir sie nicht respektieren, möglicherweise in eine Sackgasse geraten; all unsere Pläne, Entdeckungen und Einsichten drohen dann bedeutungslos zu werden oder gar ernsthafte Leiden zu verursachen. In einer alten chassidischen Geschichte sind zwei junge Männer die besten Freunde. Der eine wird krank und weiß, dass er dem Tode nahe ist. Während sein Freund verzweifelt, nimmt er den Tod mit heiterer Gelassenheit an. Die Hand des Anderen ergreifend, erklärt er: »Du kannst den Tod nicht bekämpfen. Aber hab keine Angst, ich werde zurückkommen, um unsere Freundschaft zu bekräftigen, um dir von meiner Reise zu erzählen, um dir zu sagen, dass ich dich liebe.« Dann stirbt der junge Mann. Vor ihm öffnen sich die Tore des Himmels und eine tiefgründige Wahrheit nach der anderen wird ihm offenbart. Er begreift den Sinn des Lebens und gelangt an den Ort, wo Raum und Zeit samt ihrer schrecklichen Zwänge nicht mehr existieren. Er wird eins mit der Ewigkeit. Aber irgendwann erkennt er, dass etwas falsch gelaufen ist. Denn plötzlich unterliegt er wieder den Beschränkungen von Raum und Zeit. Er fühlt sich eingeengt, versteht aber nicht, warum. Daraufhin wird ihm mitgeteilt, dass dieses Problem deshalb auftauchte, weil er das seinem Freund gegebene Versprechen nicht gehalten habe und nicht zurückgekehrt sei, um von seiner Reise zu erzählen. Er könne das jetzt nachholen, indem er durch dessen Träume zu ihm spreche. Doch mittlerweile hat sein Freund (für den eine lange Zeit vergangen ist) sich im Stich gelassen gefühlt und den Glauben verloren. Er ist zynisch geworden, schenkt seinen Träumen keinerlei Beachtung mehr. Trotzdem kann der tote Freund die Situation bereinigen. Dazu muss er auf die höchste Ebene hochsteigen, zum Tempel der Wahrheit, und dann zu seinem Freund zurückkehren. Er befolgt die Anweisung, begegnet schließlich seinem Freund wieder, erzählt ihm von den Wundern, die er gesehen hat, und gibt ihm den Kuss des Paradieses. Der Freund empfängt den Segen, bejaht das Leben und findet seinen Glauben wieder.

Warum schenkt uns die Treue eines Freundes Kraft und Hoffnung? Weil wir in dieser Qualität den wahren Charakter eines Menschen erkennen. Wenn wir unter schwierigen Umständen unsere Treue bekunden, zeigen wir damit, wie sehr uns der Andere am Herzen liegt und aus welchem Holz wir geschnitzt sind. Es ist leicht, gewissenhaft und zuverlässig zu sein, solange ringsum alles in Ordnung ist. Wenn dagegen die betreffende Person eher unangenehm oder langweilig ist; wenn wir aus der Begegnung mit ihr keinerlei Nutzen ziehen und interessantere oder wichtigere Dinge zu tun haben, uns aber trotzdem loyal verhalten, so kommt damit unser eigentlicher Charakter zum Vorschein. Dann werden wir so gesehen, wie wir sind.

Manchmal entdecken wir die Treue sofort – in der Schönheit eines Gesichts, in einer Einstellung oder einem Wort. In anderen Fällen hingegen muss sie erst die Prüfung der Zeit bestehen, um sichtbar werden zu können. Immer verleiht die Treue der Freundlichkeit Gehalt und Festigkeit. Gerade deshalb ist sie in einer oft so zerstreuten und nachlässigen Welt von unschätzbarem Wert.

DANKBARKEIT

Der einfachste Weg zum Glück

Es war einmal ein Mann, der seine Arbeit hasste.

Er war Steinmetz und musste den ganzen Tag arbeiten, um ein klägliches Einkommen zu verdienen. »Was für eine schreckliche Art zu leben«, dachte er. »O wäre ich doch reich, um den ganzen Tag faulenzen zu können!« Sein Wunsch wurde so stark, dass er schließlich in Erfüllung ging. Der Steinmetz hörte eine Stimme, die zu ihm sagte: »Du bist, was du gerne sein möchtest.« Er wurde reich und konnte sofort alles haben, was er immer ersehnt hatte: ein schönes Haus, köstliche Speisen, großartige Vergnügungen.

Er war glücklich, bis er einen König mit seinem Gefolge vorbeiziehen sah, und dachte: »Er ist mächtiger als ich. Wie gerne wäre ich an seiner Stelle!« Erneut vernahm er die Stimme und wurde, wie durch Zauberhand, zum König. Nun war er der mächtigste Mann der Welt. »Wie erregend die Macht doch ist!« Alle gehorchten ihm, alle fürchteten ihn. Eine Zeit lang empfand er das höchste Glück, aber es war nicht von Dauer. Immer mehr ergriff ihn eine entsetzliche Unzufriedenheit. »Ich will mehr«, dachte er. »Ich will, ich will, ich will!« Er sah die Sonne am Himmel und dachte: »Die Sonne ist noch mächtiger als ich. Ich will die Sonne sein!«

Und er wurde zur Sonne: groß, stark und strahlend. Er herrschte über Erde und Himmel. Nichts konnte ohne ihn existieren. Welch ein Glück! Und was für ein Einfluss! Aber dann bemerkte er, dass die tiefer liegenden Wolken ihn daran hinderten, die Landschaft zu sehen. Sie waren leicht und beweglich. Anstatt eine fest umrissene Gestalt am Himmel zu bilden, konnten sie unendlich viele Formen annehmen, und bei Sonnenuntergang glühten sie in den betörendsten Farben. Sie hatten keinerlei Sorgen und waren frei. Wie beneidenswert!

Sein Neid währte nur kurz. Abermals hörte er die Stimme: »Du bist, was du gerne sein möchtest.« Und sofort war er eine Wolke. Es war angenehm, frei in der Luft zu schweben, beweglich und flaumweich zu sein. Er genoss es, unterschiedliche Formen anzunehmen; bald war er schwer und dunkel, bald prächtig und weiß, dann wieder so fein wie Stickerei. Doch früher oder später kondensierte die Wolke zu Regentropfen, die gegen einen Granitfelsen schlugen.

Was für ein Aufprall! Der Fels war schon seit Jahrtausenden da gewesen – hart und massiv. Nun zerplatzten die kleinen Wassertropfen auf dem Granit und rannen auf die Erde, wo sie aufgesaugt wurden, um für immer zu verschwinden. »Wie herrlich es wäre, ein Fels zu sein«, dachte der Mann.

Umgehend wurde er zu einem Fels. Einige Zeit erfreute er sich an seinem Leben als Fels. Endlich hatte er die Standhaftigkeit gefunden. Jetzt fühlte er sich sicher. »Schließlich suche ich nach Sicherheit und Festigkeit und niemand wird mich von dieser Stelle bewegen«, dachte er. Die Regentropfen prallten auf den Fels und sickerten an seinen Seiten hinab. Das war eine wohltuende Massage, ein Geschenk. Die Sonne wärmte und streichelte ihn mit ihren Strahlen – wie wunderbar! Der Wind erfrischte ihn. Die Sterne wachten über ihn. Er hatte die Vollkommenheit erlangt.

Nun, noch nicht wirklich. Eines Tages sah er, wie eine Gestalt am Horizont auftauchte und sich ihm näherte. Es war ein leicht gebückt gehender Mann mit einem großen Hammer – ein Steinmetz; der fing an, den Hammer gegen ihn zu schleudern. Schlimmer noch als der Schmerz war seine Bestürzung. Der Steinmetz war sogar stärker als er und konnte sein Schicksal selbst bestimmen. »Wie sehr wünschte ich mir, ein Steinmetz zu sein‹, dachte er.

Also wurde der Steinmetz erneut ein Steinmetz. Nachdem er alles geworden war, was er hatte sein wollen, wurde er wieder zu dem, der er immer war. Dieses Mal aber war er glücklich. Steine zu bearbeiten war eine Kunst, das Geräusch des Hammers klang wie Musik und die Müdigkeit am Ende des Tages vermittelte das befriedigende Gefühl, gut gearbeitet zu haben. Während dieser Nacht hatte er im Schlaf die prächtige Vision einer Kathedrale, die seine Steine mit aufzubauen halfen. Ihm schien, als könnte er nichts Besseres sein als das, was er war. Das war eine großartige Offenbarung, die ihn, wie er wusste, nie mehr verlassen würde. Er empfand eine tiefe Dankbarkeit.

In dieser Geschichte macht der Steinmetz eine wesentliche Veränderung durch: von rastloser Unzufriedenheit – »Ich will das, ich will jenes« – zur Dankbarkeit – »Ich bin dankbar für das, was ich habe.« Der erste Zustand beinhaltet eine Dualität, insofern wir das möchten, was wir nicht besitzen. Wir fordern es im Gefühl, dazu berechtigt zu sein. Manchmal fordern wir leidenschaftlich, ja sogar voller Hochmut, und sobald unser Wunsch erfüllt worden ist, ersehnen wir etwas anderes. Die Menschen ringsum sind unsere Konkurrenten, die wir misstrauisch beäugen.

Im zweiten Zustand sind wir völlig eins mit dem, was uns zur Verfügung steht. Wir sind überzeugt, dass dies der Moment ist, auf den wir immer gewartet haben. Dadurch wird das Leben lebenswert. Die Menschen sind unsere Freunde, nicht unsere Gegner. Wir spüren, wie jede Zelle unseres Körpers dankbar ist. Der englische Dichter William Blake fand dafür den so treffenden Ausdruck: »Dankbarkeit ist das Himmelreich selbst.«

Wir sind von der emotionalen Intensität der Dankbarkeit ebenso tief berührt wie von ihrer Reinheit. Doch das Gefühl stellt nur den deutlichsten Aspekt der Dankbarkeit dar. Diese ist vor allem eine innere Einstellung – und beruht darauf, dass wir den Wert dessen, was das Leben uns bietet, zu schätzen wissen. Was zuvor wertlos war, ist jetzt wertvoll, und diese Einsicht befreit unsere Gefühle.

Wenn wir den Wert unseres Besitzes anerkennen, fühlen wir uns reich und glücklich; wenn nicht, fühlen wir uns arm und unglücklich. Das zunächst unstillbare Verlangen des Steinmetzen ist weit verbreitet: Die Unzufriedenheit nagt an uns; das Murren ist der Unterton, der unseren ganzen Tag begleitet. Einigen Psychologen zufolge wird Depression nicht durch das hervorgerufen, was uns widerfährt, sondern durch das, was wir uns Tag für Tag sagen – durch unseren eigenen inneren Monolog. Wenn wir uns selbst und andere ständig kritisieren, überall nur Fehler entdecken und uns gerne bemitleiden, werden wir gewiss unglücklich sein.

Die Fähigkeit, noch im Schlichten, Unauffälligen einen Wert zu erkennen, ist für unser Glück – oder zumindest für unser seelisches Wohlbefinden – von entscheidender Bedeutung. Einige Leute scheinen im Leben alles gehabt zu haben, sind aber trotzdem unzufrieden, weil sie diesen Werten keine Beachtung schenken und sich vielmehr darauf konzentrieren, was sie weiterhin gerne hätten oder was sie im Grunde unglücklich macht. Andere dagegen, vom Schicksal vielleicht weniger begünstigt, schätzen einfache Dinge, die viele von uns als selbstverständlich betrachten – Gesundheit, einen schönen Tag, ein Lächeln.

Wir haben in jedem Augenblick die Möglichkeit, dankbar zu sein. Dennoch lassen wir sie uns oft entgehen. Das liegt daran, dass wir, um Dankbarkeit zu empfinden, auf unsere Verteidigungsmechanismen verzichten müssen: ein riskantes Unternehmen. Wir müssen unseren Stolz aufgeben, um einzusehen, dass unser Glück letztlich von anderen Menschen abhängt. Viele Leute mögen nicht das Gefühl, abhängig zu sein. Ich kannte zum Beispiel einen Mann, der unfähig war, Geschenke anzunehmen. Wann immer jemand ihm etwas gab – ein Buch oder eine Krawatte –, ließ er es einfach liegen, offenbar in der Angst, der betreffenden Person etwas schuldig zu sein. Dadurch blieb ihm nicht nur die Freude am Buch oder an der Krawatte versagt – er konnte auch niemandem offen begegnen.

Dankbar sein heißt, dem Gegenüber Einblick in das eigene Innenleben zu gewähren. Ich erinnere mich, wie eine australische Freundin, die Europa bereiste, meiner Frau und mir vor einigen Jahren einen Besuch abstattete. Wir beschlossen, sie nach Vinci zu führen und etwas Zeit am Geburtsort Leonardos zu verbringen. Es war September, ein herrlicher Nachmittag zwischen Olivenbäumen, wo wir eines Genies gedachten. Am Ende des Ausflugs verabschiedete sie sich mit den einfachen Worten: »Ich danke euch.« In diesem Augenblick sah ich in ihren Augen reine Dankbarkeit. Wir hatten keine besonderen Anstrengungen unternommen – die Besichtigungsfahrt war uns ein Vergnügen. Unsere Freundin aber hatte sie wirklich genossen und ihr großen Wert beigemessen. In den Jahren danach trafen wir sie mehrmals wieder, doch wenn ich heute an sie denke, entsinne ich mich jenes gemeinsam verbrachten Tages und ihrer Dankbarkeit. Warum? Sobald wir dankbar sind, verschwinden all unsere inneren Schutzvorkehrungen und wir geben uns so, wie wir sind. Infolgedessen konnte ich damals das Wesen unserer Freundin erkennen.

Dankbarkeit ist definitionsgemäß »antiheroisch«. Sie bedarf weder des Muts noch der Stärke oder des Talents – und beruht gerade auf unserer Unvollkommenheit. Wenn wir sie nicht vor uns selbst verbergen, können wir die guten und angenehmen Dinge des Lebens empfangen und dafür dankbar sein. Die tiefe Erleichterung, die mit der Dankbarkeit einhergeht, resultiert aus der Einsicht, dass wir es allein nicht schaffen; dass wir uns nicht darum zu bemühen brauchen, ein Supermann oder eine Superfrau zu sein, und dass wir, selbst wenn wir nicht zu den Größten zählen, durchaus in Ordnung sind.

Doch einen Augenblick! Müssen wir wirklich jedem Menschen dankbar sein? Auch dem Nachbarn, der spätnachts in voller Lautstärke Rockmusik spielt, dem Polizisten, der uns ein nicht gerechtfertigtes Bußgeld auferlegt, oder demjenigen, der ein Kaugummi ausspuckte, auf das wir dann treten? Und sollen wir etwa dankbar sein (an dieser Stelle erreichen wir den springenden Punkt), wenn unser Sohn harte Drogen nimmt, wenn das eigene Geschäft Pleite macht oder wenn ein geliebter Mensch von einer unheilbaren Krankheit heimgesucht wird? Wie begegnen wir den Übeln, die uns das ganze Leben lang begleiten? Und wie werden wir mit den Tragödien fertig, die sich in weiter Ferne ereignen, doch uns so nahe gehen, dass sie uns nie ganz loslassen – Kindesmisshandlung, Folterung politischer Gefangener, endlose Kriege, Unterernährung, Trinkwassermangel, das um sich greifende Leid und all die anderen Schandtaten auf unserem Planeten?

Die eigenen Freuden auskosten und dabei die anderen Menschen vergessen – das hat nichts mit Dankbarkeit zu tun. Diese kann nur dort entstehen, wo die Solidarität ebenso vorhanden ist wie das Wissen um die Schrecknisse in der Welt; andernfalls handelt es sich nicht um Dankbarkeit, sondern um bloßen Konsum und falschen oder oberflächlichen Optimismus. Seltsam aber wahr: Wenn alles stets glatt liefe, würden wir alles Schöne für selbstverständlich halten und die Geschenke des Lebens nicht wirklich schätzen. Wir wären wie verwöhnte Kinder, die so viele Geschenke bekommen haben, dass sie sich inzwischen fast zu Tode langweilen. Tatsächlich sind es manchmal gerade die Dramen des Lebens, die uns für die Dankbarkeit empfänglich machen.

Es ist paradox: Nach einer Krankheit schätzen wir die Gesundheit umso mehr; durch die Versöhnung nach dem Streit entdecken wir wieder die Vorzüge der Freundschaft; dem Tode nah, lieben wir das Leben über alles. Dergleichen trifft auch in einem größeren Maßstab zu. Bei einer Online-Umfrage wurden die Teilnehmer gebeten, einzelne Aspekte ihrer Persönlichkeit zu bewerten. Wenn man die 4817 vor dem 11. September 2001 gegebenen Antworten mit denen vergleicht, die zwei Monate danach geäußert wurden, entdeckt man entsprechend höhere Werte in sieben Bereichen: Dankbarkeit, Hoffnung, Freundlichkeit, Führerschaft, Liebe, Spiritualität, Zusammenarbeit in der Gruppe. Zehn Monate nach dem Terrorangriff lagen die Werte immer noch höher als zu Beginn, aber sie hatten sich bereits abgeschwächt. Zwar wollen wir das Unglück weder heraufbeschwören noch es jemand anderem wünschen – doch es scheint, als würde ein Schock manchmal unsere schlummernden Fähigkeiten und Kräfte wecken.

Glücklicherweise gibt es einfachere Wege zur Dankbarkeit. Wir brauchen nur ein wenig genauer hinzuschauen, dann finden wir in den verborgenen Falten unseres Lebens vergessene oder ungeahnte Schätze, die wir bislang wegen mangelnder Zeit oder Aufmerksamkeit nicht gewürdigt haben. Es sind die Geschenke des Lebens – einige scheinbar banal, andere besonders. Wenn wir zerstreut sind, übersehen wir sie; doch wenn wir sie bemerken, werden wir zu glücklicheren Menschen.

Einmal hat mein elfjähriger Sohn Emilio seine Ersparnisse für einen Satz Modellflugzeuge ausgegeben. Um sie fliegen zu lassen, muss man sie zusammenbauen. Als er die Schachtel öffnet, erlebt er eine unliebsame Überraschung; die Schachtel ist zwar großartig, der Inhalt aber enttäuschend. Die Modelle sind von schlechter Qualität, die beigefügten Anleitungen kaum verständlich – offenbar handelt es sich um eine Mogelpackung. Emilio ist außer sich. Ich kann ihn verstehen: Er ist wie ich – schlechte Qualität macht ihn wütend. Ich weiß nicht, was ich tun soll, würde ihn gerne trösten. Soll ich ihm jenen Betrag ersetzen, den er ausgegeben hat? Oder ihm bessere Modellflugzeuge kaufen? Ich bin im Zweifel, halte mich schließlich heraus. Emilio lässt das Projekt fallen. Einige Tage später ist sein Freund Andrea zufällig bei uns und erblickt die Flugzeuge. »Wow! Was für schöne Flugzeuge! Und diese sagenhaften Farben! Mensch, hast du's gut! Wie kommt's, dass du sie noch nicht zusammengebaut hast?« Ich betrachte Emilios Gesicht und sehe, wie die kleinen Räder in seinem Gehirn sich zu drehen beginnen: Sein DQ (Dankbarkeitsquotient) steigt exponentiell an. Die beiden Jungs machen sich an die Arbeit. Sie kümmern sich nicht um die Gebrauchsanweisung, und es spielt kaum mehr eine Rolle, dass die Ware minderwertig ist. Minuten später sind die Kinder im Garten und lassen die Maschinen fliegen. Was vorher eine Mogelpackung war, ist plötzlich zu einem Schatz geworden. Können wir mit unseren kleinen Flugzeugen nicht das Gleiche tun?

Doch, können wir. Dann werden wir feststellen, dass die Dankbarkeit unserer Gesundheit ebenso förderlich ist wie unserer Leistungsfähigkeit. Im Rahmen einer kürzlich durchgeführten Untersuchung betrachtete man drei Personengruppen: Die erste sollte im Laufe einer Woche lediglich Irritationen und Frustrationen schriftlich festhalten; die zweite alle wichtigen Ereignisse; die dritte bis zu fünf Dinge, für welche die Teilnehmer in ihrem Leben dankbar waren. Der Test dauerte insgesamt zehn Wochen. (Die Probanden hatte man nach dem Zufallsprinzip auf die drei Gruppen verteilt.) Am Ende ergab sich Folgendes: Jene Personen, die bestimmte Gründe für ihre Dankbarkeit aufnotiert hatten, fühlten sich allgemein – und insbesondere auch in körperlicher Hinsicht – am wohlsten, hatten optimistischere Zukunftserwartungen und vertraten die Ansicht, ihren Zielen wesentlich näher gekommen zu sein. Dies bestätigt, dass die Dankbarkeit offenbar nicht nur für unser Glück wichtig ist, sondern auch für unsere Gesundheit und unsere Leistungsfähigkeit.

Diese Entdeckung sollte uns nicht überraschen. Menschen, die Dankbarkeit empfinden, erkennen damit ihren inneren Reichtum an und festigen ihre Beziehungen. Das ist die Grundlage einer robusten Gesundheit. Sobald einer meiner Patienten Dankbarkeit empfindet, weiß ich, dass er geheilt ist. In meinen Augen ist sie das sicherste Kriterium für die Beurteilung der seelisch-geistigen Gesundheit. Denn die dankbare Person gibt zu erkennen, dass ihre Kommunikationskanäle offen sind, dass sie sich weder überbewertet (da ihr bewusst ist, dass sie andere braucht) noch unterbewertet (da ihr bewusst ist, dass sie verdient, was sie bekommt). Das heißt, sie hat die Fähigkeit, ihrer momentanen Situation einen besonderen Wert beizumessen. Sie weiß das Gute in ihrem Leben zu schätzen. Was will man mehr?

Freundlichkeit ohne Dankbarkeit ist gefährlich, ja vielleicht unmöglich. Wer nicht weiß, wie er etwas entgegennehmen soll, und sich nicht dankbar zeigt für das, was ihm zuteil wird, hat Probleme, wenn er freundlich sein will. Er hält sich selbst für einen großen Wohltäter, dem jeder zu Dank verpflichtet sein sollte. Unter Umständen erinnert er die anderen sogar an seine guten Taten, erwartet von ihnen Dankbarkeit und behandelt sie herablassend. Außerdem fällt es ihm schwerer, subtile, scheinbar unwichtige Details zu würdigen – etwa ein Lächeln, eine halbe Stunde in der Gesellschaft eines angenehmen Menschen, eine witzige Bemerkung. Er schätzt nur konkrete und messbare Geschenke, zum Beispiel eine Uhr oder einen Füllfederhalter. Doch auf einem Rechnungsabschluss findet Freundlichkeit keinen Platz.

Dankbarkeit wird leicht vergessen, aber auch leicht geweckt. Dazu ein interessantes Gedankenexperiment. Vergegenwärtigen Sie sich all die besonderen Menschen in Ihrem Leben, denen Sie dankbar sein können. Der schwierige Teil des Experiments besteht darin, dass wir gerade denjenigen, welchen wir Dank entgegenbringen, oft auch mit Ressentiments begegnen – etwa unseren Eltern. Ressentiments trüben normalerweise die Dankbarkeit, aber in diesem Experiment kommt es auf die Fähigkeit an, die eigenen Vorwürfe – egal wie ernst sie sind – auszuklammern und sich auf die erfreulichen Aspekte zu konzentrieren, selbst wenn sie nur eine eher untergeordnete Rolle spielen.

Denken wir also an jene Personen, denen wir dankbar sind. Es gibt viele – weitaus mehr, als wir glauben –, die uns etwas Gutes getan haben, obwohl wir uns dessen vielleicht nicht wirklich bewusst sind: Eltern, Lehrer, geliebte Wesen – sowie all diejenigen, die unsere Lebensqualität mehr oder weniger erhöhen: der Briefträger beispielsweise, der uns jeden Tag die Post bringt, oder der Taxifahrer, der uns einen guten Witz erzählt.

Wenn wir einmal genauer überlegen, kommen uns wesentlich mehr Menschen in den Sinn, als es zunächst den Anschein hatte, eben weil das Leben aus großen und kleinen Gefallen besteht – nicht bloß aus Grobheit und Arroganz. Gewiss, jeder von uns trägt Wunden mit sich, die durch Ungerechtigkeit und Missachtung verursacht wurden. Davon wissen wir ein Lied zu singen. Doch zugleich vergessen wir – weil es so offensichtlich ist –, dass selbst diejenigen, die sich für die Unglücklichsten und Einsamsten überhaupt halten, mit anderen Menschen auf vielfältige Weise verbunden sind und ohne deren Unterstützung gar nicht existieren könnten.

Ziehe ich jene Menschen in Betracht, denen ich dankbar sein kann, eröffnet sich eine aufregende Perspektive. Nach und nach wird mir nämlich klar, dass all das, was ich heute besitze, im Grunde von anderen kam. Meine Eltern haben mich großartig unterstützt. Meine Lehrer vermittelten mir jene Methoden und Kenntnisse, die für meine Arbeit, meine Ideen und meine Inspiration wesentlich sind. Meine Freunde halfen mir, ein gutes Gefühl in Bezug auf mich selbst zu entwickeln. Arbeitskollegen brachten mir die Kunstgriffe unseres Metiers bei. Andere Personen machten mich empfänglich für Welten, von denen ich kaum eine Ahnung hatte, oder zeigten mir, wie wichtig die Fürsorglichkeit ist. Meine Frau und meine Kinder haben mir Liebe geschenkt und eine Fülle von Überraschungen bereitet. Und das ist nur der Anfang. Durch weiteres Nachdenken begreife ich langsam, dass alles, was mein Eigen ist – Charakterzüge, Fähigkeiten, Ideen, Besitztümer –, von anderen stammt oder durch ihre Gegenwart bewirkt wurde.

Ich gelange zu der Einsicht, dass jeder Backstein meines Hauses das Geschenk eines Menschen ist – und dass meine Backsteine wiederum zum Bau vieler anderer Häuser beigetragen haben. Wie also fühle ich mich? Ist mein Stolz verletzt, meine Unabhängigkeit bedroht? Stehe ich in jemandes Schuld? Keineswegs. Vielmehr ändert sich das Bild, das ich von mir und von anderen habe. Man hat uns die Einstellung anerzogen, dass wir alle Individuen mit genau definierten Grenzen sind, dass wir die Ärmel hochkrempeln und uns zerreißen müssen, um uns zu bessern und gute Leistungen zu erzielen. Das ist typisch für die westliche Kultur. Daher glauben einige von uns sogar, überhaupt niemandem etwas schuldig zu sein. Wir betrachten uns gleichsam als Billardkugeln –

als abgesonderte Individuen, die von ebensolchen Individuen umgeben sind.

Aber diese Vorstellung ist falsch. Wir sind eher Zellen mit einer durchlässigen Membran, die ständig in Wechselbeziehung stehen und um des Überlebens willen von anderen Zellen abhängen. Die Dankbarkeit vermittelt einen realistischen Eindruck davon, wer wir sind. Soll und Haben gehören in die Mentalität von Buchhaltern und in den Bereich der Billardkugeln. Vielmehr findet ein unaufhörlicher Austausch statt, der darüber bestimmt, wie wir sind und unter welchen Bedingungen wir leben. Wenn wir uns diese Denkweise aneignen, können wir innerlich loslassen. Die Dankbarkeit ist nicht länger eine außergewöhnliche Gesinnung, sondern ein grundlegendes Gefühl. Während Undankbarkeit Kälte, Verschlossenheit und Abstand signalisiert, bedeutet Dankbarkeit Wärme, Offenheit und Nähe. Sie macht das Leben viel einfacher. Wir sind nicht mehr ängstlich darauf bedacht, unsere Klugheit unter Beweis zu stellen. Wir hören auf zu jammern und zu klagen. Wir brauchen weder blutige Kämpfe auszufechten noch unmögliche Siege zu erstreben. Wir stellen fest, dass das Glück bereits vorhanden ist – unvermutet, direkt vor unseren Augen.

HILFSBEREITSCHAFT

Eine wunderbare Gelegenheit

Ich stehe an der Bar und warte auf meinen Cappuccino. Neben mir hat eine attraktive junge Frau mit roten Haaren und Sommersprossen, offensichtlich eine Ausländerin, ebenfalls einen Cappuccino bestellt. An der Bar serviert ein junger Mann mit lockigem dunklen Haar. Lässig setzt er ihre Tasse auf dem Tresen ab. Auf dem Kaffee schwimmt ein köstlicher Milchschaum, in dessen Mitte sich ein vollkommenes Sahneherz abzeichnet. Ich erspähe ihre Reaktion, bemerke ihre Überraschung. Sie ist es nicht gewohnt, ein Herz zum Frühstück zu bekommen. Der Barmann sagt kein Wort, schaut sie nicht einmal an. Dann erhalte ich meinen Cappuccino – kein Herz, nur ein normaler Cappuccino wie jeder andere. Einfach nur ein Getränk, keine Liebesbotschaft.

Ich muss gestehen, dass ich die beiden ein wenig beneide. Aber das ist nicht der springende Punkt. Entscheidend ist, was sich in ihrem Innern, ihrer geheimen Welt abspielt. Ich kenne nicht die Fortsetzung dieser Episode und kann nur raten. Die eher zynische Hypothese läuft darauf hinaus, dass der Barmann viele Male am Tag den gleichen Trick anwendet, sobald ein gut aussehendes Mädchen auftaucht, und dass er früher oder später bei einem von ihnen Erfolg hat; dass außerdem die Rothaarige, an Schmeicheleien gewöhnt, sich nicht viel daraus macht. Aber eigentlich glaube ich nicht, dass die Geschichte so weiterging. Lieber stelle ich mir vor, dass die Frau die Bar verließ und die Touristenattraktionen der Stadt – die auf ihre wuselnden Besucher oft so anonym und abweisend wirkt – in gehobener Stimmung besichtigte. Vielleicht nahm sie an jenem Tag die Schönheit der Stadt tiefer in sich auf und war irgendwie glücklicher. Und all das geschah, weil der Geist der Liebe in einer seiner unendlichen Möglichkeiten und wider Erwarten die Form eines Sahneherzens annehmend, sich ihrer bemächtigt hatte.

Vielleicht wird sich die rothaarige Frau noch viele Jahre an diese kleine Episode erinnern. Denn sobald jemand auf seine Art und Weise freundlich zu uns ist, werden wir das möglicherweise nie vergessen. Als ich noch ein Kind war, nahmen meine Mutter und meine Tante meine Schwester und mich mit auf eine große Reise in die Vereinigten Staaten. Damals unternahm man solche Reisen eher selten. Amerika war (zumindest für uns) ein unbekannter Kontinent, ja erschien demjenigen, der zum ersten Mal dorthin fuhr und die Sprache nicht beherrschte, sogar ein wenig gefährlich. Wir durchquerten das Land mit dem Zug und mussten in Chicago umsteigen. Als wir dort eintrafen, stellten wir nicht nur fest, dass die beiden Züge zu zwei verschiedenen Betreiberfirmen gehörten, sondern auch, dass Ankunft und Abfahrt an zwei verschiedenen Bahnhöfen erfolgten. Wir hatten nur eine Stunde, um die Züge zu wechseln – und das an einem Ort, wo alles uns fremd war.

Das Umsteigen wurde zu einem besonderen Abenteuer (wir erreichten den Anschlusszug gerade noch rechtzeitig). Was sich mir unauslöschlich ins Gedächtnis einprägte, war die Szene in einem quietschenden, schwankenden Lift, der so langsam abwärts fuhr, dass es mir wie eine Ewigkeit vorkam. Da standen wir also, zwei Frauen und zwei Kinder, alle vier ängstlich und verloren. Ich erinnere mich, wie mehrere Leute mit uns sprachen, uns das Gefühl gaben, willkommen zu sein, und uns Beistand leisteten, indem sie erklärten, wohin wir gehen und was wir tun mussten. Einige richteten das Wort an uns Kinder, eine Frau schenkte meiner Schwester sogar eine Stoffpuppe, die sie aus irgendeiner Tasche gezogen hatte. Dieses Nach-unten-Schweben im quietschenden Lift war eine Reise in eine andere Dimension, weit entfernt von Fahrplänen und von Hetze, auf der wir Menschen begegneten, die uns Ruhe und Gelassenheit vermittelten. Viele Jahre später denke ich an dieses Erlebnis noch immer mit Dankbarkeit zurück.

An solchen Geschichten und an vielen weiteren, die Sie und ich erzählen können, interessieren mich am meisten die Möglichkeiten, die wir alle haben, das Wohlbefinden eines anderen Menschen zu steigern. Betrachten wir dazu einige Beispiele:

- Ein Freund macht einen Scherz, der uns in bessere Stimmung versetzt.
- Sie brauchen Zeit und Ruhe: Eine freundliche Seele erklärt sich bereit, nach Ihren Kindern zu schauen, Ihre Wohnung aufzuräumen und das Abendessen zuzubereiten.
- Sie haben schreckliches Zahnweh und ein Zahnarzt beseitigt das Problem schnell und schmerzlos.
- Jemand hört Ihnen zu und versteht Sie vollkommen. Sie fühlen sich im Frieden mit sich selbst.
- Ein Lehrer oder Therapeut oder Guru erkennt und fördert Begabungen in Ihnen, deren Sie sich bislang nie bewusst waren.
- Ein Buch eröffnet Ihnen ganz neue Perspektiven.
- Bei einem Konzert hören Sie eine so wunderbare Musik, dass Sie von ihr ergriffen und innerlich verwandelt werden.

Und so weiter und so fort. Es gibt unendlich viele Möglichkeiten – ob verborgen oder deutlich sichtbar, geringfügig oder enorm, vorübergehend oder dauerhaft –, einem Menschen etwas Gutes, ein wenig Erleichterung, Fröhlichkeit, Hoffnung, Wohlbehagen zuteil werden zu lassen, seine geistige und seelische Entwicklung positiv zu beeinflussen. Diese Art von Beziehung ist keine »himmlische« Ausnahme in einer verkommenen Welt voll ichbezogener, streitsüchtiger Menschen, sondern, im Gegenteil, eine ganz normale Sache, oft Bestandteil unserer täglichen Interaktionen, die auf einer freundlichen Gesinnung beruhen. Sie ist Ausdruck unserer Hilfsbereitschaft.

Zum Glück kommt diese Hilfsbereitschaft auch in scheinbar unwichtigen Situationen, ja durch winzige Gesten zum Ausdruck – indem wir zum Beispiel jemandem die Tür aufhalten, ihm unsere tief empfundene Anerkennung aussprechen, ihm unseren Sitzplatz im Bus anbieten. Eine hebräische Geschichte handelt von Reb Nachum, einem egoistischen Geschäftsmann, der lediglich darauf bedacht ist, Geld zu scheffeln und andere zu hintergehen. Eines Abends erblickt er auf der Heimfahrt von seiner Kutsche aus einen armen Bauern am Straßenrand, dessen Karren im Schlamm stecken geblieben ist. Der Bauer versucht ihn auf die Straße zurückzuschieben, was ihm aus eigener Kraft jedoch nicht gelingt. Er trägt seine besten Sachen – für den Sabbat. Aber er ist erschöpft und verzweifelt, weil er seinen Karren nicht von der Stelle rühren kann. Reb Nachum steigt aus der Kutsche und hilft dem Bauern beim Anschieben. Zwei Männer können die Aufgabe leicht bewältigen – das Problem ist gelöst. Als sie sich voneinander verabschieden, bemerkt Reb Nachum einen Schlammspritzer auf der Kleidung des Bauern und entfernt ihn, fast ohne nachzudenken, mit einer schnellen Handbewegung. »Jetzt bist du für das Sabbatfest gerüstet«, sagt er und entfernt sich. Er kehrt in seinen Alltag zurück.

Viele Jahre später stirbt Reb Nachum und erscheint vor dem Gericht Gottes, den anklagenden Engel auf der einen Seite, den verteidigenden Engel auf der anderen. Der erstere untersucht sein Leben und entdeckt viel belastendes Material. Reb Nachum hat sich ausschließlich der Anhäufung von Reichtümern verschrieben, nie der Sorge um seine Frau und seine Familie; er hatte keine Freunde, unterstützte nicht die Gemeinschaft, beging Freveltaten und missbrauchte seine Macht. Der Engel legt all das auf die eine, der Anklage vorbehaltene Waagschale, die sich weit nach unten neigt. Der Engel der Barmherzigkeit weiß nicht, was er tun soll. Er überblickt wieder und wieder das Leben Reb Nachums, ohne etwas Gutes zu finden: kein freundliches Wort, kein Akt der Solidarität. Plötzlich sieht er jene Gefälligkeit, die dazu beitrug, den Karren aus dem Schlamm zu ziehen. In seiner Verzweiflung nimmt er den ganzen Karren und wirft ihn auf die andere Schale. Die Waagschalen schwingen auf und ab, scheinen für einen Augenblick im Gleichgewicht zu verharren, dann aber wiegt die der Anklage abermals schwerer. Der Engel ist ratlos, was er zugunsten des Mannes noch aufbieten könnte; schließlich entdeckt er jenen Schlammspritzer, den Rab Nachum von der Kleidung des Bauern gewischt hatte: eine unscheinbare, in Vergessenheit geratene Geste. Also nimmt der Engel den kleinen Schlammklumpen und wirft ihn ebenfalls auf die Waagschale, die der Verteidigung dient. Und es geschieht ein Wunder: Die Waagschale geht nach oben. Reb Nachum ist gerettet.

Die Kernaussage dieser Geschichte lautet: Man weiß nie, ob eine *winzige* Dienstleistung nicht *gewaltige* Auswirkungen haben wird. Es ist leicht, den Dienst am Anderen als ein Opfer zu betrachten, weil er uns Zeit und Kraft kostet. Doch oft verhält es sich umgekehrt: Er kommt gerade auch dem zugute, der ihn erweist, und nicht nur dem Empfänger. In der Geschäftswelt gelangt man durch systematische Studien, die von wissenschaftlicher Exaktheit zeugen, allmählich zu der gleichen Einsicht. Eine steigende Zahl von Untersuchungen bestätigt die offensichtliche Tatsache, dass Gefälligkeiten sich auszahlen. Der freundliche Umgang mit Kunden erhöht die Wahrscheinlichkeit, dass sie einen mögen und wiederkommen. Das Gegenteil trifft ebenfalls zu: Wie oft schon mussten wir im Restaurant ewig lange warten, bis wir bedient wurden; behandelte uns ein Verkäufer so, als wären wir ihm völlig schnuppe; kauften wir einen scheinbar hochwertigen Artikel, um dann festzustellen, dass es sich um Schund handelte? Eine Firma kann nur davon profitieren, wenn sie dem Kunden Beachtung schenkt. Ihre Aufgabe besteht darin, »Krawallmacher« – tief unzufriedene Kunden, die nicht wiederkommen und darüber hinaus die Firma in der Öffentlichkeit schlecht machen – so weit als möglich zu vermeiden. Es ist nämlich erwiesen, dass enttäuschte Kunden durchschnittlich 19 Personen von ihrer negativen Erfahrung berichten. Zugleich hat die Firma die Aufgabe, immer mehr »Schwärmer« – äußerst zufriedene Kunden, die nicht nur wiederkommen, sondern auch kostenlose Werbung betreiben – für sich zu gewinnen. Es scheint, als wären die wirksamsten Mittel, Kunden an sich zu binden, die folgenden:

- Wort halten: die Waren tatsächlich liefern;
- flexibel sein bei ungewöhnlichen Wünschen;
- denen helfen, die Hilfe brauchen;
- freundlich und liebenswürdig sein: Der Kunde soll sich wohl fühlen;
- ehrlich sein: niemals lügen;
- Kunden höflich und respektvoll behandeln.

Natürlich ist der zuvorkommende Umgang mit Kunden, der darauf abzielt, dass sie wiederkommen, keine uneigennützige Freundlichkeit, sondern einfach eine kluge Methode, gute Geschäfte zu machen. Trotzdem bin ich überzeugt, dass erstens eigennützige Freundlichkeit immer noch besser ist als uneigennützige Grobheit und dass zweitens diejenigen, die Freundlichkeit nur vortäuschen, aus dieser Einstellung so viele Vorteile ziehen, dass sie am Ende oft tatsächlich freundlich sind.

Doch wie alle positiven Dinge bergen auch Hilfsbereitschaft und Dienstleistung eine ganze Reihe von Tücken und Gefahren. Am weitesten verbreitet ist die »Forderung« – man verlangt für den erwiesenen Dienst einen bestimmten Preis und präsentiert dann die Rechnung, sogar noch Jahre später. Im Rahmen meiner psychotherapeutischen Arbeit taucht – wenn Patienten über ihre Eltern sprechen – eine Klage öfter auf als irgendeine andere. Und welche ist es? Seelischer Druck? Misshandlung? Vernachlässigung? Demütigung? Bedrohung? Solche Vorwürfe gibt es gewiss in Hülle und Fülle. Aber der am häufigsten genannte richtet sich gegen Eltern, die ihre Kinder ständig daran erinnern, was sie alles für sie getan haben. Die Liste der erwiesenen Gefälligkeiten, dargebrachten Opfer und unternommenen Anstrengungen über sich ergehen lassen zu müssen, erscheint den Kindern als eine unerträgliche Qual. Nichtsdestotrotz ist der Wunsch der Eltern, dass die Kinder ihren vollen Einsatz nicht als selbstverständlich betrachten, im Grunde ganz normal. Sie haben eine schwere Aufgabe zu bewältigen, die weder anerkannt noch bezahlt wird, und am Ende sind die Kinder oft nicht einmal dankbar dafür. Warum also fällt deren Reaktion so heftig aus? Weil die Dienstleistungen früher uneigennützig waren, inzwischen aber zu einer Art Waffe geworden sind, die Widerstand, ja Aggression hervorruft. Auf diese Weise wird alles Gute und Schöne in der Vergangenheit auf einen Schlag zunichte gemacht. Es geschieht also Folgendes: Immer wieder bekommt man etwas, was man für einen Ausdruck von liebevoller Großzügigkeit hält, und später, infolge einer nachträglichen, völlig unerwarteten Deutung der Ereignisse, wird einem gesagt, dass man dafür bezahlen muss. Das ist etwa so, als würde man leidenschaftlich mit einer Frau schlafen – und hinterher erfahren, dass sie nur ihrem Gewerbe nachging und für ihre Leistungen entsprechend honoriert werden möchte. Ein spontanes Geschenk ist zu einem Posten im Budget geworden: Sein ursprünglicher Zauber ist plötzlich verschwunden.

Stellen wir uns nun die umgekehrte Situation vor. Jemand leistet Ihnen Beistand und erwähnt diese gute Tat mit keinem Wort – geschweige denn, dass er Sie daran erinnerte –, eben weil er vielleicht schon an anderer Stelle seine Hilfsbereitschaft mit großem Eifer unter Beweis stellt. Dieser Mensch nimmt sich selbst nicht allzu ernst. Er ist weder schwierig noch salbungsvoll, sondern hat eventuell sogar einen ausgeprägten Sinn für Humor. Wenn er Sie nicht auf die Gefälligkeit hinweist, die er Ihnen erwies, können Sie diese umso mehr genießen, da Sie nicht das Gefühl haben, in seiner Schuld zu stehen oder sich ihm gegenüber rechtfertigen zu müssen. Unter Umständen werden Sie nie erfahren, was er – durch Engagement, Hingabe oder gar Risiko – für Sie getan hat. Schade. Aber niemand packt Sie am Kragen, um von Ihnen einen Ausgleich für all diese Mühen zu fordern. Sie verfügen über mehr inneren Freiraum, und dadurch werden Sie eines Tages, möglicherweise erst in ferner Zukunft, wohl auch eher merken, wie sehr man Sie unterstützte, und plötzlich ein Gefühl von Dankbarkeit empfinden.

Eine weitere Gefahr besteht darin, dass man seine Dienstleistung, bei der das Ich ja eigentlich in den Hintergrund treten sollte, als Gelegenheit benutzt, die eigene Klugheit zur Schau zu stellen; dass man also sich selbst ins Zentrum rückt und den Anderen zur Dankbarkeit verpflichtet. Dadurch kommt es ihm so vor, als wäre er in einem jener Häuser, wo die Wände mit Diplomen und Zertifikaten bedeckt sind, mit Aufnahmen vom Besitzer in Gesellschaft berühmter Leute, kostbaren Ausgaben von Büchern, die ein hohes Maß an Bildung und Kultur demonstrieren sollen, und mit all den übrigen »Trophäen«, die Größe und Bedeutung des Gastgebers rühmen. Man ist förmlich gezwungen, seiner Hochachtung und Bewunderung Ausdruck zu verleihen. Aber hebt das die eigene Stimmung, fühlt man sich etwa bereichert oder ermutigt? Mitnichten.

Jedenfalls eignet sich die Metapher des Hauses gut dafür, zwischenmenschliche Beziehungen darzustellen. Stellen wir uns jetzt einmal vor, dass das Haus kein protziger, der Selbstbespiegelung dienender Ort ist, sondern düster und ungastlich wirkt. Aufpassen! Hier steht ein rostiger Nagel hervor, dort hat sich eine Diele gelockert. Man könnte sich daran verletzen. Die Bilder an der Wand machen einem Angst. Einige Zimmer dürfen nicht betreten werden. Die Stühle sind unbequem. Wohin das Auge blickt, stößt es auf Zeichen der Niedergeschlagenheit und des Verfalls – überall Staub, Chaos und Entsetzen. Es gibt aber auch von Glück erfüllte Häuser, in denen eine warmherzige Atmosphäre herrscht; sobald man den Fuß über die Schwelle setzt, stellt sich ein Wohlbehagen ein. Man bekommt Speisen und Getränke angeboten und entdeckt ringsum alle möglichen Dinge, die einen in Bann ziehen – Bücher, Gemälde, Statuetten. Man hat das Gefühl, willkommen zu sein.

Häuser sind wie Menschen, und eine Dienstleistung offenbart

nicht nur, was man tut, sondern auch, wer man ist. Bisweilen bewirkt schon die bloße Gegenwart bestimmter Menschen, dass man sich besser fühlt, mit seiner Innenwelt stärker verbunden und glücklicher ist. In anderen Situationen haben sie einen ebenso günstigen, aber eher geistigen Einfluss. Als ich aufs Gymnasium ging, hatte ich einen großartigen Philosophielehrer. Nur selten befolgte er den Lehrplan. Er tadelte die Schüler, die den Stoff nur mechanisch lernten, und lobte jene, die mit einem originellen Gedanken aufwarteten. Bücher und Zeitschriften, welche die Macht besaßen, einen zu berühren und zu verändern, fand er weitaus interessanter als irgendwelche Pflichtlektüren. Er sprach über Tagesereignisse, Politik, zeitgenössische Denkmodelle – und über sein Leben als Kämpfer für die Freiheit. Während seines Unterrichts war jeder stets hellwach und aufmerksam.

Diese Lektionen übten auf mich eine enorme Wirkung aus. Sie verhalfen mir zu der Einsicht, dass ich fähig war, selbständig Gedanken zu entwickeln. Mir schien, als hätte ich bis dahin in der kleinen Mansarde eines riesigen Hauses gelebt, das mir gehörte, und als könnte ich nun in alle Räume gehen. War ich vorher den Ansichten gefolgt, die man mir serviert hatte wie ein Abendessen, so entdeckte ich plötzlich – quasi vom einen Tag auf den nächsten – mein ureigenes Denkvermögen.

Die neue, umwälzende Erkenntnis brachte mich zwar in Konflikt mit einigen Autoritäten, aber sie war ein wunderbares Geschenk. Das alles geschah weniger aufgrund eines speziellen Unterrichtsstoffs, den ich mir aneignete, sondern vor allem durch die geistige Lebendigkeit, die der Lehrer uns zu vermitteln wusste. Im Zweiten Weltkrieg hatte er der italienischen Widerstandsbewegung, der *Resistenza*, angehört und gegen die Faschisten und die Nazis gekämpft. Sein Abscheu vor Autoritarismus und Diktatur, seine Leidenschaft für Freiheit im Allgemeinen und Gedankenfreiheit im Besonderen, derentwegen er mehr als einmal sein Leben riskiert hatte, waren so sehr Teil seines Wesens geworden, dass er – vielleicht ohne sich dessen bewusst zu sein – sie ausstrahlte und jeden damit ansteckte, der in seine Nähe kam.

Hier stehen wir vor einer grundlegenden Tatsache: Wir übermitteln, was wir sind, und wir sind, was wir durch innere und äußere Arbeit wurden. Der Philosophielehrer übermittelte seine Leidenschaft für die Freiheit und seine geistige Spannkraft, weil er sie viele Jahre lang kultiviert hatte und bereit gewesen war, diese Werte unter Einsatz seines Lebens zu achten und zu verteidigen. Hätten sie für ihn weniger Bedeutung gehabt, wäre er nicht imstande gewesen, sie anderen Menschen begreiflich zu machen.

Betrachten wir nun diesen ganzen Prozess in seinen verschiedenen Phasen.

1. In jedem Augenblick unseres Lebens gibt es zahlreiche Bitten um Hilfe – und ebenso viele Gelegenheiten, sie zu erfüllen. Wir brauchen uns nur umzuschauen. Die Kinder benötigen unsere Unterstützung bei den Hausaufgaben, ein Passant ist darauf angewiesen, dass wir ihm den Weg zum Bahnhof zeigen, die gefährdete Natur leidet Qualen und ruft uns zur Besinnung, ein alter Mensch, von aller Welt vergessen, liegt im Sterben und bedarf des Beistands.

2. Wenn wir auf diese Bitten nicht reagieren, werden wir uns wahrscheinlich unwohl fühlen. Doch wenn wir auf sie reagieren, müssen wir die Fähigkeit entwickeln, ihnen auch wirklich nachzukommen. Wir brauchen Geduld, um den Kindern zu helfen; das entsprechende Wissen, um einen sorgsamen Umgang mit der Natur zu pflegen; die Kraft und den Mut, den alten, sterbenden Menschen aufzusuchen und ihm Trost zu spenden. Oder wir müssen ganz einfach den Weg zum Bahnhof kennen.

3. Die für eine sinnvolle Hilfeleistung erforderlichen Fähigkeiten und Kenntnisse zu erwerben, nimmt ein ganzes Leben in Anspruch und setzt in unserem Innern bestimmte, bislang ungeahnte Energien frei. Wir müssen nicht nur wissen, welcher Weg zum Bahnhof führt, sondern auch deutlich Auskunft geben können und freundlich genug sein, um kurz zu verharren und etwas zu erklären, selbst wenn wir es eilig haben und unsere kostbare Zeit opfern. Jeder Mensch bietet den anderen die Früchte seiner

Arbeit an. Wenn ich einen Vortrag halte, der den Zuhörern in irgendeiner Weise von Nutzen sein soll, so muss ich mein Thema zunächst einmal genau untersuchen und Nachforschungen anstellen, mich fragen, was mein Publikum besonders interessieren würde, und dann auf einige originelle Gedanken kommen. Außerdem muss ich die Angst überwinden, in der Öffentlichkeit zu sprechen, die Fähigkeit ausbilden, zu meinen Hörern eine Verbindung herzustellen, und eine ebenso angenehme wie anregende Atmosphäre schaffen.

Wenn ich einem sterbenden Menschen beistehe, muss ich mich in gewissem Maße mit meinen eigenen Todesängsten auseinander gesetzt haben, lernen, präsent zu sein, auch wenn ich lieber davonlaufen würde, die schlimmsten Aspekte der Krankheit akzeptieren und eine derart vertrauliche Situation ungezwungen bewältigen. Dieser innere Prozess verändert und bereichert mich, macht mir meine Fähigkeiten mehr bewusst.

4. Jemand anderem einen nützlichen Dienst zu erweisen kann auch für uns lohnend sein. Vielleicht werden uns Dank und Bewunderung zuteil und wir empfinden eine tiefe Genugtuung. Doch sehr häufig ist das nicht der Fall. Millionen von Eltern tun viel für ihre Kinder, die dann groß werden und sie schlecht behandeln oder gar vergessen. Ärzte, Krankenschwestern, Lehrer, Geschäftsleute widmen sich ihr ganzes Leben lang fordernden, schwierigen, streitsüchtigen Menschen, die deren Dienstleistung und Opferbereitschaft als selbstverständlich erachten. Ein Koch braucht vielleicht Stunden, um ein köstliches Mahl zu kreieren, aber die Gäste verzehren es in wenigen Minuten und machen ihm nicht einmal ein Kompliment. Viele freiwillige Helfer sind regelmäßig mit Wartezeiten, Langeweile, Undankbarkeit oder gar Feindseligkeit konfrontiert.

Das ist ein entscheidendes Stadium des Hilfsdienstes, denn gerade hier werden wir auf die Probe gestellt. Wenn unser Ziel allein darin besteht, Bewunderung und Anerkennung zu ernten; wenn wir zeigen wollen, wie gut wir sind, oder Pluspunkte sammeln möchten, werden wir früher oder später das Handtuch werfen. Hegen wir stattdessen die ehrliche Absicht, einem Menschen zu helfen, damit er gesundet, sich besser fühlt, sein wahres Ich entdeckt, weiß, wie er handeln sollte, und in seiner Entwicklung Fortschritte macht, werden wir in unserem Tun fortfahren. Der Dienst am Anderen ermöglicht uns, die eigene Motivation gleichsam zu läutern, selbstloser und damit freier zu werden.

Das also sind die einzelnen, aufeinander folgenden Phasen, die den Prozess des Helfens kennzeichnen. Ich denke, dass eines deutlich geworden ist: Der erwiesene Dienst kommt nicht nur dem Empfänger zugute, sondern auch dem, der ihn leistet. Wer immer einen Dienst anbietet, muss selbst besser werden, um die notwendigen Maßnahmen ergreifen zu können, muss die Bedürfnisse der anderen eher in Betracht ziehen als die eigenen. Er lernt dazu, entdeckt in dem, was er vollbringt, einen Wert. Dadurch erhöht sich seine Selbstachtung, vermag er in seinem Leben einen Sinn zu erkennen. Er tritt in Verbindung mit einem anderen Menschen. Wenn er dann – fast zwangsläufig – Enttäuschung, Misserfolg oder Undankbarkeit erfährt, wird seine Motivation einer Bewährungsprobe unterzogen, die ihm wiederum die Möglichkeit gibt, umso stärker aus ihr hervorzugehen.

Der Dienst am Nächsten bringt unsere besten Eigenschaften zum Vorschein. Das zeigt sich noch in den kleinen Episoden des Alltags. Zum Beispiel kannte ich vom Sehen einen Mann aus der Nachbarschaft, der einen schlechten Ruf hatte. Er war etwa dreißig Jahre alt, von wuchtiger Statur, einem Gorilla ähnlich. Grimmig dreinblickend erschreckte er die Menschen allein schon durch sein Auftreten. Ich hatte gehört, dass er mit dem Gesetz in Konflikt geraten war. Man ging ihm aus dem Weg, beäugte ihn misstrauisch. Als ich eines Tages dringend zu einer Verabredung musste, platzte kurz nach der Abfahrt von zu Hause ein Reifen an meinem Auto. Ich brachte den Wagenheber in Stellung, merkte aber, dass er defekt war. Während ich ratlos am Straßenrand stand und immer unruhiger wurde, stoppte neben mir ein Wagen, in dem niemand anders als eben dieser Mann saß. Er bot mir seine Hilfe an und nach kurzem Zögern willigte ich ein. In Windeseile hatte er den Reifen gewechselt. Was mich damals besonders beeindruckte, war sein völlig verändertes Benehmen: Innerhalb weniger Sekunden hatte sich ein asoziales, vielleicht sogar gefährliches Wesen in ein lächelndes Beispiel menschlicher Freundlichkeit verwandelt. Es bedurfte kaum eines Anstoßes, um die besten Seiten dieses Mannes sichtbar werden zu lassen, die möglicherweise keiner kannte, nicht einmal er selbst. Und das geschah, weil er glaubte, sich nützlich machen zu können.

Übrigens gibt es zahlreiche Untersuchungen, die belegen, wie positiv sich das selbstlose Verhalten auf den Wohltäter selbst auswirkt. Es kommt zum Beispiel Herzpatienten zugute, weil es zwei große Gefahren eindämmt: Depression und Isolation. So hat man herausgefunden, dass jene Veteranen des Vietnamkrieges mit einer altruistischen Einstellung weniger posttraumatischem Stress ausgesetzt waren, der einen Patienten jahrelang schwer beeinträchtigen kann. Eine andere Studie ergab, dass die freiwilligen Teilnehmer an einem riskanten biomedizinischen Experiment auch noch zwanzig Jahre nach dessen Abschluss eine höhere Selbstachtung hatten. Und bei einer weiteren Erforschung freiwilliger Tätigkeiten wurden sechs Aspekte persönlichen Wohlbefindens gemessen: Glück; allgemeine Zufriedenheit; Selbstachtung; das Gefühl, das eigene Leben bewältigen zu können; körperliche Gesundheit und Widerstandsfähigkeit gegenüber Depressionen. Alle diese Aspekte waren stärker ausgeprägt bei den Personen, die freiwillig Hilfsdienste geleistet hatten.

Doch deren entscheidende Wirkung geht über statistische Daten und konkrete Vorteile noch hinaus: In unserem Innern vollzieht sich ein tief greifender Wandel. Wir entwickeln eine Haltung, durch die wir ebenso offen wie feinfühlig auf die Bedürfnisse und Probleme der anderen reagieren und ihnen daher auch bereitwillig Unterstützung zukommen lassen – ob in kleinen oder großen Angelegenheiten. Mir fällt da eine Episode aus jener Zeit ein, da ich noch in der Stadt lebte. Es klingelte an der Tür, und als ich öffnete, stand ein älterer Herr vor mir, der sagte: »Sie haben vergessen, Ihre Scheinwerfer auszuschalten.« Woraufhin ich erwiderte: »Danke, aber woher wissen Sie, dass das Auto mir gehört und dass ich hier wohne?« Es stellte sich heraus, dass er ins Wageninnere geschaut und auf dem Sitz einen Brief mit meinem Namen und meiner Adresse entdeckt hatte. Ich kann mir die Szene genau vorstellen: Ich gehe die Straße entlang, sehe ein geparktes Auto mit eingeschalteten Scheinwerfern. Setze ich meinen Weg fort, froh, dass mir das nicht passiert ist – oder nehme ich, wie jener Mann, die Mühe auf mich, etwas dagegen zu tun? Indem ich erkenne, dass mir das Leben in diesem Augenblick eine Gelegenheit bietet, kann ich beschließen, aktiv zu werden. Morgen wird sich eine andere Gelegenheit ergeben: Ein Freund fühlt sich einsam, ein Abendessen muss zubereitet, ein verängstigtes Kind getröstet werden. Ich werde bereit sein.

Es handelt sich um eine grundsätzliche Einstellung, dank der wir bis zu einem gewissen Maße uns selbst übersteigen. Unsere Bedürfnisse, Sorgen, Klagen werden vorübergehend ausgeklammert. Wir vergessen sie für eine Weile, da anderswo »Not am Mann ist«. Und genau diese Fähigkeit zur Selbsttranszendenz kommt uns zustatten, weil sie uns aus dem Gefängnis unseres Ego befreit. Gewöhnlich sind wir förmlich eingeschlossen in all das, was uns entweder hoffen oder leiden lässt. Wie interessant es auch sein mag – am Ende beschränkt und unterdrückt es uns. Wenn es gar voller Alpträume und schrecklicher Erinnerungen ist, werden wir wahnsinnig. Plötzlich jedoch finden wir ein Mittel, dem zu entfliehen: nach anderen Menschen schauen, an ihrer misslichen Lage Anteil nehmen, mit ihnen in Kontakt treten. Das ist der Schlüssel zur inneren Befreiung.

Doch es gibt noch weitere Schwierigkeiten. Manchmal gelangen wir zu der Überzeugung, dass all unser selbstloser Einsatz eigentlich sinnlos ist; dass wir in einer Welt voll Ungerechtigkeit, Machtmissbrauch, Krankheit und so großem Unglück leben, dass jede unserer Handlungen nur eine flüchtige, geringfügige oder überhaupt keine Wirkung hat – ja dass wir, ob es uns passt oder nicht, im Grunde überflüssig sind. Früher oder später werden wir gerade durch den Dienst am Nächsten mit der Frage konfrontiert, ob wir dessen Leben tatsächlich beeinflussen können. Sind wir imstande, es in positiver Weise zu verändern, oder nicht?

Vielleicht sollten wir die Sache von einem anderen Standpunkt aus betrachten und noch einmal genauer nachdenken, um zu der Einsicht zu gelangen, dass wir vor allem auch in einer Welt subtiler Wechselbeziehungen und unvorhersehbarer Umschwünge leben. In einer von Buddha erzählten Geschichte möchte ein Papagei die Tiere eines Waldes retten, den ein schreckliches Feuer eingeschlossen hat. Der Papagei taucht in einen Fluss, fliegt dann über das Feuer und schlägt mit den Flügeln in der Hoffnung, die wenigen, herabfallenden Wassertropfen würden es löschen. Und so sind auch wir uns bewusst, dass unsere paar Tropfen nicht die Welt retten können. Das Feuer breitet sich immer weiter aus – eine gnadenlose Bedrohung. Die Tiere schreien in panischer Angst. Der Papagei, mit Ruß bedeckt, ist durch seine unermüdlichen Anstrengungen erschöpft. Manchmal befinden wir uns ebenfalls in fürchterlichen und ausweglosen Situationen, vor Problemen, die unsere Kraft übersteigen. Der Papagei macht weiter, und nach einiger Zeit sind die Götter, so oft zerstreut und gleichgültig gegenüber irdischem Leid, gerührt von dem guten Willen und heroischen Einsatz des Papageis. Ihre Tränen, die auf die Erde fallen, werden zu Regen – zu einem segensreichen Regen, der das Feuer löscht, einem wunderbaren Balsam, der die entsetzten Tiere heilt und ihnen neue Kraft schenkt. Die aufopferungsvolle Hingabe eines kleinen Papageis hat über die verheerende Feuersbrunst gesiegt. Das war der Triumph des Herzens.

FREUDE

Unser natürlicher Zustand

Gibt es jemanden, der Experte auf dem Gebiet der Freude ist? Ich glaube, ja, und der größte, den ich kenne, war Roberto Assagioli, der Begründer der Psychosynthese. Er war deshalb ein Experte, weil er die Freude erforscht hatte, vor allem aber weil er sie verkörperte. Als ich ihm begegnete, war er ein alter, dünner Rabbi mit weißem Bart – umgeben von einem Raum voller Bücher; auf seinem Schreibtisch lag eine Himmelskugel mit all den Sternen. Er sah aus wie der Prototyp eines alten Weisen. Im realen Leben war er Psychiater – der Erste, der die Psychoanalyse in Italien bekannt machte. Doch die Psychoanalyse stellte ihn nicht zufrieden, weil sie sich zu sehr auf pathologische Aspekte konzentriert. Assagioli interessierte sich für die positiven Qualitäten wie Schönheit, Liebe, Glaube, Harmonie, Frieden und Freude. Er betrachtete unser wahres Wesen als ein unabhängiges, freies Zentrum der Bewusstheit, das tiefgründiger ist als jede unserer Qualen oder Verzweiflungen. Wer dieses Zentrum entdeckt, empfindet Freude. Sie bezeichnet unseren natürlichen Zustand, die Art und Weise, wie wir sein sollen.

Viele der in diesem Buch zum Ausdruck gebrachten Vorstellungen verdanke ich Assagioli. Er archivierte seine Aufzeichnungen, legte für jede Qualität einen oder mehrere Ordner an. Für ihn waren diese Qualitäten keine abstrakten Begriffe, sondern lebendige Wesen wie wir. Und wenn dem so ist, dann haben wir die Möglichkeit, sie zu treffen und einige Zeit in ihrer Gesellschaft zu verbringen. Durch ihre einzigartige Beschaffenheit können sie uns ergreifen, uns anregen, leiten und inspirieren.

Als ich mit dieser Konzeption zum ersten Mal in Berührung kam, reagierte ich sehr skeptisch. Mir schien, als wäre eine Qualität wie Gelassenheit oder Mut lediglich auf das Gemüt beschränkt. Sie konnte gut oder auch nur nützlich sein, um Urteile zu fällen, Predigten zu halten oder gewisse Verhaltensregeln vorzugeben: »Du musst tapfer sein.« Oder: »Du solltest dich beruhigen.« Doch Assagioli sah in der Begegnung mit einer solchen Qualität eine unmittelbare Erfahrung, die auf all ihren Ebenen genauso real war wie der Verzehr von Speiseeis oder ein Spaziergang. Schon bald wurde mir bewusst, dass diese Auffassung einen integralen Bestandteil seines Lebens bildete. Vor meinen Augen tat sich eine ganze Welt auf, die mir bislang fremd war und die unsere materialistisch ausgerichtete Zivilisation nicht weiter beachtete: eine Welt ebenso subtiler wie subjektiver Wahrnehmungen und Energieströme, die sich untereinander austauschen. Allmählich erkannte ich, dass wir ausstrahlen, was wir in uns tragen – dass wir Zwiespalt und Wut oder Gelassenheit und Harmonie ausstrahlen können. Wir sind umgeben von einem Energiefeld, einer »Aura«, die mit den Auren anderer Menschen in Wechselbeziehung steht. Eben deshalb war jeder Anwesende, sobald Assagioli den Raum betrat, plötzlich in guter Stimmung.

Zunächst hatte ich den Eindruck, dass hier ein Rückfall in die Welt der Magie und des Animismus stattfand. Doch derlei lag nicht in Assagiolis Absicht. Vielmehr meinte er, dass jene Qualitäten etwa als elektromagnetische Wellen betrachtet werden müssten, die, wiewohl unsichtbar, Töne, Bilder und folglich auch Vorstellungen und Gefühle übermitteln können – ähnlich dem Fernsehen. Daher empfahl Assagioli nach jeder Meditation die Technik der »Irradiation«, der Ausstrahlung, die seit vielen Jahrhunderten in verschiedenen spirituellen Traditionen als Segen bekannt ist. Während einer Meditation laden wir uns mit neuer, positiver Energie auf. Aber wenn wir diese dann nur für uns behalten, laufen wir Gefahr, an »geistiger Verstopfung« zu leiden. Es tut uns wohl, sie an andere auszustrahlen. Alle guten Dinge müssen in Umlauf gebracht, dürfen nicht gehortet werden. In diesem Zusammenhang benutzte Assagioli die buddhistische Formel: Liebe allen Wesen, Mitgefühl allen Wesen, Freude allen Wesen, Gelassenheit allen Wesen.

Als wir einmal – die Augen geschlossen – mit ihm meditierten und die Stelle »Freude allen Wesen« erreichten, öffnete ich die Augen, um Assagioli zu betrachten. Er war versunken in Meditation, vertieft in Freude. Wahrscheinlich habe ich nie einen Menschen gesehen, der so offenkundig, so eindringlich Freude ausstrahlte. Und doch war dies ein Mann, der während der Kriegsjahre verfolgt worden war, einen Sohn verloren hatte, wegen seiner innovativen Ideen verachtet worden war ... Ich beobachtete ihn mit wissenschaftlicher Neugier. Aber bald schon ergriff mich diese Freude: Da ich sie bei ihm wahrnahm, fühlte ich, wie sie in mir sich regte. Hinter seinen geschlossenen Augen musste er gespürt haben, dass ich ihn fixierte. Er schlug sie auf und schaute mich an. Das war ein außergewöhnlich schöner Moment: Mir wurde bewusst, dass zwei Menschen sich in der Freude begegnen können – ohne dass einer den Versuch unternähme, mit dem anderen zu konkurrieren, durch ihn eine Vergünstigung zu erhalten oder ihm etwas zu beweisen. Es war die reine Lebensfreude.

Von jenem Tag an wurde unsere so geartete Begegnung fast zu einem Ritual, das keiner Erwähnung bedurfte. Jedes Mal wenn ich mit Assagioli meditierte, öffneten wir beide, sobald die Stelle »Freude allen Wesen« kam, die Augen und trafen uns auf der gleichen Wellenlänge. Dies war eine der wertvollsten Lektionen, die ich je empfangen habe. Seither habe ich die Freude immer wieder verloren und dann von neuem entdeckt. Keine Sekunde bin ich davon überzeugt, sie für alle Zeit besitzen oder nach Belieben wachrufen zu können. Wie jeder andere beschreite ich nicht selten die dunklen Seitenstraßen der Traurigkeit und des Misstrauens. Doch etwas hat sich für immer verändert: Die Freude bleibt eine Gewissheit und eine wunderbare Möglichkeit.

Freude – oder wenigstens eine frohe, optimistische Einstellung – ist eine der Grundvoraussetzungen der Freundlichkeit. Man stelle sich nur einmal eine freundliche Geste vor, die in trüber, von Widerwillen geprägter Stimmung ausgeführt wird. Jemand bietet Ihnen zum Beispiel an, Sie im Auto nach Hause zu bringen, und ist dann während der ganzen Fahrt mürrisch; oder bereitet ein Mahl für Sie zu, erinnert Sie beim Essen jedoch ständig daran, was er alles für Sie tut; oder hilft Ihnen, die verlegten Schlüssel wiederzufinden, hält Ihnen aber gleichzeitig einen Vortrag darüber, wie unordentlich Sie sind. Niemand würde eine solche Freundlichkeit wollen, weil echte Freundlichkeit frohen Herzens gewährt wird. Man kann nicht freundlich sein, wenn man nicht zumindest ein bisschen fröhlich ist.

Doch viele Menschen denken nicht so. Im Gegenteil, sie betrachten Freude oft fast als eine Form von Selbstsucht oder Oberflächlichkeit. Ich kenne einen Mann, der freiwillig für den Notfalldienst arbeitet. In Florenz besteht schon seit langem die ehrwürdige Tradition, sich als Wohltäter zu engagieren. In früheren Zeiten trugen diese Menschen schwarze Kleidung, ja sogar eine Kapuze, um nicht erkannt zu werden. Der Dienst am Nächsten soll anonym sein; wir leisten Hilfe und spenden Trost nicht um der Dankbarkeit oder anderer Vorteile willen, sondern allein aufgrund einer moralischen Verpflichtung. So weit, so gut. Jener Mann besuchte also einen Einführungskurs, in dem er und die anderen Neuankömmlinge gefragt wurden, warum sie diese freiwillige Arbeit leisten wollten. Er antwortete: »Aus Freude am Dienen.« Bei diesen Worten runzelte einer der älteren Teilnehmer schweigsam die Stirn und warf ihm einen intensiven, vorwurfsvollen Blick zu.

Dieser Blick besagte: Es genügt nicht, sich an der eigenen Selbstlosigkeit zu erfreuen. Der Hilfsdienst kann nur auf Opferwille gründen. Vielleicht hatte der stirnrunzelnde Mann nicht ganz Unrecht. Echte Selbstlosigkeit schwimmt gleichsam gegen den

Strom und mag von uns verlangen, dass wir auf einige persönliche Vorteile verzichten – Ruhe, Bequemlichkeit, Zeit für uns selbst usw. Aber was ist Ihnen lieber: Hilfe zu erhalten von jemandem, der sich aufopfert, oder von jemandem, der sich freut, sie Ihnen zu leisten?

Es besteht also kein Zweifel daran, dass eine frohsinnige Einstellung ein wesentlicher Bestandteil der Freundlichkeit ist. Und eng verwandt mit dem Frohsinn ist der Humor – die Fähigkeit, die Widersprüche und Absurditäten des Lebens zu erkennen und uns selbst nicht allzu ernst zu nehmen. Jeder, der diese Eigenschaft besitzt, ist gegen gefühlsmäßige Überreaktionen ebenso gefeit wie gegen die Dramen des Alltags. Seitdem Norman Cousins seine Ankylose (Gelenkversteifung) infolge einer Spondylitis (Wirbelknochenentzündung) damit kurierte, dass er sich Videos mit den Marx Brothers anschaute, sind zahlreiche Untersuchungen über die heilsamen und anregenden Wirkungen dieser wunderbaren Eigenschaft durchgeführt worden. Man stellte beispielsweise fest, dass Humor die Kreativität fördert: Versuchspersonen, die gerade einen lustigen Film gesehen hatten, konnten ein praktisches Problem schneller lösen als andere. Außerdem fand man heraus, dass Humor körperlichen Schmerz zu lindern vermag – und das ist keine geringe Wirkung.

Darüber hinaus wissen wir, dass Humor das Immunsystem stärkt, den Blutdruck senkt und den Stress mindert. Ein doch relativ beachtlicher Effekt! Dennoch ist es besser, den Humor nicht allzu sehr zu analysieren und eher »in kleinen Dosen« über ihn zu sprechen. Vor langer Zeit beging ich den Fehler, einen ganzen Workshop zum Thema Humor zu veranstalten. Es war der deprimierendste, den ich je abgehalten habe. Wie Mark Twain sagte: Den Humor zu untersuchen ist so, als sezierte man einen Frosch – am Ende ist der Frosch tot. An dieser Stelle möchte ich eine Episode einfügen, die mir ziemlich gut gefällt. Sie ereignete sich, als ich dem Zen-Meister Shunryu Suzuki in seinem Kloster in Tassa Hara, Kalifornien, begegnete. Unser Treffen bestand aus einem einzigen Blick. Zusammen mit einer Gruppe von Studenten und

Schülern befand ich mich in der Meditationshalle, wo ich gerade an einer Zen-Meditation teilgenommen hatte. Kurz darauf hielt Suzuki eine Rede. Nachdem ich zwei Stunden lang mit überkreuzten Beinen dagesessen hatte, sehnte ich mich danach, meine Glieder zu bewegen und einen Spaziergang zu machen. Da ich zufällig neben der Tür saß, war ich der Erste, der hinausging. Sehr schnell wurde mir bewusst, dass ich eine strenge Regel des Klosters verletzt hatte: Zuerst verlässt der Meister den Raum, dann folgen alle anderen. Was für ein grober Schnitzer! Aber es war zu spät. Als Suzuki die Tür durchschritten hatte, kam er dicht an mir vorbei und warf mir einen Blick zu. Ich hatte den Eindruck, als wären seine Augen die eines wütenden Samurai, wie man sie manchmal auf alten japanischen Drucken sieht. Zugleich jedoch (fragen Sie mich nicht, wie ihm das gelang – ich bin immer noch erstaunt darüber) drückten sie eine Heiterkeit angesichts des ungeschickten Anfängers aus. Mir schien, als würde er sagen: Keine Sorge, es ist alles in Ordnung. Das war der ebenso gelassene wie tiefgründige Humor des Weisen, der das Theater des Lebens beobachtet und weiß, dass die große Illusion des Samsara identisch ist mit der höchsten Wonne des Nirwana.

Kehren wir nun zum allgemeinen Thema Glücklichsein zurück, das, trotz seiner Unschärfe, ein wenig leichter zu erörtern ist, weil es unsere grundlegende Einstellung zum Leben betrifft. Zwei Theorien stehen im Vordergrund: Die erste besagt, Glück komme durch das größtmögliche Vergnügen – der hedonistische Ansatz; die zweite läuft darauf hinaus, dass wir dann glücklich sind, wenn wir, ungeachtet unserer Mühen und Enttäuschungen, im Leben einen Sinn entdecken – der eudämonistische Ansatz, abgeleitet aus dem griechischen Begriff *daimon*, göttliches Wesen, Schicksal oder wahres Selbst. Ich halte die zweite Theorie für überzeugender. Entscheidend ist, woran wir glauben. Glück und Freude stellen sich deshalb ein, weil unser Leben einen Sinn hat.

Mihaly Csikszentmihaly ist zu der Einsicht gelangt, dass Vergnügen allein nicht ausreicht, tiefe Freude zu empfinden. In seinen Untersuchungen über den *flow* oder die optimale innere Erfahrung registrierte er die jeweilige Gemütsverfassung, in der sich eine große Zahl von Versuchspersonen zu verschiedenen Tageszeiten befand. Wann fühlten sie sich im Zustand der Gnade – und ließen sich einfach treiben *(flowing)*? Meistens nicht dann, wenn sie sich am Strand einfach entspannten oder eine Speise für Feinschmecker verzehrten, sondern in jenen Phasen, da sie unter Einsatz ihrer ganzen Persönlichkeit einer Tätigkeit nachgingen, die Disziplin, Aufmerksamkeit und Leidenschaft erforderte; wenn sie zum Beispiel Schach spielten, auf der Geige musizierten, ein philosophisches Buch lasen oder tanzten. Diese wie auch immer geartete Tätigkeit verlieh ihrem Leben einen Sinn.

Doch es kommt nicht nur auf den Zustand der Gnade an. Wichtig ist auch unsere Grundstimmung, mit der wir jedem Tag begegnen. Und hier lautet die große Frage: Sind wir Optimisten oder Pessimisten? Viele Studien belegen, dass eine optimistische Einstellung mehrere günstige Auswirkungen auf die Gesundheit hat. In seinem Buch zu diesem Thema zeigt Martin Seligman, dass Politiker, die optimistische Wendungen in ihren Reden benutzen, größere Chancen haben, die Wahlen zu gewinnen, ebenso wie optimistische Sportler erfolgreicher sind als ihre Konkurrenten. In jüngster Zeit hat eine Welle neuer Untersuchungen – und der Beginn der »positiven Psychologie« – die Aufmerksamkeit auf dieses Sujet gelenkt. Gemäß einer von der Mayo-Klinik erstellten Studie lag – nach Ablauf von dreißig Jahren – unter 839 Individuen die Sterblichkeitsrate derer, die als Pessimisten eingestuft wurden, um 40 Prozent höher als bei den Optimisten. Im Allgemeinen schützt der Optimismus den menschlichen Organismus vor einer Erkrankung der Herzkranzgefäße und erhöht die Leistungsfähigkeit des Immunsystems. Kurzum: Optimisten verleben eine glücklichere Zeit und zahlen weniger für Arztrechnungen.

Im Grunde aber brauchen wir keine wissenschaftlichen Untersuchungen, um zu wissen, dass Freude sich großartig anfühlt. Die Frage ist nur: Wie erlangen wir sie? Oder zumindest: Wie können wir ein wenig optimistischer werden? Meiner Meinung nach ist das nicht allzu schwer (ich persönlich bin optimistisch). Jedenfalls gibt es zwei einfache Methoden, die jeder anwenden kann. Zuerst einmal müssen wir uns selbst unter die Lupe nehmen. Ohne allzu sehr in die Tiefe zu gehen, können die meisten rasch herausfinden, wodurch sie sich das Leben vergällen: Wir sind vielleicht Perfektionisten – oder geben uns quälenden Schuldgefühlen hin, nehmen uns übermäßig ernst, sehen nur das, was im eigenen Leben schief läuft. Überraschenderweise genügt es oft schon, sich seiner selbstzerstörerischen Einstellungen und Verhaltensweisen bewusst zu werden, um deren Macht zu brechen. Schließlich haben wir von Anfang an nach dem Glück gesucht. Wenn Mütter ihren Säuglingen eine teilnahmslose Miene zeigen, anstatt sie anzulächeln, begehren diese auf und werden unruhig. Sie wollen kein versteinertes Gesicht, sondern ein Lächeln. Offenbar erweist sich der von Assagioli oft wiederholte Ausspruch am Ende doch als richtig: Wir wurden geboren, um glücklich zu sein.

Allerdings tun wir unser Bestes, um *nicht* glücklich zu sein. Oft genug haben wir Angst vor dem Glücklichsein. Das erscheint absurd: Warum sollten wir fürchten, was wir am meisten ersehnen? Diese Angst hat verschiedene Gründe. Einer besteht darin, dass wir uns unwürdig fühlen – als gebührte das Glück nur denjenigen, die es sich nach jahrelanger Arbeit verdient haben. Außerdem kommt uns das Glück frivol vor: Wie können wir es wagen, glücklich zu sein, wo doch so viel Leid herrscht in der Welt? Darüber hinaus beklemmt uns der Gedanke, dass wir, wenn wir aufhören, uns zu grämen, und anfangen, uns zu vergnügen, von anderen Menschen beneidet werden und uns dann als Außenseiter fühlen. Ferner befürchten wir, dass der einmal erreichte Zustand echter Freude nicht von Dauer sein wird und dass das Wissen um diesen Verlust uns nur umso unglücklicher machen wird. Schließlich scheuen wir das Glück deshalb, weil es uns in seiner höchsten Form buchstäblich überwältigt: Es kann so groß sein, dass wir Angst davor haben, uns völlig aufzulösen.

Die zweite Methode, die uns der Freude näher bringt, ist noch einfacher: Wir fragen uns, was genau uns glücklich macht. Eine gute Frage, die wir uns nur selten stellen. Es ist seltsam, aber manchmal ändert eine gute Frage unser Leben. Also: Wie können wir glücklich werden? Indem wir die Schönheit der Natur genießen, mit einem geliebten Menschen Zeit verbringen, eine körperliche Tätigkeit ausüben, ein Buch lesen, musizieren, das Alleinsein wiederentdecken? Es gibt viele Möglichkeiten, von denen einige in weiter Ferne, andere jedoch überraschend nah sind. Wir müssen nur unsere Wahl treffen und dann am Ball bleiben. Ich bin überzeugt, dass die meisten von uns in nicht mehr als vierundzwanzig Stunden Freude finden werden – dass diese in fast jedermanns Reichweite ist. Andere wiederum brauchen dafür vielleicht ein bisschen länger.

Der größte Zweifel, den wir überwinden müssen, ist der, dass wir durch die Suche nach unserem eigenen Glück das der anderen irgendwie schmälern. Im Grunde jedoch können Egoismus und Altruismus durchaus Hand in Hand gehen, anstatt einander auszuschließen. Wenn wir eine von Freude geprägte Gemütsverfassung erstreben, werden wir den Menschen mit einer wesentlich positiveren und offeneren Einstellung begegnen und auf ihrer Seite stehen. Zahlreiche Untersuchungen bestätigen, dass wir in beglücktem Zustand selbstloser sind. Andere Untersuchungen wiederum zeigen, dass wir gerade dank unserer Selbstlosigkeit auch glücklicher sind. Zum Beispiel sind diejenigen, die irgendeine Art von freiwilliger Tätigkeit ausüben, in der Regel glücklicher und ausgeglichener als der Durchschnitt.

Überdies schätzen wir uns dann glücklicher, wenn unsere Beziehungen zu den Personen ringsum intakt sind. Verschiedene wissenschaftliche Studien haben ergeben, dass die Qualität (und nicht die Quantität) unserer zwischenmenschlichen Kontakte eine Quelle des Wohlbefindens darstellt – und dass Gesundheit, Lebenskraft und positive Grundstimmung davon abhängen, welche Gefühle wir hinsichtlich der anderen hegen. Genau diejenigen, die an sie denken, an deren Leben Anteil nehmen, ihr Leiden zu lindern versuchen und sich mit ihnen verbunden fühlen, sind aller Wahrscheinlichkeit nach glücklich und imstande, den unermesslichen Schatz der Freude zu entdecken.

Wie gesagt, Egoismus und Altruismus müssen keine Gegensätze sein. Wir können den anderen wirklich Gutes tun, wenn wir dem nachgehen, was uns selbst bereichert und beflügelt. Das ist der Ausgangspunkt, wollen wir die Freundlichkeit zu einem Teil unseres Lebens machen. Wie können wir durch Bitterkeit unsere Seele vergiften, andere insgeheim darum beneiden, dass sie glücklicher sind als wir, uns beklagen, weil wir weder das tun noch haben, was wir möchten, darüber jammern, was uns alles vorenthalten wird, auf Rache sinnen ... und zugleich freundlich sein? Zunächst müssen wir herausfinden, was uns Freude schenkt. Das ist eine äußerst wichtige Aufgabe für jeden von uns. Dann ist es umso wahrscheinlicher, dass alles gut gehen wird: Freude macht unsere Beziehungen einfacher, lebendiger und schöner.

Hier kommt es vor allem darauf an, dass die jeweiligen Beweggründe und Absichten durchschaubar sind. Wem immer es gelingt, freundlich zu sein ohne Hintergedanken, wird eher Freude empfinden als jemand, der zwar auch freundlich ist, sich aber bestimmte Vorteile erhofft. Die Frage »Was springt für mich dabei heraus?« führt letzten Endes nur dazu, dass wir uns verzetteln. Wir sind besorgt, weil wir vielleicht nicht das erhalten, was wir uns wünschen, oder sogar betrogen werden – oder weil man unsere Freundlichkeit weder anerkennt noch belohnt. Auf diese Weise vergessen wir jedoch, uns an Menschen und Dingen zu erfreuen. In einer alten östlichen Geschichte möchte Gott einen Mann für dessen außergewöhnliche Freundlichkeit und reine Absichten belohnen. Er ruft einen Engel herbei und befiehlt ihm, diesen Mann aufzusuchen und zu fragen, was er sich wünscht: Er soll alles bekommen, was sein Herz begehrt. Der Engel erscheint vor dem freundlichen Mann und überbringt ihm die gute Botschaft. Der Mann erwidert: »Oh, aber ich bin bereits glücklich. Ich habe alles, was ich möchte.« Der Engel erklärt ihm, dass man mit Gott taktvoll umgehen müsse. Wenn Er jemandem ein Geschenk machen wolle, täte man gut daran, es anzunehmen.

Daraufhin entgegnet der freundliche Mann: »Wenn das so ist, möchte ich, dass alle Lebewesen, die mit mir in Kontakt kommen, sich wohl fühlen. Aber ich will nichts davon erfahren.« Von jenem Augenblick an geschieht es, dass – wo immer der Mann sich gerade aufhält – verwelkte Pflanzen von neuem erblühen, schwache Tiere wieder stark werden, kranke Menschen gesund, dass von den Unglücklichen die Last abfällt, Feinde Frieden schließen und dass jene, die von Problemen bedrängt werden, sie lösen. All das ereignet sich ohne das Wissen des Mannes – immer hinter seinem Rücken, nie vor seinen Augen. Er empfindet nicht den geringsten Stolz, hegt keinerlei Erwartung. Unwissend und zufrieden beschreitet der freundliche Mann die Wege dieser Welt und verbreitet das Glück unter allen Lebewesen.

SCHLUSSBETRACHTUNGEN

Wie Freundlichkeit zum Ausdruck kommt

Mein neunjähriger Sohn Jonathan kommt von der Schule nach Hause, triumphiert. »Was hast du heute gemacht?«, frage ich ihn. »Wir haben im Park eine Säuberungsaktion durchgeführt. Mit speziellen Handschuhen haben wir Zeitungen, Plastikstrohhalme, leere Dosen und Flaschen, Orangenschalen, Zigarettenkippen aufgesammelt. Ein Mann mit einer Spezialausrüstung ist vor uns hergegangen, um die Spritzen zu entsorgen. Wir haben den Park in total sauberem Zustand hinterlassen.«

Vielleicht missfiel einigen Eltern diese Aktion; ich jedoch habe Achtung vor diesen Lehrern, weil sie Jonathan und seinen Klassenkameraden die Möglichkeit gaben, anderen Menschen einen Dienst zu erweisen – ohne Belohnung, aus reinem Vergnügen an der Sache. Sie boten ihnen die Gelegenheit, freundlich zu sein.

Jede Initiative, öffentliche Parks und Strände zu säubern, die verschiedene Gruppen auf der ganzen Welt ergreifen, ist der Inbegriff der Freundlichkeit – nicht nur weil sie uneigennützig ist, sinnvolle Ergebnisse zeitigt, die Lebensqualität erhöht und die Wohltäter glücklich macht, sondern auch weil sie in charakteristischer Weise eine wirksame Reaktion auf ein unmittelbares Bedürfnis oder ein Problem darstellt. Ein Mensch hat Durst und man gibt ihm etwas zu trinken; er fühlt sich entmutigt und man bringt ihn in bessere Stimmung; oder der Park ist voller Abfall und man säubert ihn.

Überall ringsum bieten sich uns Gelegenheiten, freundlich zu sein. Das Leben arbeitet mit uns zusammen; wir müssen die Möglichkeiten, unsere freundliche Gesinnung zum Ausdruck zu bringen und weiterzuentwickeln, nur wahrnehmen. Es ist, als würde aus einer optischen Täuschung, die uns zunächst verschwommen und wirr erschien, ein deutliches, klar strukturiertes Bild hervorgehen. Wir brauchen uns lediglich umzuschauen, dann entdecken wir anstelle einer langweiligen Routine oder einer Reihe dringender Pflichten günstige Gelegenheiten, unsere Freundlichkeit zu zeigen. Sie ergeben sich ständig in ganz unterschiedlicher Form. Wir müssen einfach ein bisschen aufmerksam sein.

In einer Geschichte von Tolstoi hört ein armer Schuhmacher im Traum die Stimme Christi: »Heute werde ich zu dir kommen.« Dann erwacht er und geht zur Arbeit. Im Laufe des Tages trifft er eine junge Frau, die Hunger hat, und gibt ihr etwas zu essen. Ein alter Mann geht frierend an seinem Laden vorbei, und der Schuhmacher lässt ihn herein, damit er sich aufwärmen kann. Später kümmert er sich um ein Kind, das Probleme hat mit seiner Mutter. Das alles sind spontane Handlungen, an die er keine Gedanken zu verschwenden braucht. Am Ende des Tages, vor dem Einschlafen, erinnert sich der Schuhmacher an seinen Traum, überzeugt, dass dieser nicht in Erfüllung ging, da er Christus nicht begegnet ist. Dann vernimmt er eine Stimme. Es ist die von Christus: »Mein lieber Freund, hast mich nicht erkannt? Ich war diese Frau, war dieser alte Mann, war das Kind und seine Mutter ... Du bist mir begegnet und hast mir geholfen. Ich war den ganzen Tag über bei dir.«

Ja, der Anlass zur Freundlichkeit ist direkt vor unseren Augen. Die Gelegenheit, Missverständnisse auszuräumen oder jemandem Beistand zu leisten, ergibt sich in jedem Moment, und wenn wir entsprechend reagieren, bekräftigen wir die aufrichtigsten Gefühle und höchsten Werte, die das Leben uns vermitteln kann.

Jeder Mensch ist auf seine Weise freundlich. Manche rufen eine Freundin an, die sich einsam fühlt; andere erklären einem Studenten jene schwierige Lektion, die ihm Kopfzerbrechen bereitet. Jemand verschenkt einen Kopfsalat aus seinem Gemüsegarten oder lächelt in einem überfüllten Wartezimmer ein Kind an. Einige halten einem die Tür auf, wenn man beladen ist mit Paketen; wieder andere widmen ihr Leben der Aufgabe, hungrige Menschen mit Nahrung zu versorgen.

Ich kenne eine Frau, die Tiere liebt. Sie durchstreift die Gegend, um streunende Katzen zu füttern, und nimmt Hunde aus dem Tierheim bei sich auf, anstatt sie sterben zu lassen, weil niemand sie will. Sie überlässt ein Zimmer ihrer Wohnung zahlreichen Vögeln, die darin frei herumfliegen können. Eines Tages brachte sie ein Eichhörnchen mit nach Hause. Es entwand sich ihrem Griff, sprang davon und versteckte sich in einem Schrank; trotzdem konnte sie es regelmäßig füttern. Tagsüber war das Eichhörnchen nicht zu sehen, nachts aber flitzte es umher und landete manchmal auf ihrem Bett, während sie schlief. Kein leichter Hausgenosse. Doch die Aussetzung des Tieres hätte seinen sicheren Tod zur Folge gehabt, da es an das Leben in der Wildnis nicht angepasst war. Nach einiger Zeit fragte ich sie, ob sie das Problem gelöst habe. »Ja«, erwiderte sie. »Ich dachte, das Eichhörnchen fühlt sich einsam, also habe ich ihm eine Gefährtin gebracht. Jetzt jagen zwei Eichhörnchen durch die Wohnung.« Für Sie und mich mag das ein Alptraum sein, doch für die Frau ist es eine Leidenschaft.

Ein Fotograf geht in ein Waisenhaus, um Aufnahmen von Waisenkindern zu machen, weil ein gutes Foto die Adoption erleichtert; ein alter Mann wandert durch die Nachbarschaft, um Spielsachen für Kinder vor deren Wohnungstür abzulegen; ich habe Leute gesehen, die in kalten Morgenstunden den Obdachlosen Sandwiches und warme Getränke brachten; junge Musiker suchen Altersheime und Sterbekliniken auf, um vor den dort lebenden Menschen zu spielen. Außerdem tun viele nichts Ungewöhnliches – einfach nur das, was der Alltag verlangt: Sie begleiten ihre Kinder zur Schule, gehen zur Arbeit, bereiten Mahlzeiten zu, nehmen Anrufe entgegen, wischen den Boden. Sie führen diese Tätigkeiten liebevoll aus. Es gibt unendlich viele Arten, freundlich zu sein. Jeder von uns muss die finden, die ihm eigen ist und am meisten entspricht.

Handeln wir jedoch aus Schuldgefühl oder innerem Zwang, können wir niemals freundlich sein. Unsere Aufgabe besteht darin, herauszufinden, worauf wir uns am besten verstehen und was uns echte Befriedigung oder sogar Freude schenkt. Das ist gleichsam der Schlüssel, mit dem wir die Tür zum Anderen öffnen. Die Freundlichkeit ist die einfachste Methode, der Mensch zu werden, der wir wirklich sind.

Wenn wir manchmal nicht wissen, wer wir sind, hilft uns gerade die Freundlichkeit, uns genauer kennen zu lernen. Virginia Satir vergleicht das Selbstwertgefühl mit einem Topf: Womit wird er gefüllt? Mit Nahrung, Abfall – oder mit gar nichts? Und was enthalten *wir:* Sicherheit, schöne Erinnerungen, Intelligenz, angenehme und positive Empfindungen – oder Scham- beziehungsweise Schuldgefühle, Wut? Was haben wir anzubieten? Im Freundlichsein werden wir mit diesen Fragen konfrontiert und zu den inneren Kraftquellen geführt, deren wir uns vielleicht nicht bewusst waren. Doch sind sie allen Menschen seit jeher eigen, weil sie ebenjene Eigenschaften bezeichnen, die unsere Weiterentwicklung ermöglichten: Fürsorglichkeit, Fähigkeit zur Kommunikation und Zusammenarbeit, Zugehörigkeitsgefühl, Freigebigkeit, Einfühlungsvermögen. Wenn wir diese Eigenschaften vereinen, wird unser Selbstbild vollständiger und positiver. Wir wissen es vielleicht nicht oder haben es vergessen, aber es stimmt: *Wir sind bereits freundlich.*

Die Freundlichkeit bringt uns nicht nur in Berührung mit uns selbst, sondern lenkt unsere Aufmerksamkeit auch auf das Wohlbefinden der anderen. Wir alle sind miteinander verbunden. Im Himmel Indras, des hinduistischen Gottes, befinden sich unzählige glänzende Sphären, deren jede alle anderen widerspiegelt und damit auch die Widerspiegelungen zwischen ihnen. Ebenso wie sie bergen auch wir eine Spur jedes Menschen. Und wenn wir in das eigene Innere blicken, wird uns deutlich, dass wir tatsächlich teilhaben an dem, was auf unserem Planeten geschieht, und gefühlsmäßig darauf reagieren. Milliarden von Menschen leiden, hungern, sind Opfer der Ungerechtigkeit. Wie können wir angesichts solch ungeheurer Probleme bestehen?

Die Art und Weise, wie wir mit ihnen umgehen, kennzeichnet unser Leben. Nehmen wir ein konkretes Beispiel – überlegen wir einmal, wie sich unser Leben nach dem 11. September 2001 verändert hat. Inwieweit beeinflusst diese Tragödie unser Denken, unsere Gefühle, wenn wir die Straße hinuntergehen oder eine Reise unternehmen oder einfach nur unsere Kinder zu Bett bringen? Bei meiner psychotherapeutischen Arbeit mit Individuen und Gruppen merke ich immer wieder, welch nachhaltige Wirkung die großen planetarischen Ereignisse auf unser Gemüt haben. Dabei denke ich in erster Linie an bestimmte Miseren, die, ob wir es wollen oder nicht, tief in uns widerhallen:

- *Hunger.* Wie können wir uns an den Tisch setzen und friedlich speisen in der Gewissheit, dass jedes Jahr 15 Millionen Kinder an Unterernährung sterben?

- *Krieg.* Einige Kriege finden vor den Fernsehkameras statt, andere, ebenso schreckliche, entziehen sich unserer Kenntnis. Sie alle verursachen Leiden, die aus Hass, Schmerz und Rachegelüsten resultieren.

- *Ungerechtigkeit.* Ausbeutung von Kindern, Frauen und Männern, religiöser Fanatismus, totalitäre Regime, politische Verfolgung, Folter. Das Unerträgliche existiert.

- *Umweltverschmutzung.* Wir leben auf einem Planeten, der schlecht behandelt, ja geschändet wird; wir haben die Beziehung zur Mutter Erde verloren, der wir unser Dasein verdanken.

– *Das wüste Land.* Viele von uns haben keinen Kontakt mehr zur eigenen Seele und flüchten zu den Chimären des Konsums – oder verirren sich im Nebel der Depression.

Niemand kann diese Missstände ignorieren, weil sie uns täglich auf vielerlei Weise berühren. Doch sie erscheinen uns derart schlimm, dass – abgesehen von wenigen außergewöhnlichen Menschen, die fähig sind zu handeln und andere in hohem Maße zu ermutigen – niemand sich vorstellen kann, auch nur an ihrer Oberfläche zu kratzen. Dennoch hat jeder von uns die Möglichkeit, in Anbetracht solcher Katastrophen einen persönlichen Standpunkt einzunehmen – und damit auch zu beschließen, wie er (oder sie) gerne sein möchte. Das geschieht ohnehin. Wir sind nämlich gezwungen, mit diesen enormen Schwierigkeiten zu leben und ihnen gegenüber eine bestimmte Haltung zu entwickeln. Vielleicht schenken wir ihnen keine Beachtung, um uns vor der Angst zu schützen, die sie in uns auslösen, oder fühlen uns schuldig. Es kann aber auch sein, dass wir uns sozial und politisch engagieren.

Freundlich sein heißt Stellung beziehen. Das allein mag noch keine Abhilfe schaffen: Unter Umständen wird unsere Freundlichkeit ohne Wirkung bleiben. Das Geld, das wir spenden, um eine Hungersnot zu lindern, kann falsch verwendet werden oder in irgendwelchen dunklen Kanälen verschwinden; wenn wir einer alten Dame helfen, die Straße zu überqueren, beseitigt das nicht die Armut in einem fernen Land; und für jede Plastikflasche, die wir am Strand aufsammeln, werden morgen zehn weitere achtlos weggeworfen. Macht nichts. Wir haben einen inneren Grundsatz – eine Lebensweise – bestätigt.

Ebenso wichtig ist es, zu erkennen, dass der Mikrokosmos dem Makrokosmos entspricht: *Jeder Mensch ist die ganze Welt.* Wie zahlreiche Mystiker und Visionäre gezeigt haben, verkörpert jedes Individuum auf feinsinnige und geheimnisvolle Weise alle Menschen. Wenn wir auch nur einer Person ein wenig Erleichterung und Wohlgefühl verschaffen können, so haben wir bereits durch diese stille, demütige Reaktion einen Sieg über das allgegenwärtige Leiden errungen. Das ist unser Ausgangspunkt.

Die Probleme der Menschheit können allein durch die Mitwirkung und den Unternehmungsgeist vieler Einzelner sowie durch tief greifende kulturelle Veränderungen gelöst werden. Doch es wäre kurzsichtig, in diesem Zusammenhang die Freundlichkeit als einen unwesentlichen Faktor zu betrachten. Sie ist nicht nur imstande, die Menschheit zu retten – sie tut dies tatsächlich heute schon. Haben Sie sich je einmal gefragt, wie es kommt, dass die Welt mit all ihren verzweigten Strukturen noch nicht in sich zusammengestürzt ist? Es gleicht einem Wunder, dass dieses unvorstellbar komplexe System fortbesteht, ohne im völligen Chaos zu versinken. Wenn jeden Tag der Postbote uns die Briefe zustellt, die Verkehrsampeln funktionieren, die Züge (mehr oder weniger) pünktlich abfahren und eintreffen; wenn wir genügend Glück haben, die gewünschte Nahrung zu finden, die Zeitungen am Kiosk erhältlich sind, Kinder (gewöhnlich) nicht auf der Straße ausgesetzt werden, das Wasser aus der Leitung fließt, sobald wir den Hahn aufdrehen, und das Licht brennt, sobald wir auf den Schalter drücken, so ist all das der Arbeit unzähliger Individuen zu verdanken. Gewiss, damit verdienen sie ihren Lebensunterhalt. Nichtsdestotrotz geht das Leben weiter gerade aufgrund ihres guten Willens und ihres aufrichtigen Wunsches, jedem Menschen einen reibungslosen Ablauf des Alltags zu ermöglichen – letztlich also aufgrund ihrer Freundlichkeit.

Von daher sind Freundlichkeit und guter Wille vieler Individuen eine Ressource wie Erdöl, Wasser, Wind, Atom- und Sonnenenergie. Es wäre ungeheuer sinnvoll, diesen Eigenschaften mehr Beachtung zu schenken, Methoden zu entwickeln, durch die sie aktiviert und nutzbar gemacht werden können, um ihretwillen Ausbildungskurse zu veranstalten, sie an Schulen zu lehren, im Fernsehen zu propagieren, mittels Anzeigen ins öffentliche Bewusstsein zu heben, ja in eine Mode zu verwandeln.

Wäre das der Fall, würden wir bald nicht nur erkennen, dass die Freundlichkeit uns enorme Vorteile in seelischer, körperlicher und gesellschaftlicher Hinsicht bringt, dass sie uns im Dschungel des Alltags stärker und leistungsfähiger macht, sondern auch, dass sie einen Weg zur inneren Befreiung darstellt. Der Dalai-Lama fasst dies wie folgt zusammen:

Ich habe festgestellt, dass das höchste Maß an innerer Ruhe aus der Liebe und dem Mitgefühl entsteht, die wir in uns nähren. Je mehr wir Sorge tragen für das Glück der anderen, desto ausgeprägter ist unser Sinn für das eigene Wohlbefinden. Wenn wir ein vertrautes, warmherziges Gefühl gegenüber anderen hegen, wird unser Geist automatisch besänftigt. Dadurch können wir jedwede Angst oder Unsicherheit leichter ablegen und mit allen Hindernissen auf unserem Weg besser fertig werden. Das ist die eigentliche Ursache des Erfolgs im Leben.

Freundlichkeit ist ein Mittel, uns von den Belastungen und Hindernissen zu befreien, die uns einengen. In einer Geschichte, die der indische Weise Ramakrishna erzählt, besucht eine Frau eine Freundin, die sie lange Zeit nicht gesehen hat. Als sie das Haus betritt, fällt ihr auf, dass die Freundin viele Rollen farbigen Zwirns besitzt – eine herrliche Sammlung. Diese erscheint ihr derart verlockend, dass sie nicht widerstehen kann und in dem Augenblick, da ihre Freundin in ein anderes Zimmer geht, einige Rollen entwendet und unter den Armen versteckt. Doch die Freundin merkt es und schlägt ihr ohne jeden Tadel vor: »Wir haben uns so lange nicht gesehen. Tanzen wir zusammen, um zu feiern!« Die verlegene Frau kann sich dieser Aufforderung nicht entziehen, tanzt jedoch ungelenk, da sie gezwungen ist, die Rollen unter ihren Armen festzuhalten. Die Andere ermuntert sie, die Arme baumeln zu lassen und frei zum Tanz zu bewegen, aber sie erwidert: »Ich kann nicht. Ich kann nur so tanzen.«

Ramakrishna erzählte diese Geschichte, um die innere Befreiung zu veranschaulichen, die genau darin zum Ausdruck kommt, dass man sich nicht mehr an seine Besitztümer, Rollen, Ideen und Zwangsvorstellungen klammert – dass man vollkommen loslässt.

Wenn wir freundlich sind, kümmern wir uns mehr um andere; dadurch werden wir von unserem Ego weniger tyrannisiert, haben die Ungeheuer der Angst und der Depression keine so große Macht mehr über uns, verschwinden jene Schranken und Schwierigkeiten, die durch eine übermäßige Fixierung auf uns selbst heraufbeschworen wurden.

Es mag seltsam und paradox klingen, ist aber wahr: Die vernünftigste Methode, die *eigenen* Interessen zu fördern, die *eigene* Freiheit zu erlangen und das *eigene* Glück zu erhaschen, besteht oft nicht darin, diese Ziele direkt zu verfolgen, sondern darin, die Interessen *anderer Menschen* wahrzunehmen, *ihre* Ängste und Leiden zu lindern, zu *ihrem* Glück beizutragen. Im Grunde ist alles sehr einfach. Wir stehen nicht vor der Wahl, entweder ihnen oder uns selbst gegenüber freundlich zu sein. Beides ist ein und dasselbe.

LITERATURHINWEISE

Einleitung

Alberti, A.: *Il Sé ritrovato,* Florenz: Pagnini 1994.

– – *L'Uomo che soffre, l'uomo che cura,* Florenz: Pagnini 1997.

Allen, K., Blascovich, J., Mendes, W. B.: »Cardiovascular Reactivity and the Presence of Pets, Friends, and Spouses: the Truth about Cats and Dogs« in: *Psychosomatic Medicine,* Bd. 64(5)/September-Oktober 2002, S. 727–739.

Block, P.: Stewardship: *Choosing Service over Self-interest,* San Francisco: Berret-Koehler 1993.

Dalla Costa, J.: *The Ethical Imperative,* Cambridge: Perseus 1998.

Dowrick, S.: *The Universal Heart,* London: Penguin 2000.

Fratiglioni, L., Wang, H., Ericsson, K., Maytan M., Winblad, B.: »Influence of Social Network on Occurrence of Dementia: a Community-based Longitudinal Study« in *Lancet,* Bd. 355/2000, S. 1315–1319.

Salzberg, S.: *Lovingkindness: the Revolutionary Art of Happiness,* Boston: Shambala 2002.

Sorokin, P.: *The Ways and Power of Love,* London: Beacon Press 1954.

Tiller, W. A., McCraty, R., Atkinson, M.: »Cardiac Coherence: a New Noninvasive Measure of Autonomic Nervous System Order« in: *Alternative Therapy and Medical Health,* Bd. 1 /Januar 1996, S. 52–65.

Aufrichtigkeit

Jourard, S.: *The Transparent Self,* New York: Van Nostrand 1971.

Godert, H. W., Rill, H. G., Vossel, G.: »Psychophysiological Differentiation of Deception: The Effects of Electrodermal Lability and Mode of Responding on Skin Conductance and Heart Rate« in: *International Journal of Psychophysiology,* Bd. 40 (1)/Februar 2001, S. 61–75.

Pennebaker, J. W., Chew, C. H.: »Behavioral Inhibition and Electrodermal

Activity during Deception« in: *Journal of Personality and Social Psychology,* Bd. 49 (5)/November 1985, S. 1427–1433.
Weeks, D., James, J.: *Eccentrics,* London: Weidenfeld & Nicolson 1995.

Warmherzigkeit

Carton, J. S., Nowicki, S.: »Origins of Generalized Control Expectancies: Reported Child Stress and Observed Maternal Control and Warmth« in: *Journal of Social Psychology,* Bd. 136 (6)/1996, S. 753–760.
Carton, J. S., Carton, E. R.: »Nonverbal Maternal Warmth and Children's Locus of Control of Reinforcement« in: *Journal of Nonverbal Behaviour,* Bd. 22 (1)/Frühjahr 1998, S. 77–86.
Herman, M. A., McHale, S. M.: »Coping with Parental Negativity: Links with Parental Warmth and Child Adjustment« in: *Journal of Applied Developmental Psychology,* Bd. 14/1993, S. 121–136.
Hill, C. A.: »Seeking Emotional Support: the Influence of Affiliative Need and Partner Warmth« in: *Journal of Personality and Social Psychology,* Bd. 60 (1), S. 112–121.
Kyoungho, K.: »Parental Warmth, Control and Involvement in Schooling in Relation to Korean American Adolescents' Academic Achievement« in: *Dissertation Abstracts International,* Section A: Humanities & Social Sciences, Bd. 68 (2-A)/August 1999, S. 559.
Montagu, A.: *Touching: The Human Significance of the Skin,* New York: Harper & Row 1978.
Ornish, D.: *Love and Survival,* New York: HarperCollins 1998.
Prescott, J. W.: »Body Pleasure and the Origins of Violence« in: *Bulletin of the Atomic Scientists,* November 1975, S. 10–20.
Prodomidis, M., Field, T., Arendt, R., Singer, L., Yando, R., Bendell, D.: »Mothers Touching Newborns: a Comparison of Rooming-in versus Minimal Contact« in: *Birth,* Bd. 22(4)/Dezember 1995.
Richman, E. R., Rescorla, L.: »Academic Orientation and Warmth in Mothers and Fathers of Preschoolers: Effects of Academic Skills and Self-Perceptions of Competence« in: *Early Education and Development,* Bd. 6 (3)/Juli 1995, S. 197–213.
Tatsumi, K., Yoshinori, A., Yokota, Y., Ashikaga, M., Tanaka, S., Sakai, T.: »Effects of body touching on the elderly« in: *Journal of International Society of Life Information Science,* Bd. 18(1)/März 2000, S. 246–250.
Voelkl, K.: »School Warmth, Student Participation, and Achievement« in: *Journal of Experimental Education,* Bd. 63(2), S. 127–138.

Versöhnlichkeit

Davidhizar, R. E., Laurent, C. R.: »The Art of Forgiveness« in: *Hospital Material Management Quarterly,* Nr. 21(3)/Februar 2000, S. 48–53.
Farrow, T. F., Zheng, Y., Wilkinson, I. D., Spence, S. A., Deakin, J. F., Tarrier, N., Griffiths, P. D., Woodruff, P. W.: »Investigating the Functional Ana-

tomy of Empathy and Forgiveness« in: *Neuroreport*, Bd. 12 (11)/8. August 2001, S. 2433–2438.
Mickley, J. R., Cowle, K.: »Ameliorating the Tension: Use of Forgiveness for Healing« in: *Oncology Nursing Forum*, Januar-Februar 2001, S. 28.
van Oyen Witvliet, C., Ludwig, T. E., Vander Laan, K. L.: »Granting Forgiveness or Harboring Grudges: Implications for Emotion, Physiology, and Health« in: *Psychological Science*, Bd. 12 (2)/März 2001, S. 117–123.

Kontakt

Arnetz, B. B., Theorell, T., Levi, L., Kallner, A., Eneroth, P.: »An Experimental Study of Social Isolation of Elderly People: Psychoendocrine and Metabolic Effects« in: *Psychosomatic Medicine*, Bd. 45 (5)/1983, S. 395–406.
Brummett, B. H., Barefoot, J. C., Siegler, I. C., Clapp-Channung, N. E., Lytle, B. L., Bosworth, H. B., Williams, R. B., Mark, D. B.: »Characteristics of Socially Isolated Patients with Coronary Artery Disease Who Are at Elevated Risk of Mortality« in: *Psychosomatic Medicine*, Bd. 63/2001, S. 267–272.
Buber, M.: I and Thou, New York: Free Press 1971
Coben, S., Doyele, W. J., Turner, R., Alper, C. M.: Sociability and Susceptibility to the Common Cold« in: *Psychological Science*, Bd. 14 (5)/September 2003, S. 389–395.
House, J. S.: »Social Isolation Kills, but How and Why?« in Psychosomatic Medicine, Bd. 63/2001, S. 273–274.
Kawabata, Y., Keene, D., Masayuki, M.: *The Tale of the Bamboo Cutter*, Tokio: Kodansha International 1998.
Levi, P.: *Se questo è un uomo*, Turin: Einaudi 1956.
Michélsen, H., Bildt, C.: »Psychosocial Conditions on and off the Job and Psychological Ill Health: Depressive Symptoms, Impaired Psychological Well-being, Heavy Consumption of Alcohol« in: *Occupational and Environmental Medicine*, Bd. 60 /2003, S. 489–496.
Roberts, E. R., Shema, S. J., Kaplan, G. A., Strawbridge, W. J.: »Sleep Complaints and Depression in an Aging Cohort: A Prospective Perspective« in: *American Journal of Psychiatry*, Bd. 157 /Januar 2000, S. 81–88.
Stevens, F. C., Kaplan, R. W., Ponds, R. W., Diederiks, J. P., Jolles, J.: »How Ageing and Social Factors Affect Memory« in: *Age and Ageing*, Bd. 28 / 1999, S. 379–384.
Thorbjornssen, C. O., Alfredsson, L., Fredriksson, K., Koster, M., Vingard E., Torgen, M., Kilbom, A.: »Psychosocial Risk Factors Associated with Low Back Pain: A 24 Year Follow-up Among Women and Men in a Broad Range of Occupations« in: *Occupational and Environmental Medicine*, Bd. 55 /1998, S. 84–90.
Terrel, F.: »Loneliness and Fear of Intimacy among Adolescents Who Were Taught Not to Trust Strangers during Childhood« in: *Adolescence*, Winter 2000.

Zuckerman, D. M., Kasl, S. V., Ostfeld, A. M.: »Psychosocial Predictors of Mortality Among the Elderly Poor. The Role of Religion, Well-being, and Social Contacts« in: *American Journal of Epidemiology,* Bd. 119 (3)/ 1984, S. 410–423.

Zugehörigkeitsgefühl

Dolbier, C.: »The Development and Validation of the Sense of Support Scale« in: *Behavioral Medicine,* Winter 2000.
Hagerty, B. M. K., Lynch-Sauer, J., Patusky, K. L., Bouwserna, M., Collier, P.: »Sense of Belonging: A Vital Mental Health Concept« in: *Archives of Psychiatric Nursing,* Band VI(3)/1992, S. 172–177.
Hagerty, B. M., Williams, R. A., Coyne, J. C., Early, M. R.: »Sense of Belonging and Indicators of Social and Psychological Functioning« in: *Archives of Psychiatric Nursing,* Bd. X(4)/1996, S. 235–244.
Hagerty, B. M., Williams, R. A.: »The Effects of Sense of Belonging, Social Support, Conflict, and Loneliness on Depression« in: *Nursing Research,* Bd. 48 (4)/Juli-August 1999, S. 215–219.
Hunter, E.: »Adolescent Attraction to Cults« in: *Adolescence,* Herbst 1998.
Walsh, A.: »Religion and Hypertension: Testing Alternative Explanations among Immigrants« in: *Behavioral Medicine,* Herbst 1998.

Vertrauen

Barefoot, J. C., Maynard, K. E., Beckham, J. C., Brummett, B. H., Hooker, K., Siegker, I. C.: »Trust, Health and Longevity« in: *Journal of Behavioral Medicine,* Bd. 21(6), S. 517–526.
Hampes, W. P.: »The Relationship between Humor and Trust« in: *International Journal of Humor Research,* Bd. 12 (3)/1999, S. 253–259.
Hyde-Chambers, F. und A.: *Tibetan Folk Tales,* Boston: Shambala 1981.
Kramer, R. M.: »Trust and Distrust in Organizations« in: *Annual Review of Psychology,* Jahrbuch 1999.
Lovejoy, B. H.: Trust in Self, Others and God: Influences on Adult Survivors of Hurricane Iniki« in: *Dissertations Abstracts International,* Section A: Humanities & Social Sciences, Bd. 56 (2-A)/August 1995.
McColl, M. A., Bickenbach, J., Johnston, J., Nishihama, S., Schumaker, M., Smith, K., Smith, M., Yealland, B.: »Changes in Spiritual Beliefs after Traumatic Disability« in: *Archives of Physical Medicine and Rehabilitation,* Bd. 81(6)/2003, S. 817–823.
Yamagishi, T., Kikuchi, M., Kosugi, M.: »Trust, Gullibility, and Social Intelligence« in: *Asian Journal of Social Psychology,* Bd. 2(1)/1999, S. 145–161.
Yunus, M.: *Il banchiere dei poveri,* Mailand: Feltrinelli 1998.
Zaheer, A., McEvily, B., Perrone V.: »Does Trust Matter? Exploring the effects of Interorganizational and Interpersonal trust on Performance« in: *Organization Science,* Bd. 9(2)/März-April 1999, S. 141–159.

Bewusstheit
Cleary, T.: *The Spirit of Tao*, Boston: Shambala 1991.
Forest, H.: *Wisdom Tales from around the World*, Little Rock: August House 1996.
Langer, E. J.: *Mindfulness*, Cambridge: Perseus Books 1989.
– – »Mindfulness Research and the Future« in: *Journal of Social Issues*, Frühjahr 2000.
Sternberg, R. J.: »Images of Mindfulness« in: *Journal of Social Issues*, Frühjahr 2000.
Wiseman, R.: *The Luck Factor*, New York: Hyperion 2003.

Einfühlungsvermögen
Bellini, L. M., Baime, M., Shea, J. A.: »Variation in Mood and Empathy during Internship« in: *Journal of the American Medical Association*, Bd. 287(23)/19. Juni 2002, S. 3143–3146.
Carlozzi, A. F., Bull, K. S., Eells, G. T., Hurlburt, J. D.: »Empathy as Related to Creativity, Dogmatism and Expressiveness« in: *Journal of Psychology*, Bd. 129(4)/Juli 1995, S. 365–373.
Dalai-Lama, Goleman D.: *Destructive Emotions*, New York: Bantam Books 2003.
Goleman, D.: *Emotional Intelligence*, New York: Bantam Books 1995.
Kohn, A.: *The Brighter Side of Human Nature*, New York: Basic Books 1990.
Hojat, M., Gonnella, J. S., Mangione, S., Nasca, T. J., Veloski, J. J., Erdmann, J. B., Callahan, C. A., Magee, M.: »Empathy in Medical students as Related to Academic Performance, Clinical Competence and Gender« in: *Medical Education*, Bd. 36(6)/2002, S. 522–527.
Kearney, M.: *Mortally wounded*, New York: Touchstone 1997.
Krebs, D.: »Empathy and altruism« in: *Journal of Personality and Social Psychology*, Bd. 32(6)/Dezember 1975, S. 1134–1146.
Lee, H. S., Brennan, P. F., Daly, B. J.: »Relationship of Empathy to Appraisal, Depression, Life Satisfaction, and Physical Health in Informal Caregivers of Older Adults« in: *Research in Nursing Health*, Bd. 24 (1)/Februar 2001, S. 44–56.
Monteith, M.: »Why We Hate« in: *Psychology Today*, Bd. 35 (3)/Mai–Juni 2002, S. 44.
Salzinger, K.: »Psychology on the Front Lines« in: *Psychology Today*, Bd. 35 (3)/Mai-Juni 2002, S. 34.

Demut
Shah, A.: *Tales of Afghanistan*, London: Octagon Press 1982.
Weiss, H. M., Knight, P. A.: »The Utility of Humility: Self-esteem, Information search, and Problem-Solving Efficiency« in: *Organizational Behavior & Human Decision Processes*, Bd. 25(2)/April 1980, S. 216–223.

Geduld

Levine, R.: *A Geography of Time,* New York: Basic Books 1997.

Großzügigkeit

Cauley, K., Tyler, B.: »The Relationship of Self-Concept ti Pro-social Behavior in Cildren« in: *Early Childhood Research Quarterly,* Bd. 4/1989, S. 51–60.

Kishon-Barash, R., Midlarsky, E., Johnson, D. R.: »Altruism and the Vietnam Veteran: the Relationship of Helping to Symptomatology« in: *Journal of Traumatic Stress,* Bd. 12(4)/Oktober 1999, S. 655–662.

Krause, N., Ingersoll-Dayton, B., Liang, J., Sugisawa, H.: »Religion, Social Support, and Health among the Japanese Elderly« in: *Journal of Health and Social Behavior,* Bd. 40 (4)/Dezember 1999, S. 405–421.

Lamanna, M. A.: »Giving and Getting: Altruism and Exchange in Transplantation« in: *Journal of Medical Humanities,* Bd. 18(3)/1997, S. 169 bis 192.

Piliavin, J. A., Charng, H.: »Altruism: A Review of Recent Theory and Research« in: *Annual Review of Sociology,* Bd. 16/1990, S. 27–65.

Renwick Monroe, K.: *The Heart of Altruism,* Princeton: Princeton University Press 1990.

Russell, G. W., Mentzel, R. K.: »Sympathy and Altruism in Response to Desasters« in: *The Journal of Social Psychology,* Bd. 130(3), S. 309–317.

Seelig, B. J., Dobelle, W. H.: »Altruism and the Volunteer. Psychological Benefits from Participating as a Research Subject« in: *ASAIO Journal,* Bd. 47 (1)/Januar-Februar 2001, S. 3–5.

Sesardic, N.: »Recent Work on human Altruism and Evolution« in: *Ethics,* Bd. 106/Oktober 1995, S. 128–157.

Simmons, R. G., Schimmel, M., Butterworth, V. A.: »The Self-image of Unrelated Bone Marrow Donors« in: *Journal of Health and Social Behavior,* Bd. 34(4)/Dezember 1993, S. 285–301.

Respekt

Rosenthal, R.: *Pygmalion in the Classroom,* New York: Crown 1992.

Sterling Livingston, J.: »Pygmalion in Management« in: *Harvard Business Review,* Januar 2003.

Tyler, K.: »Extending the Olive Branch: Conflict Resolution Training Helps Employees and Managers Defuse Skirmishes« in: *HR Magazine,* November 2002.

Williams, K. D.: »Social Ostracism« in: Kowalski, R. M. (Hrsg.): *Aversive Interpersonal Behaviors,* New York: Plenum Press 1997.

Zeitlin, S. (Hrsg.): *Because God Loves Stories*, New York: Touchstone 1997.

Flexibilität

Robinson, L.: »Interpersonal Relationship Quality in Young Adulthood: a Gender Analysis« in: *Adolescence,* Winter 2000.

Strayhorn, J. M.: »Self-control: Theory and Research« in: *Journal of the American Academy of Child and Adolescent Psychiatry,* Januar 2000.

Gedächtnis

Demetrio, D.: *Pedagogia della memoria,* Rom: Meltemi 1998.

Marani, D.: *Nuova Grammatica Finlandese,* Mailand: Bompiani 2002.

Treue

Buber, M.: *The Legend of the Baal-Shem,* Princeton: Princeton 1995. (Die Legende vom Baal-Shem)

Ladd, G. W., Kochenderfer, B. J., Coleman, C. C.: »Friendship Quality as a Predictor of Young Children's Early School Adjustment« in: *Child Development,* Bd. 67(3)/Juni 1996, S. 1103–1118.

Lepore, S. J.: »Cynicism, Social Support, and Cardiovascular Reactivity« in: *Health Psychology,* Bd. 14(3)/Mai 1995, S. 210–216.

Stevens, N.: »Friendship as a Key to Well-being: a Course for Women over 55 Years Old« in: *Tijdschrift voor Gerontolie en geriatrie,* Bd. 28(1)/ Februar 1997, S. 18–26.

Dankbarkeit

Emmons, R. A., Crumpler, C. A.: »Gratitude as a Human Strength« in: *Journal of Social and Clinical Psychology,* Bd. 19(1)/2000, S. 56–69.

Emmons, R. A., McCullough, M. E.: »Counting Blessings versus Burdens: an Experimental Investigation of Gratitude and Subjective Well-Being in Daily Life« in: *Journal of Personality and Social Psychology,* Bd. 84(2)/ Februar 2000, S. 377–389.

Hilfsbereitschaft

Caddy, E., Platts, D. E.: *Bringing More Love into Your Life: The Choice is Yours,* Findhorn: Findhorn Press 1992.

Huflejt-Lukasik, M.: »Depression, Self-focused Attention, and the Structure of Self-Standards« in: *Polish Psychological Bulletin,* Bd. 29(1)/1998, S. 33–45.

Frizzel, B.: »Self-focused Attention in Depression and its Relationship to Internal Self-Discrepancies and Rumination in Decision-Making« in: *Dissertation Abstracts International,* Bd. 53(1-B9)/Juli 1992, S. 562.

Gilbert, J. D.: »Effects of Self-Focused Attention on Mood and Metamood« in: *Dissertation Abstracts International,* Bd. 55(9-B)/März 1995, S. 4157.

Jaffe, N., Zeitlin, S.: *The Cow of No Color,* New York: Henry Holt 1998.

Ingram, R. E., Wisnicki, K.: »Situational Specificity of Self-focused Atten-

tion in Disphoric States« in: *Cognitive Therapy and Research*, Bd. 23(6)/ Dezember 1999.
McFarland, C., Buehler, R.: »The Impact of negative Affect on Autobiographical Memory: The Role of Self-focused Attention on Moods« in: *Journal of Personality and Social Psychology*, Bd. 75(6)/Dezember 1998, S. 1424–1440.
Sakamato, S.: »The Relationship between Rigidity of Self-focused Attention and Depression« in: *Japanese Journal of Educational Psychology*, Bd. 41(4)/Dezember 1993, S. 407–413.
Schneider, B., Bowen, D. E.: »Understanding Customer Delight and Outrage« in: *Sloan Management Review*, Herbst 1999.
Sullivan, G. B., Sullivan, M. J.: »Promoting Wellness in Cardiac Rehabilitation: Exploring the Role of Altruism« in: *Journal of Cardiovascular Nursing*, Bd. 11(3)/April 1997, S. 43–52.
Thoits, P. A., Hewitt, L. N.: »Volunteer Work and Well-Being« in: *Journal of Health and Social Behavior*, Bd. 42(2)/Juni 2001, S. 115–131.
Trout, S.: *Born to Serve*, Alexandria: Three Roses Press 1997.

Freude

Brown, L.: »Laughter: the Best Medicine« in: *Canadian Journal of Medical Radiation Technology*, Bd. 22(3)/August 1991, S. 127–129.
Cohn, J. F., Tronick, E. Z.: »Three-Month-Old Infants' Reaction to Simulated Maternal Depression« in: *Child Development*, Bd. 54(1)/Februar 1983, S. 185–193.
Hassed, C.: »How Humour Keeps you Well« in: *Australian Family Physician*, Bd. 30(1)/Januar 2001, S. 25–28.
Peterson, C., Seligman, M. E.: »Character Strength before and after September 11« in: *Psychological Science*, Bd. 14(4)/Juli 2003, S. 381–384.
Ryan, R. M.: »On Happiness and Human Potentials: a Review of Research on Hedonic and Eudaimonic Well-Being« in: *Annual Review of Psychology*, 2001.
Seligman, M.: *Learned Optimism*, New York: Alfred A. Knopf 1991.

Schlussbetrachtungen

Die Herausgeber von Conari Press: *Random Acts of Kindness*, York Beach: Conari Press 1993.
»A Dalai Lama Treasury« in: *Shambala Sun*, September 2003, S. 62.

DANKSAGUNG

Zunächst möchte ich meiner Frau dafür danken, dass sie den italienischen Text gelesen und ins Englische übersetzt hat. Wenn du, liebe Vivien, mir nicht geholfen hättest, wäre dieses Buch langatmiger und süßlicher geworden – oder vielleicht gar nicht entstanden. Danke, dass du da bist – in meinem Buch und in meinem Leben.

Dann danke ich meiner Agentin Linda Michaels: Liebe Linda, du warst mir vor, während und nach der Niederschrift dieses Buches eine wunderbare Hilfe – mit deinen Ermunterungen und Anregungen ebenso wie mit deinen Taten. Lass uns so weitermachen!

Dank auch an Laura Huxley: Liebe Laura, von dir habe ich viel über Freundlichkeit und Lebenskunst gelernt.

Außerdem Dank an Andrea Bocconi: Liebe Andrea, ich danke dir, dass du die Mühe auf dich genommen hast, das Manuskript zu lesen und es mit mir durchzusprechen: die Gefälligkeit einer wahren Freundin.

Danke euch beiden, Teresa Cavanaugh und Marcella Meharg, für die Ratschläge und Hinweise, die ihr mir gegeben habt.

Nicht zuletzt danke ich meinen Kindern, Verwandten, Freunden, Mitarbeitern, Lehrern, Studenten und all jenen, die mich mit ihren Ideen und ihrer Freundlichkeit inspiriert haben.

Fiesole, Mai 2004
Piero Ferrucci